U0619230

高等院校财经类（金融学）规划教材

高 等 院 校 转 型 发 展 特 色 教 材

微观经济学原理与应用

吴云勇　李　坚　张泽凡　主　编

罗嘉熙　王　实　陈凌白　副主编

Principles and Applications of Microeconomics

经济科学出版社

Economic Science Press

图书在版编目（CIP）数据

微观经济学原理与应用/吴云勇，李坚，张泽凡主编.
—北京：经济科学出版社，2015.11
ISBN 978 – 7 – 5141 – 6208 – 0

Ⅰ. ①微…　Ⅱ. ①吴…②李…③张…　Ⅲ. ①微观经济学
Ⅳ. ①F016

中国版本图书馆 CIP 数据核字（2015）第 253084 号

责任编辑：孙丽丽
责任校对：刘　昕
责任印制：李　鹏

微观经济学原理与应用

吴云勇　李　坚　张泽凡　主　编
罗嘉熙　王　实　陈凌白　副主编
经济科学出版社出版、发行　新华书店经销
社址：北京市海淀区阜成路甲 28 号　邮编：100142
总编部电话：010 – 88191217　发行部电话：010 – 88191522
网址：www. esp. com. cn
电子邮件：esp@ esp. com. cn
天猫网店：经济科学出版社旗舰店
网址：http：//jjkxcbs. tmall. com
北京密兴印刷有限公司印装
787×1092　16 开　14.75 印张　370000 字
2016 年 1 月第 1 版　2016 年 1 月第 1 次印刷
ISBN 978 – 7 – 5141 – 6208 – 0　定价：35.00 元
（图书出现印装问题，本社负责调换。电话：010 – 88191502）
（版权所有　侵权必究　举报电话：010 – 88191586
电子邮箱：dbts@ esp. com. cn）

前　　言

为了适应 21 世纪应用型人才培养的目标要求，本着"应用为本、学以致用"的办学理念，我们组织有关人员编写了《微观经济学原理与应用》这本教材。本书是全国应用型本科院校财经类（金融学）规划教材。

本书在坚持"必需、够用"的原则下，力争突出和实现"精、新、实"的特点："精"体现在本书只选取了微观经济学最主流、最核心的理论进行介绍；"新"体现在本书将博弈论等前沿的、热点的理论与微观经济学相关知识相结合进行介绍；"实"体现在本书力争用最朴实易懂的语言将理论与实际相结合，并通过富有启发性的提示和习题，让读者在思考中实现经济思想的升华。

全书共分为九章：第一章导论对微观经济学相关知识进行了概要性的、普及性的介绍；第二章供求理论是微观经济学最核心的理论，其后内容都是围绕这一章进行的展开、解释和应用；第三章弹性理论，相当于对第二章价格与供求关系的进一步剖析；第四章效用论则从消费者行为的角度，利用模型对价格与需求量为何呈反向变动关系，从理论层面给出了解释；第五章生产理论、第六章成本理论分别从投入产出角度、成本收益角度对生产者（厂商）的行为进行了分析；第七章市场结构理论针对不同类型的生产者（厂商）的行为进行深入剖析，利用模型推导出价格与供给量呈现出来的同向变动关系；完整的市场不仅包括产品市场，还包括由产品市场派生的生产要素市场，所以，第八章分配理论通过对第二章供求理论的应用，分析了生产要素市场上生产要素价格与生产要素供求数量之间的关系；没有市场是万万不能的，但是，市场也不是万能的，在有些领域存在市场失灵，需要政府这只"看得见的手"的调节来弥补市场这只"看不见的手"的失灵，所以，最后一章市场失灵与微观经济政策对此进行了补充性说明。

本书是集体智慧的结晶，其出版得到了经济科学出版社的大力支持，作者深表谢意！参加编写工作的作者都具有多年微观经济学课程教学经验，擅长将高深的理论通过联系实际进行深入浅出的讲解。具体分工如下：吴云勇负责编写第一章和第九章，李坚负责编写第二章和第三章，王实负责编写第四章，张泽凡负责编写第五章和第六章，罗嘉熙负责编写第七章，陈凌白负责编写第八章。全书由吴云勇和李坚总撰。

尽管我们付出了很大努力，但由于所收集的资料、信息等有限，本书难免有缺憾之处，希望读者提出宝贵的指导意见，以求止于至善！

编者
2015 年 8 月

目　录

第一章 导 论

导入案例

　　杨乐每月收入 2000 元，经常为如何花好这笔钱而苦恼。通常杨乐把一部分钱用于现在买服装、食品、日常用品、学习资料等，有些钱打算将来买电脑、家具、汽车等。杨乐发现，买的食品多了，买的服装就可能会减少；现在多买了吃穿用品，将来买电脑、家具、汽车的计划就会受到影响。杨乐为了更好地把有限的收入分配到不同的用途上以使自己现在和将来能生活得尽可能快乐，就找到一本经济学书籍来学习。通过学习，杨乐真的感到自己的认识水平有所提高。虽然经济学不能告诉他用多少钱买食品，多少钱买服装合适，但杨乐从中学到了一些值得思考的问题。

　　生产和消费是人类社会生存与发展的基础，是人类最基本的实践活动。经济学正是适应了这一活动的需要而产生，并随着人类文明演变而不断发展，最终成为"社会科学皇后"的。

第一节 西方经济学

一、西方经济学的涵义

　　简单地说，西方经济学是指西方人研究经济问题的总结。它包含三种类别的内容：

　　（1）企业事业经营管理的方法和经验。以企业管理的理论与方法为例，美国经济学家率先在这一领域进行探索，总结形成了很多的方法与经验，形成了一些管理学的流派。例如，美国管理学家泰勒（Frederick Winslow Taylor）的科学管理理论；法国管理学家法约尔（H. Fa-yol）的工业管理与一般管理理论；日裔美籍管理学家威廉·大内（William Ou-chi）的 Z 理论。

　　（2）一个经济部门或经济领域或经济问题的集中研究成果。例如：人口经济学。人口经济学的研究对象是人口经济过程中人口与经济之间的相互关系，揭示人口与经济之间的关系及其运动的规律性。例如，英国经济学家马尔萨斯（Thomas Robert Malthus）研究认为：如果不加约束，人口是以几何级数增长，资源是以算术级数增长；资源增长赶不上人口增长，必须要对人口增长采取强制约束的措施。

　　（3）经济理论的研究与考察。主要内容为研究理论以及根据经济理论而制定的经济政策和有关问题解决的途径。例如，以凯恩斯为代表的宏观经济学，运用现代实证分析方法，均衡分析方法，研究国民收入的核算、决定、增长的规律，提出了国民收入决定于 C + I + G + (X – M) 均衡的国民收入决定的几大理论模型及经济增长的规律，为政府制定宏观经济政策奠定了理论基础。

二、西方经济学的研究对象

西方经济学是研究在市场经济制度下，市场机制对稀缺资源配置和利用的基本原理。这里先要认识与掌握几个基础问题：

（1）资源一般指经济活动中所需要的人力、财力与物力。资源配置是指由某种力量（如行政的力量、市场的力量、道德的力量、自我的力量等）对经济活动中的各种资源按内在比例与规律要求在各部门、各地区和各企业的不同使用方向之间的分配，以生产出合乎比例要求的产品，满足人们各种不同的需要。所谓资源利用，就是指提高资源配置的效率，以节约资源，做到人尽其才、物尽其用、地尽其力，也就是资源利用的充分性。资源配置一般要达到两个目标：一是通过资源配置而形成的社会供给的比例与社会需求的比例相适应，避免供给与需求的脱节；二是使用效率高，不浪费。达到上述两个目标，就说明资源配置是优化的。

（2）资源配置可以分为宏观配置与微观配置两个层次和市场机制与计划机制两种配置方式。从配置层次看，宏观资源配置是指全社会的各种生产性资源在不同部门、不同地区的分配和使用；微观资源配置是指有限的各种生产要素在企业内部的分配与组合。整个社会资源配置效率的提高，是宏观资源配置效率与微观资源配置效率提高的总和。从配置方式看，市场机制配置方式是指市场机制的力量（如价格变化、供求变化、竞争变化等）对资源配置起基础性作用；计划机制配置方式是指政府的力量对资源配置起决定作用。市场机制与计划机制配置资源各自都有其相应的前提假定，两种资源配置方式也各有优缺点。在市场经济制度下，宏观层次的资源配置主要是通过市场机制来进行的，资源的利用也主要是通过市场手段（或者说经济方法）进行的。微观层次的资源配置则是通过企业内部的计划机制进行的。目前世界上绝大多数国家都是实行市场经济制度，西方经济学主要从宏观层次研究以市场机制为基础实现资源的有效配置与利用，以创造更多财富的问题。

三、为什么要研究资源的配置与利用？

（1）人类的欲望是无穷的。欲望与冲动是人类社会演进的动力，满足欲望是人类社会生存的前提。人总想在自己的有生之年生活得越来越幸福。因此总会有无穷无尽的、年年攀升的欲望，总想不断地获得满足。在商品经济社会，欲望则通过购买力表现为各种市场需求。

延伸思考 1 –1

打油诗："终日奔波只为饥，方才一饱便思衣。衣食两般皆具足，又想拥有美貌妻。娶得美妻生下子，恨无田地少根基。买得田园多广阔，出入无船少马骑。槽头拴了骡和马，叹无官职被人欺。县丞主簿还嫌小，又要朝中挂紫衣。若要世人心里足，除是南柯一梦西。"

从这首打油诗里可以看出，当解决了温饱问题时，我们就会对小康生活想入非非；而当实现了小康生活时，我们又会奢望富裕文明的生活。1943 年，美国心理学家马斯洛（Abraham H. Maslow）提出了著名的需求层次论，认为人类的需求可以分为五个层次（见图 1 - 1）：第一层次是生理需求。人一来到这个世界上，就本能地会产生吃、穿、用的需求，这是最基本的需求，如果这一层次的需求没有得到满足，人们不会产生其他层次的需求。第二层次是安全需求。当人的生理需求得到满足后，人会产生安全需求，即想使自己的生命得到保障，使自己的财产不受到意外的侵害。于是，他就会去买人寿保险，他就会将自己的住房用钢筋保护起来。第三层次是社交需求。人都需要与别人交往，在交往中认识自我，在交往中获得快乐。当然，交往的对象不同，自身的消费项目及档次也就不同。第四层次是尊重需求。人都希望别人尊重自己，然而，要想获得别人的尊重，自己就必须投入精力，要有数量的积累。用市场营销学的术语来说，就是必须要消费。例如，你要多读书，以获得渊博的知识；要加强自身修养，以提升自己的人格；第五层次是自我实现需求。人的一生是短暂的，人都想在自己的一生中干出一番事业，特别是在自己生命最辉煌的年代创造出人生最壮丽的事业，实现个人价值。我们不去讨论这当中的社会学问题，只是讨论人生追求不同所引起的消费差异问题。你个人的需求层次不同，自然，你的消费也就不同。

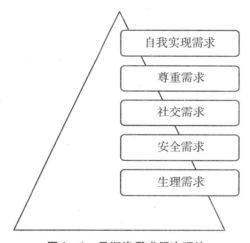

图 1 - 1　马斯洛需求层次理论

（2）满足欲望与需求是需要资源支持的。上述五个层次的需求又可以分为物质的需求与精神的需求。不管哪一个层次的需求，满足欲望的物质载体是各种物品与劳务。物品与劳务又可以分为两类：一类是自由物品，如空气、阳光等。自由物品虽然不用付代价就可以自由取用，但在人类的需要中所占的比重很小；另一类是经济物品，它需要人类付出一定代价才能得到，即要通过劳动创造。这类物品在人类的需要中所占比重很大。而生产商品与劳务需要资源。资源又表现为一定时期内可供使用的人力、财力与物力。

（3）一定时期内资源是有限的。无论是现实资源还是潜在资源，相对于需要和欲望而言总是有限的（当然，如果没有欲望或者欲望很低，当然也就不存在资源稀缺之说）。以我国的情况为例：我国现有人口为 13 亿，约占世界人口的 22%。可是，我国的人均土地面积却只有 1.5 亩，为世界平均水平的 1/3；人均水资源为 2600 立方米，为世界平均水平的 1/4；人均森林面积 1.7 亩，为世界平均水平的 1/3；45 种矿产资源潜在价值的人均值也只及世界人均水平的 1/2。

（4）有限的资源要满足无限的欲望，要对资源进行合理配置。虽然"一定时期内资源是有限的"，但资源是有多种用途的，欲望却是有轻重缓急的。于是，解决问题的途径就是对于稀缺资源进行合理的配置与利用。以有限的资源创造无限的财富是人类永恒的主题。

四、经济问题的解决：选择与资源配置

稀缺性是一切经济问题产生的根源。由于资源是稀缺的，人们在经济活动中就要做出各种各样的"选择"，选择就是用现有的资源去满足某种欲望的决策。做出选择不仅涉及个人，而且涉及整个经济。家庭、厂商和政府共同决定着如何将有限的资源，包括劳动、资本、土地和企业家才能等，用到最合适的用途上去。

俗话说："天下没有免费的午餐"。选择过程中人们为了得到某种东西，必须先学会放弃另外的东西。为了得到某种东西而放弃的另一种东西就是做出决策的机会成本。我们可以用生产可能性曲线来说明稀缺性、选择和机会成本。生产可能性曲线是在资源既定的条件下所能生产的各种物品最大产量的组合图形。

假定一个社会用全部资源生产两种物品：棉花和玉米。如果只生产棉花可以生产 5 万吨，如果只生产玉米可以生产 15 万吨，在这两种极端的可能性之间还存在着玉米和棉花的不同数量组合。假设其组合关系如表 1－1 所示。

表 1－1 　　　　　　　　　　　　　生产的组合 　　　　　　　　　　单位：万吨

组合关系	棉花	玉米
A	0	15
B	1	14
C	2	12
D	3	9
E	4	5
F	5	0

根据表 1－1，我们可以得出图 1－2。

在图 1－2 中，AF 线是在资源既定的条件下所能达到的玉米与棉花的最大产量组合的线，即生产可能性曲线。AF 表明了多生产一单位玉米要放弃多少棉花的生产，或者多生产一单位棉花要放弃多少玉米的生产。因此，也称为生产转换线。AF 线内的任何一点（如 G 点），玉米与棉花的组合（6 万吨玉米和 2 万吨棉花），是资源既定的条件下能达到的，但并不是最大的数量组合，即资源没有得到充分利用。AF 线外的任何一点（如 H 点），玉米和棉花的组合（12 万吨的玉米和 4 万吨棉花）是更大数量的组合，但在现有资源条件下无法实现。

在资源既定时，多生产某一数量的棉花要少生产多少玉米，或者为了多生产某一数量的棉花要放弃多少玉米。所放弃的若干吨玉米正是得到一定量棉花的机会成本。如从 A 点到 B 点，为了多生产 1 万吨棉花（从 0 增加到 1 万吨）就必须放弃 1 万吨玉米（从 15 万吨减少到 14 万吨）。所放弃的 1 万吨玉米就是生产 1 万吨棉花的机会成本。生产可能性曲线的斜率代表机会成本。生产可能性曲线是凹向原点的，即为了多生产棉花所放弃的玉米是递增的。

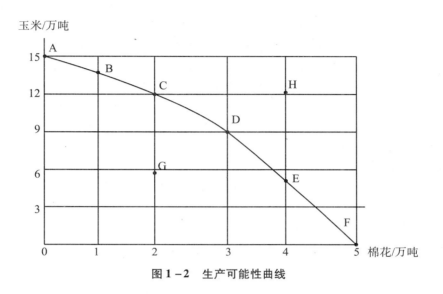

图 1 - 2　生产可能性曲线

从 B 点到 C 点，增加 1 万吨棉花所放弃的玉米是 2 万吨，比从 A 点到 B 点时增加 1 万吨棉花的机会成本增加了。这是因为，当我们把更多的资源用于生产棉花时，就把越来越不宜于生产棉花的资源用于种植棉花，这时效率就会下降，或者说不得不放弃的玉米越来越多。

面对稀缺的资源如何进行选择的问题，大体上可归纳为以下三个方面。

1. 生产什么，生产多少

由于资源是稀缺的，人们所需要的产品和劳务又是多样的，同样的资源如果用来生产 A 产品，就无法再用来生产 B 产品。人们是把既定的资源用来生产 A 产品，还是用来生产 B 产品，还是在 A 产品和 B 产品之间进行某种组合，经济决策者有必要进行选择以最大限度地满足人们的需求。

2. 如何生产，即用什么方式来组织生产

一般情况下，一种物品的生产可以采用多种不同的方法。例如，在农业生产中，生产同样数量的某种农产品既可以用较少的土地，投入较多的肥料、劳动力和机械来进行；也可以用较多的土地，而只投入少量的肥料、劳动力和机械来进行。这两种方法所采用的生产手段和技术有所不同，我们应该做何选择？

3. 为谁生产，即生产出来的产品如何分配

当产品或劳务被生产出来以后，就面临着产品如何在社会成员之间分配的问题。任何社会的生产都是周而复始的再生产过程，产品在社会成员之间如何分配，将影响生产要素的流向和配置。一般情况下，优质的劳动、资金、土地总会流向回报较高的部门和企业。为了合理配置各种生产要素，人们有必要研究社会产品如何分配的问题。

围绕着这三个方面的选择，实际上是解决单个经济单位和整个社会，就有限的资源在各种可能的用途上如何分配的问题，这便是资源配置及其效率的问题。

经济活动往往面临着这样的矛盾：一方面，资源是稀缺的；另一方面，稀缺的资源还得不到充分利用。稀缺的资源被浪费的情况经常大量地存在。产量没有达到生产可能性曲线，稀缺的资源被浪费了。这样，资源的稀缺性又引出了另外的问题：资源利用问题。资源利用就是人类社会如何更好地利用现在的稀缺资源，使之产生出更多产品的问题。

资源利用的问题主要包括以下三个方面：资源是否得到了充分利用？如果没有得到充分利用，原因何在？如何使稀缺资源得到充分利用？也就是如何使棉花与玉米的产量组合达到生产可能性曲线。这一问题一般被概括为"充分就业"问题。

在资源既定的情况下，为什么产量有时高有时低，即尽管资源条件没有变，但棉花和玉米的产量为什么不能始终保持在生产可能性曲线上，也就是经济中为什么会有周期性波动。与此相关的是，如何用既定的资源生产出更多的玉米和棉花，实现经济增长，这就是"经济周期与经济增长"问题。

现代社会是一个以货币为交换媒介的商品社会，货币购买力的变化对资源配置与利用所引起的各种问题的解决都影响甚大。解决这些问题必然涉及货币的购买力问题，也就是"通货膨胀（或通货紧缩）"问题。

由此可以看出，稀缺性不仅引出了资源配置问题，而且还引出了资源利用问题，因此，经济学家们把经济学定义为"研究稀缺资源配置和利用的科学"。

分析案例 1 – 1

鲁滨逊的生产可能性边界

在笛福的《鲁滨逊漂流记》中，酷爱航海的鲁滨逊在商船失事以后漂流到了一个荒无人烟的岛上。鲁滨逊凭着自己的选择，只身在荒岛上顽强地生存了下来。如果我们引入生产可能性边界这一术语，鲁滨逊的故事就有了浓厚的经济学色彩。

对于处在孤岛上的鲁滨逊而言，他仍然会面临这样一条生产可能性边界。现在的鲁滨逊虽然两手空空，但他毕竟来自文明社会，具备一定的知识和技能，因此他还可以利用自身的资源进行生产自救。假设鲁滨逊一天8小时的工作时间，或者用于爬树摘椰子，或者用于下海抓鱼。

这样鲁滨逊首先就有了两种极端的选择，他可以将一天8小时全部用于抓鱼，这个数量表示在横坐标上；鲁滨逊也可以将一天8小时全部用于摘椰子，这个数量表示在纵坐标上。这是鲁滨逊的生产可能性边界的两个极端的点。当然，除了这两点以外，鲁滨逊还有许多其他选择：将一部分时间用于摘椰子，将另一部分时间用于抓鱼，这又会有很多种组合。将这些点也都画出来，就得到了一条曲线，这条曲线就是鲁滨逊的生产可能性边界。

如果观察鲁滨逊的生产可能性边界，我们会发现这是一条向右下方倾斜并凹向原点的曲线。向右下方倾斜表明鲁滨逊在现有资源条件下要想多抓鱼就得少摘椰子，也就是说，通过鲁滨逊的选择，椰子可以转换为鱼，二者存在此消彼长的关系。凹向原点则表明，将椰子转换为鱼的过程中，转换的边际成本是递增的。当鲁滨逊拥有很多椰子的时候，生产椰子的效率几乎发挥殆尽，这时一定量的劳动通过转换，用于多抓一条鱼，只需要放弃较少的椰子。但是随着调整的进行，当椰子的数量变少时，椰子的生产效率反而会回到较高的状态。这时，同样用一定量的劳动多抓一条鱼，则要放弃更多的椰子。这是由边际生产力递减规律所决定的。

不管怎样转换，只要是沿着生产可能性边界运动，鲁滨逊在生产上就总是处于有效率的状态，或者说他不会窝工。最简单的理由就是，当鲁滨逊的生产选择沿着生产可能性边界运动时，他要多抓一条鱼，就必须少摘一些椰子。如果鲁滨逊的选择不再生产可能性边界上，而是处于生产可能性边界的内部，这就说明鲁滨逊的生产是无效率的，或者说鲁滨逊的生产窝了工。因为在此状态下，鲁滨逊可以在不减少鱼的产量的前提下，增加椰子的产量，或者在不减少椰子产量的前提下，增加鱼的产量，而重新回到生产可能性边界上。这说明原先的状态不是最好的。

尽管在生产可能性边界上从事生产都是有效率的，但鲁滨逊究竟会选择哪一点仍然是一个值得研究的问题。因为鲁滨逊的生产是为了自己的消费，所以，在这里是鲁滨逊的个人偏好决定了生产组合在生产可能性边界上的具体位置。假如鲁滨逊是个典型的素食主义者，他的选择就一定在纵坐标轴的点上。当鲁滨逊这样选择时，资源就得到了优化配置，实现了微观经济效益。

对鲁滨逊来讲，生产可能性边界之外的那些点又意味着什么呢？当然是更多的鱼和更多的椰子，但由于位于生产可能性边界之外，这是鲁滨逊在现有的资源和技术条件下不可能达到的。如果鲁滨逊可以增加劳动投入，这就需要鲁滨逊每天工作超过 8 小时，他完全可以得到更多的鱼和椰子，这就意味着他的整个生产可能性边界向右移动；当然，鲁滨逊也可以在不增加劳动投入，而是改进生产技术的前提下，使生产可能性边界向右扩张。比如，鲁滨逊不再赤手空拳去抓鱼，而是造船结网，用渔船捕鱼；也不再爬树摘椰子，而是造采摘器在树下摘椰子。结果鱼和椰子都比以前大大增加了。在这种情况下，鲁滨逊通过更加充分地利用资源，在宏观层面上实现了经济增长。

（资料来源：李仁君：《鲁滨逊的选择》，载于《海南日报》2006 年 4 月 30 日）

五、经济制度

资源是稀缺的，但解决稀缺性的方法并不相同。也就是说，在不同的社会中，解决资源配置与利用问题的方法是不同的，经济制度就是一个社会做出选择的方式，或者说解决资源配置与利用问题的方式。

延伸思考 1-2

当前世界上解决资源配置与资源利用的经济制度基本有两种：一种是市场经济制度，即通过市场上价格的调节来决定生产什么、如何生产和为谁生产，资源的充分利用依靠价格的调节与刺激和政府宏观调控来实现，另一种是计划经济制度，即通过中央计划来决定生产什么、如何生产和为谁生产，资源的利用也和中央的计划息息相关。

市场经济与计划经济的差别主要表现在以下三个方面：

决策机制不同。市场条件下，决策机制的选择由参与经济的千千万万的个人和企业分散地独立做出；在计划经济下，决策的选择由至高无上的中央计划机构集中地做出。

协调机制不同。在市场机制下，由价格协调千百万人的决策，使这些决策一致；计划经济是一个金字塔式的等级体系，用自上而下的命令来贯彻决策，保证决策的协调。

激励机制不同。市场经济的激励以个人物质利益为中心，强调"小河有水大河满"；计划经济的激励以集体主义的精神为中心，强调"大河没水小河干"。

经济学家用经济效率、经济增长和收入分配来比较这两种经济制度，这两种经济制度各有利弊。从 20 世纪以来的总体经济情况来看，经济上成功的国家都采取了市场经济制度。市场经济是组织经济活动的一种好方式，但市场经济并非完美无缺，因此，还需要政府用各种干预手段来纠正市场经济缺陷。经济学家把这种以市场调节为基准，又有政府适当干预的经济制度称为混合经济。

第二节　现代西方经济学的由来与演变

西方经济学的理论体系，不是某一个人的独创，它是在长期的历史过程中，经过几代人的努力，不断丰富和完善起来的，基于探索如何创造更多财富的目标，它的发展，经历了以下几个重要的阶段。

一、重商主义：经济学的萌芽时期

重商主义产生于 15 世纪，终止于 17 世纪中期。技术进步引发生产力大发展，推动资本主义生产方式的形成和确立，资本主义原始积累十分迫切，遂产生了重商主义思想。重商主义的主要代表人物主要有英国经济学家约翰·海尔斯（John Hales）、托马斯·孟（Thomas Mun）、柯尔培尔（Jean – Baptiste Colbert）等。其代表作是托马斯·孟的《英国得自对外贸易的财富》。

重商主义的经济学说主要体现在：（1）特别强调国家财富的重要性，并把货币财富作为财富的唯一形态；（2）认为一国财富的唯一来源是对外贸易，只有通过对外贸易吸收他国财富（金银）才能增加本国财富；（3）提出民穷国富论。私人财富的增加，会导致国家财富的减少。基于以上理论，重商主义者主张国家对国内外经济生活严格地实行全面干预。主张实行贸易保护主义以谋求贸易顺差，主张实行重出口产业的产业政策和低工资的消费政策，限制国内非生产部门的发展和工人生活水平的提高，增加国家和商业资本的财富积累。

重商主义经济思想是典型的原始国家干预主义，它反映了资本原始积累时期商业资本的意识形态。重商主义是对"近代生产方式的最早的理论研究"。但重商主义仅限于对流通领域的研究，并没有形成完整的经济学体系，只能说是经济学的萌芽时期，真正的经济科学只有其研究范畴从流通领域转到生产领域时才会出现。

二、古典经济学：经济学的形成时期

古典经济学产生于 17 世纪中期，完成于 19 世纪 70 年代，技术进步进一步引发了工业革命；企业制度确立引发劳动生产组织效率的提高；海外新大陆发现激发了无限商机。其创始人是英国经济学家威廉·配第（William Petty），主要代表人物有英国的亚当·斯密（Adam Smith）和大卫·李嘉图（David Ricardo）。主要代表作有亚当·斯密的《国民财富的性质和原因研究》及李嘉图的《政治经济学及赋税原理》。

古典经济学把经济研究从流通领域转移到生产领域，研究的中心问题是国民财富如何增长的问题。他们认为，国民财富增长的主要途径是发展生产。而社会生产和整个社会的经济运动"受一只看不见的手的指导"。这只看不见的手，把无数个人的盲目的、相互矛盾的经济行为纳入整个经济有秩序的运动中。因此，他们主张自由放任、自由竞争，反对国家对经济生活的干预。斯密这里所论述的"看不见的手"实际上就是市场机制或价格机制思想的最早表述，从而奠定了微观经济学的理论基础。

古典经济学反映了自由竞争时期资本主义经济发展的要求，此时经济学已逐步成为一门具有独立体系的科学，真正意义的经济学便从此时产生。

三、庸俗经济学：现代西方经济学的理论渊源

西方庸俗经济学产生于 18 世纪和 19 世纪之交的英国和法国，初步发展于 19 世纪中叶，其主要代表人物是法国的让·巴蒂斯特·萨伊（Jean Baptiste Say），英国的托马斯·罗伯特·马尔萨斯（Thomas Robert Malthus）、詹姆士·穆勒（James Mill）和麦克库洛赫（John Ramsay McCulloch）。

西方庸俗经济学产生的背景：以私人产权制度为基础的资本主义商品经济发展，财富总量迅速增大，收入分配的两级化也迅速拉大。资产阶级急需代言人对资本主义制度进行辩护。萨伊等人抛弃了古典经济学的科学和合理的成分，将其理论体系中庸俗部分分离出来，拼凑成庸俗经济学体系，为资产阶级的统治和剥削辩护，掩盖资产阶级对雇佣工人的剥削。

西方庸俗经济学的庸俗理论主要是：用庸俗的效用价值论、稀缺价值论、生产费用价值论和供求均衡价值论取代科学的劳动价值论。他们认为，商品的价值不是由生产商品的劳动所创造的，而是决定于商品的效用，决定于生产商品所耗费的生产费用，决定于商品的稀缺性，决定于商品的供给与需求。他们提出三要素价格分配论，认为商品的价值是由生产三要素创造的：劳动创造工资、资本创造利润、土地创造地租。因此，工资是劳动的价格，利润是资本的价格，地租是土地的价格。上述这些庸俗的经济理论对后世西方经济学产生了很大的影响，成为现代西方经济学的基本概念，奠定了现代西方经济学的基本理论路线和基本理论框架。

四、边际革命：现代西方经济学理论基础的奠定

从 19 世纪晚期到 20 世纪初期的半个世纪是西方庸俗经济学发展的一个重要时期，这就是所谓的"边际革命"时期。产生的背景：在这一时期，西方经济学以萨伊、西尼尔、约翰·穆勒的庸俗经济学理论为基础，吸收当时心理学和数学发展的某些成果，将心理分析和增量分析引入经济学研究领域，从而奠定了现代西方经济学特别是微观经济学的理论

基础。

边际主义经济学的创始人是英国的杰文斯（W. S. Jevons）、奥地利的门格尔（C. Menger）、法国的瓦尔拉斯（L. Walras）。主要代表人物有奥地利的维塞尔（Wieser）和庞巴维克（E. VonBohm‑Bawerk）、美国的克拉克（G. N. Clark）和英国的马歇尔（A. Marshall），其中马歇尔是边际主义经济学的集大成者。

边际主义经济学的基本理论主要包括边际效用分析和边际效用价值论、边际生产力分析和边际生产力分配论、一般均衡理论三部分。人们为什么要增加商品购买？主要取决于商品的边际效用，某时刻的商品价值量取决于此时商品边际效用的大小；雇主为什么要增加与减少工人？主要取决于劳动力的边际生产力；在完全竞争的市场态势下，生产周期短的商品其市场供求之间会迅速形成一般均衡，此时，资源配置的效率最高，社会福利总量最大。这些理论成为现代西方经济学特别是微观经济学的基础，标志着现代微观经济学的产生。20 世纪 30 年代，美国的张伯伦和英国的琼·罗宾逊同时提出内容基本相同的"垄断竞争理论"，论述了不同市场类型下产量与价格的决定及资源优化配置问题，弥补了马歇尔经济理论的最大缺陷，使现代微观经济学的理论体系得以最终完成。

五、凯恩斯革命：现代宏观经济学的建立和发展

产生的背景：在 20 世纪 30 年代之前，古典经济学中占统治地位的是萨伊定律。在理论上，他们认为，资本主义市场经济的"供给能够自动创造需求"，资本主义经济能够自动达到并经常处于充分就业的均衡状态，从而在政策上主张实行自由放任主义。但是，30 年代的资本主义世界大危机打破了这种神话，经济理论与经济现实发生了尖锐的冲突，经济学面临着它的第一次大危机。在这种情况下，英国经济学家凯恩斯发表了他的划时代的著作《就业、利息和货币通论》。在这本著作中，凯恩斯抛弃了以萨伊为代表的新古典经济学的传统理论和政策主张。在理论上，凯恩斯抛弃统治西方经济学达 150 年之久的萨伊定律，指出在资本主义市场经济中，由于存在边际消费倾向递减、资本边际效用递减和灵活偏好三大基本心理规律，导致消费需求和投资需求不足，经常存在"非自愿失业"，从而提出了"非充分就业的均衡论"以反对新古典学派的"充分就业均衡论"。在政策主张上，主张实行国家干预，以反对新古典学派的自由放任主义。他认为只有通过国家干预，实行"需求管理"，才能有效地克服经济萧条和通货膨胀，实现经济稳定。

凯恩斯的上述理论观点，分析方法及政策主张与传统经济学完全不同，被称为"凯恩斯革命"。这次革命形成了凯恩斯主义，产生了"凯恩斯时代"，诞生了现代西方宏观经济学。凯恩斯被称为现代宏观经济学之父。

凯恩斯《就业、利息和货币通论》发表之后，西方宏观经济理论的发展表现在两个方面：一是对凯恩斯宏观经济理论的补充和发展；二是各种非凯恩斯宏观经济学说的发展和自由放任思潮的复兴。

第二次世界大战以后，凯恩斯的追随者和信徒对凯恩斯经济学进行了重要的补充和发展，形成了新凯恩斯主义的两个重要派别：一个是以美国著名经济学家萨缪尔逊和汉森为首的，以美国麻省理工学院为中心的新古典综合派；另一个是以琼·罗宾逊为首的，以英国剑桥大学为核心的新剑桥学派。新古典综合派将新古典经济学的微观经济理论与分析方

法同凯恩斯的宏观经济理论及分析方法综合在一起，对凯恩斯经济学说进行了重要的补充和发展。以琼·罗宾逊为首的新剑桥学派则反对以新古典经济学作为宏观经济学的微观基础，他们认为，宏观经济分析应该以老的古典经济学，特别是李嘉图的经济理论作为其微观基础。在分析方法上，他们坚持凯恩斯主义的历史观，反对新古典综合派的均衡观。新古典综合派和新剑桥学派虽然都从凯恩斯的《就业、利息和货币通论》出发，以解释和发展凯恩斯经济学说为目的，但从一开始他们就朝着相反的方向发展，他们在分析方法、理论观点和体系上存在着原则性的分歧。新古典综合派是战后凯恩斯主义经济学中占主导地位的经济学流派，其理论在战后经济理论中起主导作用。

进入 20 世纪 60 年代以后，西方各国经济出现了停滞和通货膨胀同时并存的"滞胀"局面，凯恩斯主义失灵，引发了凯恩斯主义的危机，危机打破了凯恩斯主义一统天下的局面，各种非凯恩斯主义宏观经济理论迅速产生和发展。如形成于 60 年代的，以美国著名经济学家弗里德曼为首的现代货币主义学派；形成于 70 年代的，以美国经济学家卢卡斯为首的理性预期学派。这些学派都把凯恩斯主义的国家干预作为经济滞胀的根源。他们论述了市场机制的完善性，说明了国家干预经济政策的局限性，主张减少国家干预，充分发挥市场机制的作用，实行自由放任政策。70 年代以后，西方各国采用了这些主张，逐步实行了经济自由化的政策，这便是现代西方经济学史上的"自由放任"复兴时期。自由放任经济学流派的理论在现代宏观经济理论中，占有非常重要的地位，成为现代宏观经济学的一个重要组成部分。

但是，自由放任经济学说并没有完全取代凯恩斯主义经济学说，在 20 世纪 70 年代之后，凯恩斯主义经济学仍有重要影响。凯恩斯主义自身的发展、自由放任经济学流派的形成与发展，以及其他各种宏观经济理论的产生与发展（如经济发展理论、经济增长理论），形成了现代宏观经济学色彩斑斓的世界。

第三节　微观经济学概述

一、微观经济学的定义

西方经济学是在市场经济制度下研究个体经济单位如何作出决策，以及这些决策会受到哪些因素的影响，并通过对单个经济单位的经济行为的研究，说明市场机制对资源配置的原理和作用，以及改善这种运行的途径。资源配置与资源利用内容相当广泛，对资源配置问题的研究一般被归纳为微观经济学的问题，对资源利用问题的研究一般被归纳为宏观经济学的问题。

微观经济学以单个经济单位为研究对象，通过研究单个经济单位的经济行为和相应的经济变量单项数值的决定来说明价格机制如何解决社会的资源配置问题。

理解微观经济学的定义时，我们应注意这样几点。

研究的对象是单个经济单位。对于单个居民户来说，在生产要素市场上提供要素以取得收入，然后，在商品市场上购买最佳的商品数量，在消费中获得最大的满足。对于单个厂商来说，在要素市场上购买所需的生产要素，在生产过程中以最佳的要素组合和最佳的产量组合进行生产，通过产品的出售以获得最大的利润。

延伸思考 1 – 3

单个经济单位指汇成经济的最基本的经济单位家庭和企业，如居民户和厂商。单个居民户和单个厂商分别以商品需求者和供给者的身份出现在商品市场上，又分别以生产要素的供给者和需求者的身份出现在要素市场上。

解决的问题是资源配置。资源配置就是生产什么，如何生产和为谁生产的问题。解决资源配置问题就是要使资源配置达到最优化。即在这种资源配置下，能给社会带来最大的经济福利。

中心理论是价格理论。在市场经济中，居民户和厂商的行为要受价格的支配，生产什么、如何生产和为谁生产都由价格决定。价格机制像一只看不见的手，调节着整个社会的经济活动。通过价格机制的调节，社会资源的配置实现了最优化。因此，微观经济学正是要说明价格如何使资源配置达到最优化。因此，微观经济学也被称为价格理论。

延伸思考 1 – 4

微观经济学的中心理论实际上是解释英国古典经济学家亚当·斯密的"看不见的手"这一原理的，斯密认为，每个人都在追求自己的个人利益，但在这样做时，由于受到一只看不见的手的指引，结果增进了社会利益。"看不见的手"就是价格，微观经济学的中心就是要解释价格是如何实现资源优化配置的。

研究方法是个量分析法。个量分析法是研究经济变量的单项数值是如何决定的。例如，微观经济学中研究的价格是某种商品的价格，即价格这种经济变量的单项数值。产量是指某种产品的产量，即产量这种经济变量的单项数值。微观经济学分析这类个量的决定、变动及相互间的关系。

二、微观经济学的基本假设

"理性人"假设。经济生活中的每一个人，其行为均是利己的，他在做出一项经济决策时，总是深思熟虑地通过成本收益分析或趋利避害原则来对其所面临的各种可能的机会、目标以及实现目标的手段进行比较，都力图以自己最小的经济代价去追求自身利益的最大化。因为人是理性的、资源是稀缺的，以市场机制为主来配置资源，由此可总结出十点原则：第一，每一个人都面临着交易，要得到一个就要放弃一个。第二，你得到的东西是你放弃的东西的机会成本，人都会在两者之间进行思考与比较。第三，你对于物品与服务的追求量不仅仅服从总收益与总成本的比较，更主要的是服从边际收益与边际成本的比较。第四，人对经济刺激都会产生反应。第五，专业分工下的相互交易能够使交易的每一方都得到好处，实现总收益的增加。第六，市场机制是实现资源配置效率的最好方式。第七，政府的计划机制可以弥补市场机制的失灵。第八，国家的生活水平取决于它的生产能力。第九，政府的货币投放量增加会导致物价上涨。第十，经济社会短期内面临通货膨胀与失业之间的交易。在微观经济学部分，我们会看到前面七点假设的表现。

有理性的经济人。假设市场经济的决策主体（居民户、厂商和政府等）都是有理性的，都以利益最大化为目标进行决策。消费者追求效用最大化，厂商追求利润最大化。理性的经济人不是自私自利的人，更不是损人利己的人，而是能够做出最优决策的人。

三、基本分析思路

按"理性人"假设，微观经济学形成了自己的分析框架。这一分析思路与框架可以通过图 1－3 加以说明：

1. 图形设计原理

（1）左边方框表示消费者，右边方框表示生产商；（2）每一个消费者与生产商都有双重身份：消费者是产品的需求者与生产要素的供给者；生产商是生产要素的需求者与产品的供给者；（3）消费者在生产要素市场上出售生产要素取得收入，以此为基础在产品市场上购买产品进行消费并获得效用满足；生产商在要素市场上购买生产要素，经过生产过程生产出产品，在产品市场上出售产品取得收入并获得最大利润；（4）需求用虚线表示，供给用实线表示。

2. 经济运作原理

在"理性人"假设条件下，在市场竞争条件下，生产者与消费者在完全竞争的产品市场上相遇，双方都力图以自己最小的经济代价去追求自身利益的最大化，讨价还价，形成一个双方都能接受的结果——产品市场局部均衡。此时，任何一个厂商都不能获得超额利润，产品市场的均衡价格已经是最低价格水平；在生产要素市场上相遇，双方也都力图以自己最小的经济代价去追求自身利益的最大化，讨价还价的结果，也形成一个双方都能接受的结果——要素市场局部均衡；此时，任何一个消费者都不能获得超额收入，要素市场的均衡价格已经是最低价格水平。

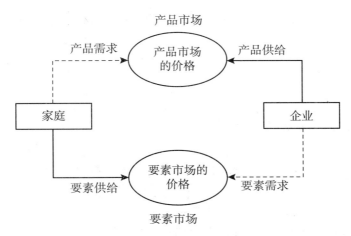

图 1－3　微观经济学分析框架

3. 图形分析结论

既然这种均衡是大家都能接受的结果，那么，第一，这种均衡就是一种最佳均衡，任何一种改变对双方的利益格局都会带来再调整，这种状态经济学称之为帕累托最优状态；第二，此时形成的人力、财力、物力的配置就是耗费最少的、产出最高的资源配置，就是最佳配置，整个资本主义经济也就实现了有效率的资源配置。第三，既然是最有效率的、最佳配置，那么这种资源配置的制度——资本主义制度就是最好的财产组织制度。

4. 引申分析结论

最好的制度不等于能够解决资源配置中所有的问题——不是所有的问题都可以通过市场机制来解决。为了保持市场经济效率，对于市场机制不能解决的问题，就需要政府的政策来修补。

微观经济学的基本理论包括下列内容：

均衡价格论，也称价格理论，研究某种商品的价格如何决定，以及价格如何调节整个经济的运行等问题。这一部分是微观经济学的中心，其他内容都是围绕这一中心而展开的。

消费者行为理论，研究消费者如何把有限的收入分配到各种物品的消费上以实现效用最大化等问题。这一部分是对（决定价格的因素之一）需求的进一步解释。

生产理论，研究生产者如何把有限的资源用于各种物品的生产上，以实现利润最大化。这一部分包括研究企业内部组织与效率的企业理论；研究生产要素投入与产量之间关系成本理论，也称成本与效益分析；研究成本与效益的关系及经济利润形成的市场理论，也称厂商均衡理论。

分配理论，也称要素价格（市场）理论，研究产品按什么原则分配给社会各个集团与个人，即工资、利息、地租和利润如何决定等问题。这一部分是运用价格理论来讨论要素市场的均衡，说明为谁生产的问题。

一般均衡理论与福利经济学，研究社会资源配置最优化的实现，以及社会经济福利的实现等问题。

市场失灵与微观经济政策等理论。传统的微观经济学理论以完全竞争、完全理性与完全信息为前提。但在现实中，由于公共物品、外部性、垄断与信息不对称，价格调节并不总是能实现资源的最优配置，导致市场失灵。解决市场失灵就需要政府的微观经济政策。

延伸思考 1-5

现代微观经济学还包括了更广泛的内容，如产权经济学、成本收益分析、家庭经济学、人力基本理论等。这些都是在微观经济学基本理论上发展起来的，微观经济学也是现代管理学的基础。

四、研究微观经济学的方法

经济学研究的方法均适合于微观经济学的研究。根据对价值判断的态度可分为实证方法和规范方法。

实证方法实质是超脱或排斥一切价值判断，只研究经济本身内在规律，并根据这些规律来分析和预测人们经济行为的效果。回答诸如：现在的失业率是多少？较高水平的失业率如何影响通货膨胀？……这些问题只有通过诉诸事实才能解决。

规范方法是以一定的价值为基础，提出某些作为分析处理经济问题的标准，并研究如何才能符合这些标准。回答诸如：通货膨胀的容忍限度应该是多少？是否应该向富人收取重税以帮助穷人？……这些问题都涉及价值判断和道德伦理判断。

理解实证方法与规范方法时，应注意以下一些问题。

价值判断的含义。这里所说的价值不是指一般商品的价值，而是指事物的社会价值。

《简明帕氏新经济学辞典》的解释是："价值判断可能定义为对所认定的客观效力的赞成或不赞成的判断。"价值判断就是指对事物社会价值的判断，即对某一事物是好还是坏的判断。实证方法试图避开价值判断，只针对经济现象。对经济行为或经济活动及其发展趋势做出客观的分析，只研究经济本身的客观规律与内在逻辑。规范方法则从一定的价值判断出发来研究经济问题，要判断某一事物是好还是坏，它涉及是非善恶、应该与否、合理与否的问题。由于人们的立场观点、伦理道德标准不同，对同一经济事物会有完全不同的看法。是否以一定的价值判断为依据，是实证方法与规范方法的重要区别之一。

实证方法与规范方法解决的问题不同。实证方法要解决"是什么"的问题，即要研究经济本身的客观规律与内在逻辑，分析经济变量之间的关系，并用于进行分析与预测。规范方法要解决"应该是什么"的问题，即要说明事物本身是好还是坏，是否符合某种价值判断，或者对社会有什么意义。

实证方法研究经济问题所得出的结论具有客观性。实证方法研究经济问题所有得出的结论可以根据事实来进行检验，不会以人们的意志为转移。规范方法研究经济问题所得出的结论要受到不同价值观的影响。处于不同阶段地位、具有不同价值人，对同一事物的好坏会作出截然相反的评价，谁是谁非没有什么绝对标准，从而也就无法进行检验。

实证方法与规范方法研究经济问题尽管有上述三点差异，但它们也不是绝对互相排斥的。规范方法要以实证方法为基础，而实证方法也离不开规范方法的指导。

分析案例 1-2

经济学的道德与不道德

经济学是否涉及道德问题一直是中外经济学家争论的中心之一。一些经济学家强调"经济学本身不谈道德"。另一些经济学家则把这种观点称为"经济学的道德误区"，强调经济学的"人文关怀"。经济学应不应该涉及道德问题呢？这涉及经济学的方法论问题。

实证方法与规范方法的根本区别是对价值判断的态度。实证方法排斥价值判断，而规范方法以价值判断为依据。价值判断是对经济行为社会价值的评价，即对某种经济现象好还是坏的看法。大而言之，可以是对某种经济体制的评价；小而言之，可以是对某种具体经济现象或行为的评价。价值判断属于社会伦理学范畴，有强烈的主观性。不同的人对同一经济现象实际上就涉及价值判断，因为价值判断正是道德问题的基础。

实证方法排斥价值判断，也就不涉及道德问题。经济现象有其内在客观规律。实证分析要解决"是什么"的问题，即要确认事实本身，研究经济本身的规律，分析经济变量之间的关系。经济规律是客观的、不以人的意志为转移的。研究这些规律应该像研究物理与化学一样抛开价值判断。实证方法是人们客观地认识世界的工具，完全可以抛开价值判断。从这个意义上说，经济学是不涉及道德问题的。

经济学有认识世界和改善世界的双重任务。在认识世界时，应该以客观的态度来分析，这就是经济学的不道德。制定政策离不开价值判断，这就是经济学的道德。实证分析与规范分析，道德与不道德并不绝对排斥，要看解决什么问题，用在什么地方。

那种认为经济学离不开道德问题，反对实证分析的观点并不正确。比如，我们研究经济增长的规律完全可以超脱价值判断。经济增长率和影响这种增长率之间的因素（劳动、资本、技术）之间的关系是客观的。研究这个问题时完全可以不涉及价值判断或道德问题，得出适用于各个社会的客观规律。"科技是第一生产力"与道德显然无关。这时经济学是实证的、不道德的。但在制定一个社会的经济增长政策时，就要考虑经济增长的目标，增长与社会福利等有关的价值判断问题。这时经济学是规范的、道德的。

经济学与人们的利益太密切了。利益格局的决定有强烈的价值判断色彩。因此，经济学超脱价值判断，不涉及道德的观点难以被接受。这也是不断有人就道德问题向主流经济学提出挑战的原因。把经济学本身与经济学的运用分开，把客观规律的探讨与规律的运用分开，你就知道，其实经济学道德和不道德与否，就是什么情况下要坚持客观、公正的态度，什么情况下要有人文关怀。这样经济学才不会陷入道德的误区。

（资料来源：梁小民：《微观经济学纵横谈》，生活·读书·新知三联书店 2000 年版）

无论用实证方法还是用规范方法，得出的研究成果都需要传递出去，让广大民众知晓，领悟经济学的基本原理。表述经济学理论的形式大体上分为四种：一是叙述法，用声音或文字将经济学理论描述出来；二是列表法，用表格将经济变量之间的关系直观地显示出来；三是图形法，用各种几何图形将经济变量之间的关系形象地展示出来；四是函数法，用代数式将经济变更之间的关系精确地表达出来。

五、微观经济学与宏观经济学的关系

宏观经济学是以整个国民经济为研究对象，通过研究经济中各有关总量的决定及其变化来说明资源如何才能得到充分利用的问题。宏观经济学流派纷呈，当前最有影响的宏观经济学流派是新凯恩斯主义和新古典宏观经济学。

微观经济学与宏观经济学是互相补充的。微观经济学和宏观经济学不是相互割裂、相互对立的。微观经济学在假定资源已经实现充分利用的前提下，分析如何达到最优配置的问题；宏观经济学是在假定资源已经实现最优配置的前提下，分析如何达到充分利用的问题。

社会经济制度作为既定的前提，不分析社会经济制度变动对经济影响。也就是说，它们都把市场经济制度作为一个既定的存在，分析这一制度下的资源配置与资源利用问题。这种不涉及制度问题只分析具体问题的方法就是实证分析，微观经济学和宏观经济学都属于实证分析的范畴。

微观经济学是宏观经济学的基础。整体经济是单个经济单位的总和，微观经济学应该为宏观经济学的基础。但如何把微观经济学作为宏观经济学的基础，不同的经济学家有不同的理论。凯恩斯主义学派用微观经济中的均衡概念来解释宏观经济问题。新古典综合派也接受了这一基本观点，并把微观经济与宏观经济学综合在一个经济学框架之内。理性预期学派从新古典经济学的市场出清（价格调节使供求相等）和理性人假设出发，提出了理性预期概念，并以此为基础来构建宏观经济理论。

本 章 小 结

经济学是研究人们行为的社会科学，它是研究个人和社会在一定的制度下，如何在满

足人们需要的稀缺资源的用途之间进行配置和利用的科学。经济学是建立在理性行为假定和稀缺性规律这两大基本前提之上的社会科学。

理性行为假定是在经济活动中，作为经济决策的主体，居民、厂商和政府等都充满理性，一般都被视为理性人，他们既不会感情用事，也不会轻信盲从，而是精于判断和计算，其行为符合始终如一的偏好原则；稀缺性规律是指人类需要的无限性和资源的有限性之间的矛盾。经济学是市场经济制度下的产物，但随着人类社会性的发展，目前纯粹的市场经济已基本不存在了。世界大部分国家普遍采用"政府调控" + "市场经济" = "混合经济"的模式。

经济学要研究的基本问题是资源配置和资源利用的问题。据此，经济学又可以分为微观经济学和宏观经济学。资源配置就是对稀缺资源所做出的一种选择。资源配置就是要解决"生产什么？"、"如何生产？"和"为谁生产？"这三大基本经济问题；而资源利用则是社会如何充分发挥现有资源作用的问题，主要解决"社会的生产能力为什么有时会倒退？"、"如何才能不断地扩张社会的生产能力？"和"谁来协调全社会的生产的稳定和发展？"这些基本经济问题。

任何学科都有自己特定的研究方法，有自己特有的分析工具和逻辑基础，经济学也不例外。实证分析回答的是"是什么"的问题；而规范分析说明的是"应该是什么"的问题。均衡分析指的是由于各种经济力量相互抵消而形成的一种稳定状态。边际分析通过考察某些因素的微小增量变动给被影响的事物带来的变化，在这种分析中总是最后一个变动具有决定作用。动态分析是考察时间因素的影响，并把经济现象的变化当作一个连续的过程来看待。经济模型是描述经济变量之间相互关系的理论结构。经济模型也是现实经济的一种简化描述。经济模型是经济学证实分析的一种具体方法。

经济学不仅关乎千家万户的柴米油盐，而且还关乎时代进步和社会发展。所以，要想成为一个快乐的建设者，就必须要学好经济学。经济学是快乐之学；经济学是厚积之学；经济学是致用之学。

实践与应用

一、复习与思考

1. 为什么说稀缺性的存在与选择的必要引起了经济学的产生？
2. 为什么经济学的研究对象是经济资源的合理配置和充分利用问题？
3. 简述微观经济学的体系框架与主要研究内容。

二、综合案例

案例内容：

在化学课堂上，教授拿了一瓶溶液，介绍了其性质，然后拿了 1 美元硬币，准备放入溶液中，看看是否会溶解。教授在投放之前让学生猜测结果是什么。一个学生想了一下肯定地说，不会溶解。教授问他，原理是什么。该学生的回答超出了教授的想象。他说，如果能够溶解，你就不会把它放进去，毕竟 1 美元还是很有用的。那个时间是 20 世纪 50 年代。

另外一个故事是小学里经常玩的一个游戏。小学老师手中有三颗糖——一颗硬糖和两颗软糖，她自己拿了硬糖，将两颗软糖分给两个学生，然后要他们根据自己拿到的糖判断同学手中的糖是软糖还是硬糖。两个学生看了自己手中的糖后都愣住了。但是，当他们发现另一个同学也愣住了时，就异口同声地跟老师说，对方手中的糖是软糖。你知道为什么吗？

问题讨论：

在微观经济学中有哪些理论是建立在演绎推理基础上的？有哪些理论是建立在归纳推理的基础上？这个案例中体现的经济学思维是什么？

理论提示：

演绎推理、理性原理、因果联系与确定论。

第二章 供求理论

导入案例

春节前，李萍去菜市场采购年货，发现蔬菜价格涨幅较大，她想起冰冻雨雪灾害时蔬菜也曾大幅度涨价。这两种涨价的原因一样吗？李萍有些困惑。通过本章的学习，你可以帮助李萍找到答案。

现代微观经济学是以均衡价格理论为核心建立其理论体系的，旨在说明稀缺资源的最优配置是如何通过价格机制实现的。由于均衡价格是由需求和供给共同作用决定的，所以微观经济学从需求和供给的分析入手，阐述均衡价格的形成和决定，并以此展开其全部理论。

第一节 需求曲线

一、需求与需求函数

1. 定义

一种商品的消费需求是指一个人在某一特定的时间内，在各种可能的价格下，愿意而且能够购买的该商品的数量。

对于需求定义，要从以下几个方面来加以理解：

（1）消费者的市场需求。市场需求总是涉及两个变量：价格（Price）和需求量（Quantity）。没有相应的价格，就谈不上需求。

（2）有支付能力的需求。现实的支付能力指拥有足够的货币来支持。

（3）愿意发生的需求。需求量是个预期概念，不是指实际购买量，是消费者预计、愿意或打算购买的数量。

（4）一定时间内的需求。

这几个约束条件，少了一个条件都不行。

延伸思考 2－1

需求的概念有两个构成要素：一是有购买欲望，二是有支付能力，二者缺一不可。一个穷人向往拥有一辆轿车，但是没有支付能力，因而产生不了需求；同样，一个富人有能力购买劣质的家具，但他不愿意购买，也不可能产生需求。

2. 商品需求量的影响因素

一种商品的需求数量是由许多因素共同决定的。其中主要的因素有：该商品的价格、消费者的收入水平、相关商品的价格、消费者的偏好和消费者对该商品的价格预期等。它们各自对商品的需求数量的影响如下。

（1）商品本身的价格。一般说来，就正常商品而言，一种商品的价格与该商品的需求量成反比。

（2）消费者的收入水平。消费者的收入水平与商品的需求量的变化分为两种情况。对于正常商品来说，当消费者的收入水平提高时，就会增加对商品的需求量。相反，当消费者的收入水平下降时，就会减少对商品的需求量。即消费者的收入水平与商品的需求量呈同方向变化。对于低档商品而言，消费者的收入水平与商品的需求量呈反方向变化。

（3）其他相关商品的价格。当一种商品本身的价格保持不变，而和它相关的其他商品的价格发生变化时，这种商品本身的需求量也会发生变化。商品之间的关系有两种：一种是互补关系，另一种是替代关系。相关关系不同，对商品本身需求量变化的影响也不同。

互补关系：是指两种商品共同满足一种欲望，它们之间是互相补充的。例如录音机与磁带。有互补关系的商品，当一种商品（如录音机）价格上升时，对另一种商品（如磁带）的需求就减少。反之，当一种商品的价格下降时，对另一种商品的需求就增加。互补商品价格变化引起该商品需求量反方向变动。

替代关系：是指两种商品可以相互代替来满足同一种欲望，它们之间是可以相互替代的。例如，羊肉和牛肉就有这种替代关系。这种有替代关系的商品，当一种商品（如羊肉）价格上升时，对另一种商品（如牛肉）的需求就增加。因为羊肉价格上升，人们少吃羊肉，必然多吃牛肉。反之，当一种商品价格下降时，另一种商品的需求就减少。替代商品价格变化引起该商品需求量同方向变动。

（4）消费者的偏好。当消费者对某种商品的偏好程度增强时，该商品的需求量就会增加。相反，偏好程度减弱，需求量就会减少。消费者的偏好是一种心理因素，更多地受人们生活其中的社会环境、特别是当时当地的社会风俗习惯影响（如攀比心理等）。

（5）消费者对商品的价格预期。当消费者预期某种商品的价格在将来某一时期会上升时，就会增加对该商品的现期需求量；当消费者预期某种商品的价格在将来某一时期会下降时，就会减少对该商品的现期需求量。这也是一个心理因素，不过影响消费者需求量的预期因素，不仅包括价格预期，还有对未来收入和支出的预期，政府政策倾向的预期等。

延伸思考 2－2

影响需求量的因素是多种多样的。有些主要影响需求欲望（如消费者嗜好与消费者对未来的预期），有些主要影响需求能力（如消费者收入水平），这些因素的共同作用决定了需求。

分析案例 2－1

传言重创海南香蕉业

因"香蕉有毒"谣言流传，海南香蕉价格今日暴跌。海南省省委宣传部，省农业厅联合召开新闻发布会，澄清有关问题，农业厅副厅长简纯林指出："香蕉枯萎病与食用香蕉的安全性没有任何关联。"

香蕉是海南省高效农业的支柱产业，也是农民的重要收入来源，然而，今年3月21日以来，受谣言流传等影响，海南香蕉从平均每公斤2~3元骤然跌至每公斤0.8~1.4元，每天运销岛外的香蕉由原来的7000~10000吨，减少到3000多吨。

简纯林说，所谓"蕉癌"就是香蕉枯萎病（也称"巴拿马病"），最早在巴拿马发生，是由真菌（镰刀菌）感染而引起的植物病害，对人体无有害作用，"吃香蕉会致癌"的传言完全是无稽之谈。

简纯林透露：海南香蕉价格下滑，虽然还有香蕉种植面积扩大，主产区严重干旱的原因，但主要还是网络媒介不科学、不准确的报道所造成的影响最大。

记者了解到，香蕉价格不正常下跌已引起海南省委省政府的高度重视，近期重点采取四大措施：一是澄清谣言；二是组织全国香蕉订货会；三是省财政安排100万元专项资金，对运输香蕉车辆实行过海补贴；四是组织全省的"冷库"收购冷藏香蕉，鼓励企业和个体老板收购，千方百计减少蕉农损失。

案例分析：

影响商品需求的因素很多，比如消费者数量、偏好、收入和预期相关商品的价格等，其中，偏好是一个非常重要的因素，一般而言，消费者偏好增加，则在同样价格水平下需求的数量会增加；反之亦然，该案例非常清楚地显示了这一点，事发前，海南每天运销岛外的香蕉是7000~10000吨，由于香蕉致癌的谣言，消费者对其偏好急剧减少，导致需求减少到3000多吨。

要想解决蕉农的难题，必须消除谣言对消费者偏好的影响。因此，在海南省委、省政府的四大举措中，排第一位的是组织专家辟谣。指出"蕉癌"就是香蕉枯萎病，是由真菌感染而引起的植物病害，对人体无有害作用。"吃香蕉会致癌"的传言是无稽之谈，从而消除人们的疑虑，恢复对香蕉的偏好。

（资料来源：李仁君：《传言重创海南香蕉业》，载于《海南特区报》2002年3月21日）

3. 需求是价格的函数

由上面的分析可以看出：需求是果，其他变量是因。如用数学语言表述，需求是一个多元函数，可用 $Q_d = f(p, w, e, r, t, y, \cdots)$ 表示。多元函数分析起来比较复杂，而且对于探讨局部均衡而言，我们只是为了说明价格变量对于需求量的影响，没有必要讨论复杂的多元函数，因此，我们先假定在需求函数诸多的自变量中价格是变量，其他都是常量。因此，我们先研究比较简单的一元函数，或者说，先研究需求是价格的一元函数。

$$Q_d = f(P)$$

这一公式表示一种商品的需求量与价格之间存在着一一对应的关系。

式中，P为商品的价格；Q_d为商品的需求量。

为了更进一步简化分析，在不影响结论的前提下，大多使用线性需求函数，其形式为：

$$Q_d = \alpha - \beta(P)$$

其中α、β为常数。

二、需求表和需求曲线

需求函数 $Q_d = f(P)$ 表示的两个变量——对应的关系还可以分别用商品的需求表和需

求曲线来加以表示。

（一）需求表

商品的需求表是一张表示某种商品的各种价格水平与各种价格水平相对应的该商品的需求数量之间关系的数字序列表，如表2-1所示。

表2-1   某商品的需求表

价格数量组合	A	B	C	D	E	F	G
价格（元）	1	2	3	4	5	6	7
需求量（单位数）	700	600	500	400	300	200	100

从表2-1可以清楚地看到商品价格与需求量之间的一元函数关系。譬如，当商品价格为1元时，商品的需求量为700单位；当价格上升为2元时，需求量下降为600单位；当价格进一步上升为3元时，需求量下降为更少的500单位；如此等等。需求表实际上是用数字表格的形式来表示商品的价格和需求量之间的函数关系的。

（二）需求曲线

需求曲线是以几何图形来表示商品的价格和需求量之间的函数关系的。商品的需求曲线是根据需求表中商品不同的价格—需求量的组合在平面坐标图上所绘制的一条曲线。图2-1是根据表2-1绘制的一条需求曲线。

在图2-1中，横轴OQ表示商品的数量，纵轴OP表示商品的价格。要指出的是，与数学教材的表述习惯相反，在微观经济学分析需求曲线和供给曲线时，通常以纵轴表示自变量P，以横轴表示因变量Q。

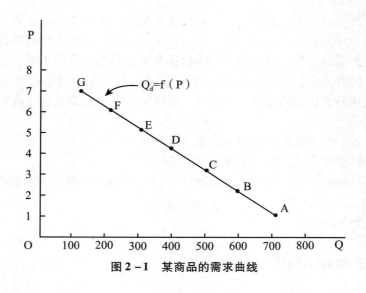

图2-1　某商品的需求曲线

图中的需求曲线是这样得到的：根据表2-1中每一个商品的价格—需求量的组合，

在平面坐标图中描绘相应的各点 A、B、C、D、E、F、G，然后顺次连接这些点，便得到需求曲线 $Q_d = f(P)$。它表示在不同的价格水平下消费者愿意而且能够购买的商品数量。

微观经济学在论述需求函数时，一般都假定商品的价格和相应的需求量的变化具有无限分割性。正是由于这一假定，在图 2-1 中才可以将商品在各个价格水平上需求量的组合点 A、B、C……连接起来，从而构成一条光滑的连续的需求曲线。

图 2-1 中的需求曲线是一条直线，实际上，需求曲线可以是直线型的，也可以是曲线型的。当需求函数为线性函数时，相应的需求曲线是一条直线，直线上各点的斜率是相等的。当需求函数为非线性函数时，相应的需求曲线是一条曲线，曲线上各点的斜率是不相等的。

（三）需求曲线的特例

在某些市场上，需求曲线呈现多种不同情况：

（1）呈自左下方方向右上方倾斜。在炫耀性消费、价格预期等条件下会出现这样的现象。

（2）不规则曲线。证券、黄金市场的需求曲线往往在价格上升到一定点后，随着价格继续上升，向右弯回，有的向左弯回。

（3）低档商品，在收入增长时期，需求反而下降，在收入下降时期需求反而上升，如吉芬产品。

（四）需求定理

建立在需求函数基础上的需求表和需求曲线都反映了商品的价格变动和需求量变动二者之间的关系。从表 2-1 中可见，商品的需求量随着商品价格的上升而减少。相应地，在图 2-2 中的需求曲线具有一个明显的特征，它是向右下方倾斜的，即它的斜率为负值。它们都表示商品的价格和需求量之间呈反方向变动的关系，这种现象普遍存在，被称为需求定理。在理解价格的决定时，需求定理是很重要的。若对需求价格函数 $Q_d = f(P)$ 求一阶导数，一般都有：$dQ_d/dP < 0$。

延伸思考 2-3

需求定理同人们的日常经验是相吻合的，但需求定理是对一般商品而言的，对一些特殊商品，需求定理并不适用，这就是需求定理的例外。在特定条件下，某些商品的价格上升时，需求反而增加。例如英国经济学家吉芬在研究中发现，1845 年爱尔兰大灾荒时，多数庄稼绝收或减产，抗灾力强的土豆成为人们食物的主要来源。土豆的价格上升，土豆的需求量反而增加了。这种价格上升需求量反而增加的情况被后人称为"吉芬之谜"，并将具有这种特点的商品称之为"吉芬商品"。

分析案例 2-2

从买车看需求

我国入世后，不少汽车厂也在忙着降价，关于汽车进入家庭的话题又多了起来。笔者有两个朋友，一个是蓝领朋友，一个是教授朋友。这两个朋友的实际情况很不相同，但在汽车进入家庭方面却颇为一致，那就是近期不会拥有汽车，尽管这只是同果不同因。

先说蓝领朋友。蓝领朋友是一家公司职工，公司距家很远，工作节奏又很紧张。每天坐公交车上班，得起大早，太辛苦。从蓝领朋友内心来讲，能拥有一辆自己的汽车，是再好不过的事了。但即使考虑到降价的因素，蓝领朋友盘算一下自己的收入，还是养不起一辆汽车。因此，购车计划只能作罢。而教授朋友则是一所高校的知名学者，改革开放后整个社会对知识和人才越来越尊重，给这位教授朋友提供了施展才华的舞台，经过几年的讲学、办班，教授朋友也成了有钱人。对他来讲，买车和养车的费用问题早已不在话下，但教授朋友仍然没有买车的意思。据教授朋友自己讲，"我大部分的活动是在家与学校之间，活动半径不超过一公里，即使外边有事，也总有专车接送。所以，对我来讲实在没有必要买车"。鉴于以上情况，汽车销售公司在开发这两类市场时，就必须区别对待了。蓝领朋友虽然有强烈的购买意愿，但却受制于支付能力不足，汽车公司要想满足这部分需求，就要解决这部分消费者支付能力不足的问题。比如开发经济适用车型以及实行汽车消费信贷等；教授朋友没有形成需求主要在于其购买欲望没有被刺激起来，汽车公司可以考虑通过广告攻势和营销策划来改变他的消费观念，使这部分潜在需求得到开发。

（资料来源：李仁君：《从买车看需求》，载于《海南日报》2002 年 3 月 21 日）

第二节　供　给　曲　线

一、供给函数

1. 定义

一种商品的供给是指单个生产者在一定时期内在各种可能的价格下愿意而且能够提供出售的该种商品的数量。

理解这一概念，要强调以下三个要点：

（1）生产者的市场供给，生产者的市场供给是为了追求利润最大化。在一元函数假定条件下，市场供给总是涉及两个变量：价格和供给量。

（2）愿意发生的供给，供给量是预期概念，不是指实际售卖量，是生产者预计、愿意或打算供给的数量。

（3）有效供给量，即有现实生产能力的供给。现实的生产能力指拥有足够的生产条件来支持。

这几个约束条件，少了一个都不行。

2. 影响供给量的主要因素

一种商品的供给数量取决于多种因素的影响，其中主要的因素有：该商品的价格、生产的成本、生产的技术水平、相关商品的价格和生产者对未来的预期等，它们各自对商品的供给量的影响如下。

（1）商品自身的价格。一般来说，一种商品的价格越高，生产者提供的产量就越大。相反，商品的价格越低，生产者提供的产量就越小。

（2）生产的成本。在商品自身价格不变的条件下，生产成本上升会减少利润，从而使得商品的供给量减少。相反，生产成本下降会增加利润，从而使得商品的供给量增加。

（3）生产的技术水平。在一般情况下，生产技术水平的提高可以提高劳动生产率，降低生产成本，增加生产者的利润，生产者会提供更多的产量。

（4）相关商品的价格。当一种商品的价格保持不变，而和它相关的其他商品的价格发生变化时，该商品的供给量会发生变化。例如，对某个生产小麦和玉米的农户来说，在玉米价格不变和小麦价格上升时，该农户就可能增加小麦的耕种面积而减少玉米的耕种面积。

（5）生产者对未来的预期。如果生产者对未来的预期是乐观的，如预期商品的价格会上涨，生产者在制订生产计划时就会增加产量供给。如果生产者对未来的预期是悲观的，如预期商品的价格会下降，生产者在制订生产计划时就会减少产量供给。

（6）政府税收政策。这是 20 世纪 80 年代以来影响供给量的一个重大因素。

由上面的分析也可以看出：一种商品的供给量也是多元函数，可用 $Q_s = f(p, w, e, r, t, y, \cdots)$ 来表示。在分析局部均衡问题时，我们只是为了说明价格变量对于供给量的影响，没有必要讨论复杂的多元函数，因此，我们假定在供给函数诸多的自变量中价格是变量，其他都是常量。于是得到一元的供给函数：

$$Q_s = f(P)$$

式中，P 为商品的价格；Q_s 为商品的供给量。当使用线性函数时，其形式为：

$$Q_s = -\delta + \gamma(P)$$

式中，δ、γ 为常数，且 δ、$\gamma > 0$。

分析案例 2-3

从捕鱼话供给

海南为期两个月的伏季休渔解禁开捕，海南市场上又恢复了海洋捕捞产品的供给，消费者又可以吃到从海里捕捞上来的各种生猛海鲜。从休渔到解禁，影响最大的当然是海洋捕捞产品的供给问题。根据经济学的分析，要形成有效的供给，必须同时具备供给的愿望和供给的能力这两大条件。

影响供给愿望的因素主要有供给品的价格，投入品的价格以及预期等。实际上，供给品的价格越高，投入品的价格越低，预计赚到的利润越多，生产者就会越倾向于多供给。因为生产者的供给愿望主要来源于追求利润的动机，以海南海洋捕捞为利，虽然海南四面环海，海产资源十分丰富，但在改革开放之前，也很难见到大量的海洋捕捞产品供给市场，其原因就是那时海洋捕捞产品价格很低，而且定得很死，渔民也就没有生产积极性。改革开放以后，海洋捕捞产品价格放开，渔民出海的积极性提高了，从投入品的角度来看，使用以风力为动力的帆船做渔船的主要投入就是人工和设施的费用，但在使用机动渔船的情况下，还要考虑燃料消耗的费用，在海洋捕捞产品价格一定的前提下，渔民出海捕鱼所需投入品的这些费用越高，渔民就会越倾向于少出海；这些费用越低，渔民就会越倾向于多出海。

哪些因素影响供给的能力呢？主要有生产技术和经营管理等因素，任何供给行为都是建立在一定的技术水平基础上的，只有掌握了某种生产技术，生产者才有可能向市场提供该种产品。不同的生产技术所能生产的产品数量和质量也是有很大差别的。以捕鱼为例，用帆船作渔船只能捕到数量不多、种类有限的海鱼；而使用大吨位、适航性能好的渔船进行捕捞就是另一种概念了。比如，在海南省护渔行动中，省海洋与渔业厅组织了大吨位、适航性能好的渔船结帮开赴中、深海区作业，探索中、深海捕捞的组织方式，提高捕捞生产的组织化程度。在技术一定的前提下，生产者的经营管理知识也能影响供给，因为科学的经营管理使资源的配置更有效。所以，一个管理有方的船队要比一个管理混乱的船队更有生产效率。

政府政策可能是既影响到供给愿望又影响到供给能力的一个因素。比如，政府对某种产品收税，如果税收不能完全转嫁出去，就会影响该种产品供给的积极性，同时也削弱了该种产品的供给能力，政府有些政策可能是禁令，即不准做什么，比如禁止供应毒品；或在规定时间内不准做什么，比如在规定时间内休眠。以休眠为例，休渔期内的供给就中断了，但从渔业的可持续发展来看，定期休渔是完全必要的。据"世界鱼类中心"和国际食品政策研究所最新发布的研究报告称，由于世界人口的急剧增长和无节制的滥捕，未来20年发展中国家的10亿人将无鱼可吃。按全世界现有的人口增长速度和人类消费鱼类数量要翻番来计算，50年之内海洋的鱼类储量将无力满足人类消费。可见，如果不采取措施，海洋鱼类的市场供给将会出现危机。

通过一定时期的休渔，实现了渔业的可持续供给。据了解，海南在今年休渔期间，海洋渔业部门认真落实各项休渔政策，加强监管，使休渔工作落到实处。全省3279艘休渔渔船全部入港，违规作业渔船明显减少，从休渔的效果来看，海南省休渔四年，效果十分明显，渔业资源得以迅速恢复，捕捞产量连年递增。南海水产研究所提供的资料表明，近几年开捕后的平均渔获率比休渔前提高1.5倍，鱼的个体增大1倍以上。在品种方面，马鲛、乌鲳、蓝圆鲹、带鱼等鱼汛旺发。通过休渔实现了生态、经济和社会效益的综合发展。现在，休渔在海南已变成渔民的自觉行动。通过休渔，实际上是提高了渔民海洋捕捞产品的长期供应能力。

（资料来源：李仁君：《从捕鱼话供给》，载于《海南日报》2013年1月15日）

二、供给表与供给曲线

供给函数 $Q_s = f(P)$ 表示一种商品的供给量和商品价格之间存在着一一对应的关系。这种函数关系也可以分别用供给表和供给曲线来表示。

（一）供给表

商品的供给表是一张表示某种商品的各种价格和与各种价格相对应的该商品的供给数量之间关系的数字序列表。表 2-2 表示某商品的供给。

表 2-2		某商品的供给			
价格数量组合	A	B	C	D	E
价格（元）	2	3	4	5	6
供给量（单位数）	0	200	400	600	800

表 2-2 清楚地表示了商品的价格和供给量之间的函数关系。例如，当价格为 6 元时，

商品的供给量为 800 单位；当价格下降为 4 元时，商品的供给量减少为 400 单位；当价格进一步下降为 2 元时，商品的供给量减少为零。供给表实际上是用数字表格的形式来表示商品的价格和供给量之间的函数关系的。

（二）供给曲线

1. 定义和图形

商品的供给曲线是以几何图形表示商品的价格和供给量之间的函数关系，供给曲线是根据供给表中的商品的价格—供给量组合在平面坐标图上所绘制的一条曲线。图 2 - 2 便是根据表 2 - 2 所绘制的一条供给曲线。

图中的横轴 OQ 表示商品数量，纵轴 OP 表示商品价格。在平面坐标图上，把根据供给表中商品的价格供给量组合所得到的相应的坐标点 A、B、C、D、E 连结起来的线，就是该商品的供给曲线。它表示在不同的价格水平下生产者愿意而且能够提供出售的商品数量。和需求曲线一样，供给曲线也是一条光滑的和连续的曲线，它是建立在商品的价格和相应的供给量的变化具有无限分割性的假设基础上的。

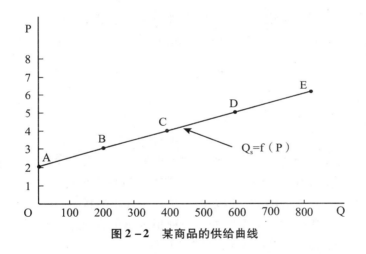

图 2 - 2 某商品的供给曲线

如同需求曲线一样，供给曲线可以是直线型，也可以是曲线型。如果供给函数是一元一次的线性函数，则相应的供给曲线为直线型，如图 2 - 2 中的供给曲线。如果供给函数是非线性函数，则相应的供给曲线就是曲线型的。直线型的供给曲线上的每点的斜率是相等的，曲线型的供给曲线上的每点的斜率则不相等。

2. 供给曲线的特例

在某些市场上，供给曲线呈现多种不同情况：

（1）有些商品的供给曲线会保持水平。有些商品的供应量是固定的，价格上升，供给也无法增加。例如文物的供给。

（2）有些商品的供给曲线会向后弯曲。如劳动力的供给曲线、储蓄的供给曲线等。当价格持续上升时，它们的供给曲线都可能会出现向后弯曲的现象。

（3）有些商品小幅度升降价格时，供给按供给定理正常变动，而大幅度升降价格时，供给则会呈现不规则变化。证券、黄金市场的供给曲线往往在价格下降到一定点后，随着价格继续下降，供给不仅不会减少，反而会继续增加。

（4）有些商品，在正常时期，供给量按供给定理正常变化；在非正常时期，则会出现不正常变化。比如粮食价格变化与供给变化的关系。

3. 供给定理

在其他条件不变的情况下，某商品的供给量与价格之间呈同方向变动，即供给量随着商品本身价格的上升而增加，随着商品本身价格的下降而减少，被称为供给定理。

延伸思考 2 – 4

与需求一样，供给定理也会出现某些例外情况。像劳动的供给，当工资增加时一般劳动的供给也会增加，但当工资增加到一定限度后，劳动的供给反而下降。因为这时人们可以用少量的劳动获得充足的生活费用，于是有些人会把部分时间安排在旅游、休闲等其他方面，从而会减少劳动的供给。

第三节　供求曲线的共同作用——均衡价格

需求曲线与供给曲线分别说明了在假定条件下，当价格变化时，需求、供给的相应变化。但两条曲线都没有说明价格与需求（或供给）的实际变化。我们将两条曲线放在同一图形中，就能说明这一点。

一、均衡的含义

（1）均衡（Equilibrium）的最一般意义是指经济事物中有关的变量在一定条件下的相互作用所达到的一种相对静止的状态。如矛与盾、供给与需求、作用力与反作用力等。

（2）微观经济学分析中，均衡可以分为局部均衡与一般均衡。局部均衡是指单个市场或部分市场的供求与价格之间的关系所处的一种相对静止的状态。一般均衡是指一个社会中所有的市场供求与价格之间的关系所处的一种相对静止的状态。

（3）一般均衡是建立在局部均衡的基础之上的。

二、均衡价格的决定

1. 均衡价格定义

一种商品的均衡价格（Equilibrium Price）是指该种商品的市场需求量与市场供给量相等时候的价格。在均衡价格水平下的相等的供求数量被称为均衡数量（Equilibrium Quantity）。从几何意义上说，一种商品市场的均衡出现在该商品的市场需求曲线和市场供给曲线相交的交点上，该交点被称为均衡点。均衡点上的价格和相等的供求量分别被称为均衡价格和均衡数量。

均衡价格是需求与供给这两种力量相互作用而使价格处于一种相对静止、不再变动的结果；需求与供给对于均衡价格的形成作用不分主次；市场上的均衡价格是最后的结果，其形成过程是在市场背后进行的。

2. 均衡价格的形成

在完全竞争的市场环境下，均衡价格是在市场的供求力量的自发调节下形成的。

我们把图 2－1 中的需求曲线和图 2－2 中的供给曲线结合在一起，用图 2－3 说明一种商品的均衡价格的决定。

在不存在任何外力干预（政府或垄断企业）的条件下，商品的均衡价格是通过商品市场上需求和供给这两种相反的力量相互作用及其价格波动自发形成的。

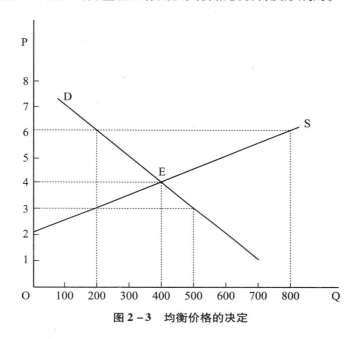

图 2－3 均衡价格的决定

这可以从两个方面来解释。

（1）当市场价格高于均衡价格时，市场出现供大于求的商品过剩或超额供给的状况，在市场自发调节下，一方面，会使需求者压低价格来得到他要购买的商品量；另一方面，又会使供给者减少商品的供给量。这样，该商品的价格必然下降，一直下降到均衡价格的水平。（2）当市场价格低于均衡价格时，市场出现供不应求的商品短缺或超额需求的状况，同样在市场自发调节下，一方面，需求者提高价格来得到他所需要购买的商品量；另一方面，又使供给者增加商品的供给量。这样，该商品的价格必然上升，一直上升到均衡价格的水平。由此可见，当实际价格偏离时，市场上总存在着变化的力量，最终达到市场的均衡或市场出清。

3. 均衡价格与均衡量的求解

从图 2－3 及举例说明中，我们可以找到均衡价格与均衡量的求解方式。一是令供给函数与需求函数相等来求解；二是在坐标图上将市场需求曲线与市场供给曲线合并到一幅图上，找到两条曲线的交点即可得。

三、均衡价格的变动

如前所述，均衡价格是供求曲线的共同作用的结果，是既定条件下的动态平衡。因此，如果需求曲线或供给曲线的位置移动，或者说既定条件发生了变化，动态平衡也会变化，均衡价格水平就要发生变动。因此，我们就要先分析这两条曲线移动的内容，然后再说明这两种移动对于均衡价格以及均衡数量的影响。为此，先要了解几个基本术语，并分几个方面来讨论。

（一）需求变动

1. 需求量的变动及其曲线的移动

（1）需求量的变动是指在其他条件不变时，由某商品的价格变动所引起的该商品的需求数量的变动。（2）在几何图形中，需求量的变动表现为商品的价格—需求数量组合点沿着同一条既定的需求曲线的运动。例如，在图2-1中，当商品的价格发生变化由2元逐步上升为5元，它所引起的商品需求数量由600单位逐步地减少为300单位时，商品的价格—需求数量组合由B点沿着既定的需求曲线 $Q_d = f(P)$，经过C、D点，运动到E点。需要指出的是，这种变动虽然表示需求数量的变化，但是并不表示整个需求状态的变化。因为，这些变动的点都在同一条需求曲线上。

2. 需求的变动及其曲线的移动

（1）需求的变动是指在某商品价格不变的条件下，由于其他因素的变动所引起的该商品的需求数量的变动。这里的其他因素变动是指消费者的收入水平变动、相关商品的价格变动、消费者偏好的变化和消费者对商品的价格预期的变动等。（2）在几何图形中，需求的变动表现为需求曲线的位置发生移动，以图2-4加以说明。

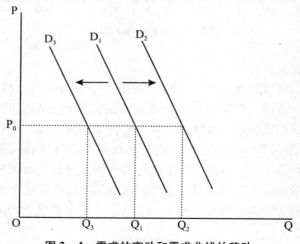

图2-4 需求的变动和需求曲线的移动

图中原有的曲线为 D_1，在商品价格不变的前提下，如果其他因素的变化（例如消费者的收入增加）使得需求增加，则需求曲线向右平移，如由图中的 D_1 曲线向右平移到 D_2 曲线的位置。如果其他因素的变化（例如消费者的收入下降）使得需求减少，则需求曲线向左平移，由需求变动所引起的这种需求曲线位置的移动，表示在每一个既定的价格水平需求数量都增加或减少了。例如，在既定的价格水平 P_0，原来的需求数量为 D_1 曲线上的 Q_1，需求增加后的需求数量为 D_2 曲线上的 Q_2，需求减少后的需求数量为 D_3 曲线上的 Q_3。

这种在原有价格水平上所发生的需求增加量 Q_1Q_2 和需求减少量 Q_3Q_1 都是由其他因素的变动所引起的。譬如，它们分别是由消费者收入水平的提高和下降所引起的。显然，需求的变动所引起的需求曲线的位置的移动，表示整个需求状态的变化。

延伸思考 2 - 5

需求变动与需求量变动的区分

（1）定义上的区别。需求量是不同价格水平时的一组需求量；而需求是某一价格水平的特定的需求量；

（2）假设条件上的区别。需求变动是价格既定时，影响需求其他因素变动所引起的一组需求量的变动；需求量变动是分析影响需求其他因素不变时，价格变动引起的相对应的需求量的变动。

（3）表现形式上的区别。需求变动表现为整个曲线的移动，需求量的变动表现为沿着同一条需求曲线移动。

注意：需求的变化会引起需求量的变化。但是，需求量的变化不一定引起需求的变化。

（二）供给变动

1. 供给量的变动及其曲线的移动

（1）供给量的变动是指在其他条件不变时，由某商品的价格变动所引起的该商品供给数量的变动。（2）在几何图形中，这种变动表现为商品的价格供给数量组合点沿着同一条既定的供给曲线的运动。

图 2 - 5 表示供给量的变动：随着价格上升所引起的供给数量的逐步增加，A 点沿着同一条供给曲线逐步运动到 E 点。

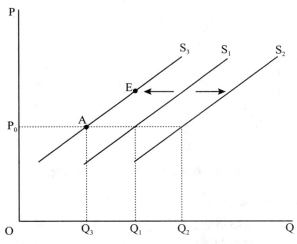

图 2 - 5 供给的变动和供给曲线的移动

2. 供给的变动及其曲线的移动

（1）供给的变动是指在商品价格不变的条件下，由于其他因素变动所引起的该商品供给数量的变动。这里的其他因素变动可以指生产成本的变动、生产技术水平的变动、相关商品价格的变动和生产者对未来的预期的变化等。（2）在几何图形中，供给的变动表现为供给曲线的位置发生移动。

　　供给量的变动和供给的变动都是供给数量的变动，它们的区别在于引起这两种变动的因素是不相同的，而且，这两种变动在几何图形中的表示也是不相同的。

　　图2－5表示供给的变动。在图中原来的供给曲线为S_1，在除商品价格以外的其他因素变动的影响下，供给增加，则使供给曲线由S_1曲线向右平移到S_2曲线的位置；供给减少，则使供给曲线由S_1曲线向左平移到S_3曲线的位置。由供给的变化所引起的供给曲线位置的移动，表示在每一个既定的价格水平，供给数量都增加或都减少了。例如，在既定的价格水平P_0，供给增加，使供给数量由S_1曲线上的Q_1上升到S_2曲线上的Q_2；相反，供给减少，使供给数量由S_1曲线上的Q_1下降到S_3曲线上的Q_3。这种在原有价格水平上所发生的供给增加量Q_1Q_2和减少量Q_3Q_1，都是由其他因素变化所带来的。譬如，它们分别是由生产成本下降或上升所引起的。显然，供给的变动所引起的供给曲线位置的移动，表示整个供给状态的变化。

（三）需求的变动和供给的变动对均衡价格和均衡数量的影响

1. 需求变动的影响

　　在供给不变的情况下，需求增加会使需求曲线向右平移，从而使均衡价格和均衡数量都增加，需求减少会使需求曲线向左平移，从而使得均衡价格和均衡数量减少，如图2－6所示。

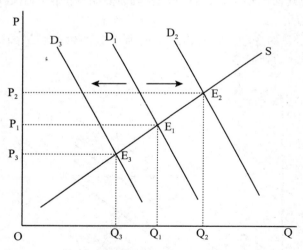

图2－6　需求的变动和均衡价格的变动

2. 供给变动对均衡的影响

　　在需求不变的情况下，供给增加会使供给曲线向右平移，从而使得均衡价格下降，均衡数量增加；供给减少会使供给曲线向左平移，从而使得均衡价格上升，均衡数量减少，如图2－7所示。

3. 结论

　　在完全竞争市场上，在其他条件不变的情况下，需求变动分别引起均衡价格和均衡数量的同方向的变动；供给变动分别引起均衡价格的反方向变动和均衡数量的同方向变动。竞争市场上实际价格趋向于供求相等的均衡价格的状况称为供求定理。

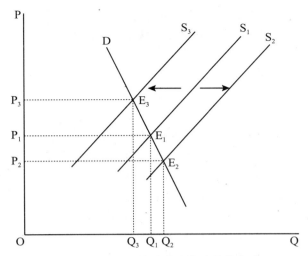

图 2－7 供给的变动和均衡价格的变动

延伸思考 2－6

现在你知道冰冻雪灾灾害导致的蔬菜涨价和节假日蔬菜涨价的区别了吧？冰冻雨雪灾害使蔬菜供给减少，引起了均衡价格的上升。节假日人们对蔬菜的需求增加引起了均衡价格的上升。两种涨价的原因不同。

如果需求和供给同时发生变动，则商品的均衡价格和均衡数量的变化是难以确定的，要结合需求和供给变化的具体情况来决定。

以图 2－8 为例进行分析。假定消费者收入水平上升引起的需求增加，使得需求曲线向右平移；同时，厂商的技术进步引起供给增加，使得供给曲线向右平移。比较 S_1 曲线分别与 D_1 曲线和 D_2 曲线的交点 E_1 和 E_2 可见，收入水平上升引起的需求增加，使得均衡价格上升。再比较 D_1 曲线分别与 S_1 曲线和 S_2 曲线的交点 E_1 和 E_3 可见，技术进步引起的供给增加，又使得均衡价格下降。最后，这两种因素同时作用下的均衡价格，将取决于需

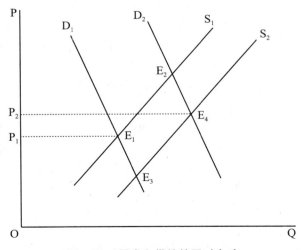

图 2－8 需求和供给的同时变动

求和供给各自增长的幅度。由 D_2 曲线和 S_2 曲线的交点 E_4 可得：由于需求增长的幅度大于供给增加的幅度，所以，最终的均衡价格是上升了。

四、几个概论和术语

1. 经济模型

经济模型是用来描述所研究的经济事物的有关经济变量之间相互关系的理论结构。西方人对经济问题的分析一般有四种描述方式，或者说有四种模型：文字模型、表格模型、曲线模型、数学解析模型。其中，数学解析是最重要的一种形式。因此，经济模型是经济理论的数学表述。具体说，就是根据所研究的问题，从可计量的复杂经济现象中抽象出被认为是最重要的为数不多的变量，按照既定的原则和逻辑，把变量之间的关系结合成单一的或联立的方程式、图表、框图等，以表示现实经济运行和经济行为。以供求为例：抽象出供给量、需求量、价格，用数学表达式概括其关系：

$$Q_d = \alpha - \beta(P)$$
$$Q_s = -\delta + \gamma(P)$$
$$Q_d = Q^s$$

一般地，模型方程数目应与所包含的未知数数目相等，满足有解的要求。

2. 内生变量与外生变量

用数学解析法来描述的经济模型，一般是用由一组变量所构成的方程或方程组来表示的，变量可以分为外生变量与内生变量。（1）内生变量是指该模型本身所要决定的变量。一般是指因变量与自变量。（2）外生变量是指由模型以外的因素所决定的已知变量，它是模型据以建立的外部条件。一般指可变的参数，或者说，是方程组的系数。（3）参数指通常不变的变量，也可理解为可变的常数。

3. 静态分析、比较静态分析和动态分析

经济模型可以有多种类型。与此相适应，经济模型分析也就可以有多种分析方式。

（1）静态分析。根据既定的外生变量来求得内生变量值的分析方法，被称为静态分析。静态分析是与均衡分析密切联系的一种分析方法，运用此方法分析经济规律时，是假定这些规律是在一个资本、人口、生产技术、生产组织和需求状况等因素不变的静态社会里起作用。

（2）比较静态分析。在一个用解析法来描述的经济模型中，当外生变量发生变化时，内生变量也同样会发生变化。这种研究外生变量变化对内生变量的影响方式，以及分析比较不同数值的外生变量下的内生变量的不同数值，被称为比较静态分析。比较静态分析是将一种给定条件下的静态与新的条件下产生的静态进行比较。因为，如果原有的已知条件发生了变化，导致有关的变量相应发生一系列变化，从而打破原有的均衡，达到新的均衡，比较静态分析就是对新旧两种均衡状态进行对比分析。这种分析只是对既成状态加以比较，但并不涉及条件变化的调整过程或路径，不研究如何由原来的均衡过渡到新的均衡的实际过程。例如，当大家口袋只有 200 元钱时，只能对食堂产生冲击；当有 400 元钱时，会对盒饭市场产生冲击；当有 800 元钱时，会对小餐馆产生冲击；当有 2000 元钱时，会对四星酒楼产生冲击。

（3）动态分析。研究不同时点上的变量之间的相互关系。根据这种动态模型作出的分析，被认为是动态分析。经济动态指在时间序列过程中的经济变动状态，动态分析的主要特征在于加进了时间因素的作用，一方面分析人口、生产技术、资本数量、生产组织等在时间过程中的变化，这种变化如何影响经济体系的运动和发展；另一方面须明显地表示出经济变量所属的时间，而经济变量在某一时点上的数值要受以前时点上有关变量数值的制约。正是由于该方法研究变量在继起的各个时间的变化情况，因此也称此方法为"时间分析"或"序列分析"。这种分析方法尤其适应研究经济增长与发展、经济周期波动等情况，但分析各种因素的变化必须是客观的，实事求是的，否则最终也不是科学的理论。

延伸思考 2 – 7

微观经济学主要采用的是静态分析。比如，在消费者行为理论中，我们分别考察了价格、收入变动对消费者均衡的影响；在市场结构理论中，我们分析了厂商和行业在不同需求水平下均衡产量的决定；在要素定理中，我们也比较了在不同市场结构下厂商对均衡要素使用量的选择。至于动态分析只是以蛛网模型为例略做介绍。

第四节　供求理论的应用

根据价格理论，市场价格应该是供求平衡时的均衡价格，它是完全由市场上的供求关系来自发地调节的。这种市场状态的优点可以使供求平衡、市场稳定，让资源得到最佳配置。但是价格调节是在市场上自发进行的，有其盲目性，所以在现实中，有时由供求关系决定的价格对经济并不是最有利的。这就是说，由价格机制进行调节所得出的结果并不一定符合整个社会的长远利益。

一种情况是，从短期来看，这种供求决定的均衡价格也许是合适的，但从长期看，对生产有不利影响。

另一种情况是，由供给和需求所决定的价格会产生不利的社会影响。某些生活必需品严重短缺时，价格会很高。在这种价格之下，收入水平低的人无法维持最低水平的生活，必然会产生社会动乱。

因此，市场均衡价格不一定符合整个社会利益。基于上述认识，国家制定一些价格政策来适当地控制市场价格就成为必要，价格政策的形式很多，我们这里主要介绍两种：支持价格与限制价格。

一、支持价格

1. 支持价格概念

支持价格是政府为了扶持某一行业而规定的该行业产品的最低价格。可用图 2 – 9 来分析说明支持价格。

从图 2 – 9 可以看出，该行业产品由供给关系所决定的均衡价格为 P_0，均衡数量为 Q_0。政府为支持该行业生产而规定的支持价格为 P_1，$P_1 > P_0$，即支持价格一定高于均衡价格，这时需求量为 Q_1，相对应的供给量为 Q_2，由于 $Q_2 > Q_1$，即供给量大于需求量，$Q_2 -$

$Q_1 = Q_1Q_2$ 为供给过剩部分。

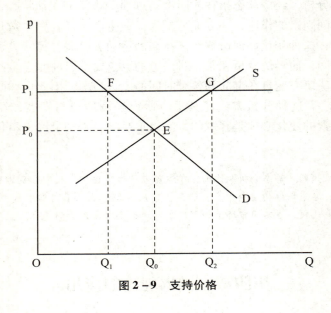

图 2 - 9　支持价格

2. 农产品支持价格的运用

许多国家都通过不同的形式对产品实行支持价格政策，以稳定农业。在具体运用中，农产品支持价格一般采用两种形式。

一种是缓冲库存法，即政府或其代理人按照年份收购全部农产品，在供大于求时增加库存或出口，在供小于求时，减少库存，以平价进行买卖，从而使农产品的价格由于政府的支持而维持在某一水平上。另一种是稳定基金法，也就是由政府或其代理人按照某种平价收购全部农产品，但并不是建立库存，进行存货协调，以平价买卖，而是供大于求时努力维持一定的价格水平，供给小于需求时，使价格不至于过高。在这种情况下，收购农产品的价格也是稳定的，同样可以起到支持农业生产的作用。

3. 支持价格的作用

支持价格运用对经济发展和稳定有积极的意义。以对农产品实行的支持价格为例，从长期来看，支持价格确实有利于农业的发展。这是因为：第一，稳定了农业生产，减缓了经济危机对农业的冲击；第二，通过对不同农产品的不同支持价格，可以调整农业结构，使之适应市场需求的变动；第三，扩大农业投资，促进了农业现代化的发展，提高了劳动生产率。正因为如此，实行农产品价格的国家，农业生产发展都较好。

二、限制价格

1. 限制价格的概念

限制价格是政府为了限制某些生活必需的物价上涨而规定的这些产品的最高价格。我们可用图 2 - 10 来分析限制价格。

在图 2 - 10 中，某产品由供求关系所决定的均衡价格为 P_0，均衡数量为 Q_0。但在这种价格时，穷人可能无法得到必需的生活品。政府为了制止过高的价格，规定的限制价格为 P_1，$P_1 < P_0$，即限制价格一定低于均衡价格。这时需求量为 Q_1，$Q_2 > Q_1$，产品供给不足，$Q_2 - Q_1 = Q_1Q_2$ 为供给不足部分。为了维持限制价格，政府就要实行配给制。

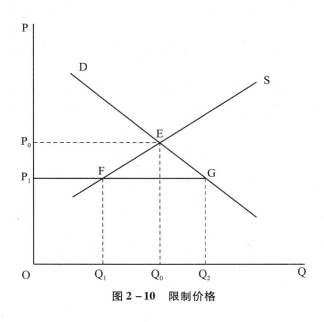

图 2-10　限制价格

2. 限制价格的运用

限制价格政策一般是在战争或自然灾害等特殊时期使用。但也有许多国家对于某些生活必需品或劳务，长期实行限制价格政策。

3. 限制价格的利弊

支持价格和限制价格是政府干预市场调节经济运行的主要做法。限制价格有利于社会平等的实现，有利于社会的稳定。但这种政策会引起严重的不利后果。这主要是：第一，价格水平低不利于刺激生产，从而使产品长期存在短缺现象。第二，价格水平低不利于抑制需求，从而会在资源缺乏的同时又造成严重的浪费。第三，限制价格之下所实行的配给制会引起社会风气败坏，正因为如此，一般经济学家都反对长期采用限制价格政策。

延伸思考 2-8

法国在第二次世界大战后对关系国计民生的煤炭、电力、煤气、交通与邮电服务等行业，都实行了限制价格政策。在英国、瑞典、澳大利亚等国，则对房租实行限制价格政策。还有一些国家对粮食等生活必需品实行限制价格政策。

本 章 小 结

需求定理表明在其他条件不变的情况下，某种商品的价格与消费者愿意购买的数量之间是负相关关系。

市场需求曲线反映了一定的价格下市场对某种商品的总需求量，它是该商品所有个人需求曲线的水平加总。

影响需求变动的非价格因素主要包括购买者的数量、偏好和嗜好、收入、相关商品价格、预期等。

供给定理表明在其他条件不变时，某种商品的价格与生产者自愿提供的商品数量之间存在正相关关系。

影响供给变动的非价格因素主要包括供给者数量、投入要素价格、其他商品的价格、技术、预期、政府补贴和税收等。

当供给曲线与需求曲线相交于一点时达到市场均衡，该交点的价格为均衡价格，而相交时的数量为均衡数量。当供给和需求变动时，市场均衡也会变动。

实践与应用

一、复习与思考

1. 粮食价格提高对猪肉的供给曲线有何影响？猪肉价格提高对猪肉销售量和猪肉供给曲线是否会发生影响？

2. 指出发生下列几种情况时某种蘑菇的需求曲线的移动方向，左移、右移还是不变？为什么？

（1）卫生组织发布一份报告，称这种蘑菇会致癌；

（2）另一种蘑菇的价格上涨了；

（3）消费者的收入增加了；

（4）培育蘑菇的工人工资增加了。

3. 下列事件对商品 X 的供给有何影响？

（1）生产 X 的技术有重大革新；

（2）在商品 X 的行业内，企业数目减少了；

（3）生产 X 的人工和原材料价格上涨了。

4. 下面的说法是否正确，为什么？

经济学家认为，降低价格一定会使供给量下降是一条规律。可是这个规律也有例外。例如，1990 年一台电脑卖 2 万多元，到现在只卖三四千元，然而销售量却增加了上百倍。可见，降低价格不一定会使供给量下降。

5.《纽约时报》上的一篇文章描述了法国香槟酒行业一次成功的推销活动。这篇文章提到，"许多企业管理者为香槟酒价格狂涨而兴奋。但他们也担心这种价格急剧上升会引起需求减少，需求减少又使价格下跌。"这些管理者在分析形势时犯了什么错误？用图形说明你的答案。

二、综合案例

案例内容：

经济学家编了很多笑话自嘲，其中一个是关于大脑买卖的。说在一个小岛上，人脑非常值钱，同时又根据不同的职业，价钱各不相同。一天，美国经济学家代表团到访该岛，参观活动之一是考察当地市场。他们发现，不同职业中，科学家大脑价格高于医生，医生大脑价格高于律师，律师大脑价格高于会计师，如此等等。他们认为，这个价格与美国各个职业的市场基本一致。可是，他们惊异地发现，经济学家大脑价格居然是所有大脑中最昂贵的。同时，他们早已经了解到，这个小岛经济学家人数远多于上述各个领域专业人士。因此，他们很为这个发现兴奋：在经济学家如此之多的情况下，大脑还如此高价，这说明经济学家很有市场，很有价值。我们知道，经济学家非常注重实证分析，因此他们要将上述的猜想加以检验，于是他们询问陪同的当地人。当地人回答说，小岛确实有众多的经济学家，但是其大脑昂贵不是因为市场需求量大，恰恰相反，市场需求量很小。美国经济学家继续追问，既然如此，那么为什么经济学家大脑还这么贵？当地人的进一步解释让他们窘迫不已：这是因为，虽然需求量小，可是经济学家大脑供给更少，因为经济学家供给的大脑不到其他人的一半。

问题讨论：

是否所有物品的价格都可以在供求均衡价格的框架下讨论？怎样理解石油价格是由供给与需求双方共同协定的？

理论提示：

供给、需求、均衡价格。

第三章 弹性理论

导入案例

　　薄利多销是厂商常用的营销策略，一个经营面食的小吃店老板为改善经营状况，采取了薄利多销的策略，面条从 8 元一碗降为 6 元一碗，但并没有取得他预期的效果，还导致了小吃店亏损。如果你是一个厂商，会用薄利多销策略吗？如果你经营一家社区粮油店，薄利多销的策略会有什么结果？如果你经营一家高档时装店，薄利多销的策略会有什么结果？你观察过哪些商品适合于薄利多销吗？

　　前面我们在描述供求定理时，介绍了需求模型、供给模型：需求与供给均是价格的函数。这只是介绍了需求量变化的方向，但是并没有告诉我们不同的商品其需求量和供给量的变动对于价格变动的反应程度。我们在对现实的观察与分析中还会发现一系列问题：消费者对于不同性质的商品，其需求量对于价格变动的敏感程度不相同；即使同一商品在不同的价格下需求量对于价格变动的敏感程度也不相同。具体地说，有些商品价格变动的幅度小，而需求量或供给量变动的幅度大；另有些商品价格变动的幅度大，而需求量或供给量变动的幅度小。以粮食、香烟、项链这三类商品为例，如果作问卷调查，可以发现：当他们的价格变化同为 10% 时，消费者对于这三种商品的需求变化率并不相同。所以，我们要选择一种较好的方法比较商品需求量对于价格变动的反映敏感性。于是就提出了弹性理论。

第一节 需求弹性

一、弹性一般定义与表达式

1. 定义

　　弹性的一般概念：弹性（Elasticity）表示作为因变量的变量的相对变动对于作为自变量的变量的相对变动的反应程度。或者说，是因变量变动的百分比和自变量变动的百分比之比。一般表达式为：

$$弹性系数 = \frac{因变量的变动比例}{自变量的变动比例}$$

在理解弹性的含义时要注意以下几点：

（1）弹性是相对数之间的相互关系。它的具体含义是：自变量每变动 1 个百分点，因变量要变动几个百分点。

（2）弹性是因变量与自变量之间的依存关系。对于任何存在函数关系的经济变量之间，都可以建立二者之间的弹性关系或进行弹性分析。例如，能源消耗与 GDP 增长存在依存关系、人口增长与人均财富增长存在依存关系、价格变化与居民需求量变化存在依存关系等。弹性分析是数量分析，对于难以数量化的因素便无法进行计算和精确考察。

（3）若经济变量的变化量趋于无穷小时，则弹性公式会有弧弹性与点弹性的变化。

弧弹性一般表达式：

$$e_d = -\frac{\dfrac{\Delta Y}{Y}}{\dfrac{\Delta X}{X}} = -\frac{\Delta Y}{\Delta X} \cdot \frac{X}{Y}$$

点弹性一般表达式：

$$e_d = \lim_{\Delta x \to o} -\frac{\dfrac{\Delta Y}{Y}}{\dfrac{\Delta X}{X}} = -\frac{\dfrac{dY}{Y}}{\dfrac{dX}{X}} = -\frac{dY}{dX} \cdot \frac{X}{Y}$$

（4）弹性问题是供求原理的深化。我们在讨论供求原理时只知道供给、需求、收入、价格等问题是互相影响的。但具体到某一商品而言，它的影响是一个什么情况没有分析。对它的分析需要借助弹性理论。

（5）弹性分析是一种实证分析方法。学习这一分析方法，我们可以学到一种新的分析方法，可将这一分析方法延伸到其他领域，拓宽自己的视野，增强对于经济与社会问题的分析能力。

2. 弹性有很多种类

从因变量代表的具体含义来划分，可以分为需求弹性、供给弹性等；从自变量代表的具体含义来划分，可以分为需求价格弹性、需求收入弹性等。我们先考察需求弹性。需求弹性又可再分为需求的价格弹性、需求的交叉弹性、需求的收入弹性。我们先考察需求的价格弹性。

二、需求价格弹性的含义

1. 定义

需求价格弹性指一种商品的需求的变动对于该商品的价格变动的反应程度。

$$需求的价格弹性系数 = \frac{需求量变动率}{价格变动率}$$

在理解需求价格弹性的含义时要注意以下几点：

（1）在需求量与价格这两个经济变量中，价格是自变量，需求是因变量。所以，需求价格弹性就是指价格变动所引起的需求量变动的程度，或者说是需求量变动对于价格变动的反应程度。

（2）需求弹性系数是价格变动的比率与需求量变动的比率，而不是价格变动的绝对量与需求变动的绝对量的比率。

（3）弹性系数的数值可以是正值，也可以为负值。如果两个变量为同方向变化，则为正值，反之，如果两个变量为反方向变化，则为负值。但在实际运用时，为了方便起见，一般都取其绝对值。

（4）同一条需求曲线上不同点的弹性系数大小并不相同。这一点可以用点弹性的计算来说明。

2. 表达式

需求的价格弹性可以分为点弹性与弧弹性。因此也就有两种表达式：点弹性表达式与弧弹性表达式。

（1）需求价格的弧弹性：

$$e_d = -\frac{\frac{\Delta Q}{Q}}{\frac{\Delta P}{P}} = -\frac{\Delta Q}{\Delta P} \cdot \frac{P}{Q}$$

延伸思考 3 – 1

一般商品的需求量与价格呈反方向变动，需求的价格弹性通常为负值，为方便计算，一般对需求的价格弹性取绝对值。

（2）需求价格的点弹性：

$$e_d = \lim_{\Delta p \to o} -\frac{\frac{\Delta Q}{Q}}{\frac{\Delta P}{P}} = \frac{\frac{dQ}{Q}}{\frac{dP}{P}} = -\frac{dQ}{dP} \cdot \frac{P}{Q}$$

（3）两者的区别在于：弧弹性表示价格变动量较大时的需求曲线上两点之间的弹性；点弹性表示价格变动量趋于无穷小时需求曲线上某一点的弹性。

三、需求的弧弹性

根据假设或通过建立在对自变量和因变量的大量调查基础上的统计计算，使一函数已知时，就可以采取点弹性的方法。但是人们通常只能得到极其贫乏的关于自变量与应变量之间关系的数据。因此，计算弹性只能用弧弹性。

1. 定义

需求价格弧弹性指某商品需求曲线上两点之间的需求量相对变动对价格相对变动的反应程度。简单地说，它表示需求曲线上两点之间的弧弹性。

2. 需求的价格弧弹性的计算

假定需求函数为 $Q^d = f(P)$，以 e_d 表示需求的价格弹性系数，则需求的价格弧弹性的公式为：

$$e_d = -\frac{\frac{\Delta Q}{Q}}{\frac{\Delta P}{P}} = -\frac{\Delta Q}{\Delta P} \cdot \frac{P}{Q}$$

ΔQ 和 ΔP 分别表示需求量和价格的变动量，P 和 Q 分别表示价格和需求量的基量。

这里需要指出的是，在通常情况下，由于商品的需求量和价格是呈反方向变动的，ΔQ∕ΔP 为负值，所以，为了使需求的价格弹性系数 e_d 取正值以便于比较，便在公式中加了一个负号。

设某种商品的需求函数为 $Q_d = 2400 - 400P$，几何图形如图 3 - 1 所示。

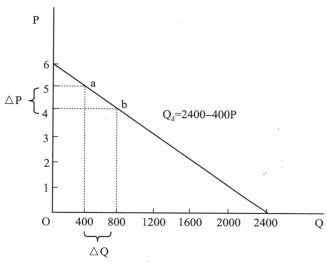

图 3 - 1 需求的价格弧弹性

图 3 - 1 中需求曲线上 a、b 两点的价格分别为 5 和 4，相应的需求量分别为 400 和 800。当商品的价格由 5 下降为 4 时，或者当商品的价格由 4 上升为 5 时，应该如何计算相应的弧弹性值呢？根据公式，相应的弧弹性分别计算如下。

由 a 点到 b 点（即降价时）：

$$e_d = -\frac{\Delta Q}{\Delta P} \cdot \frac{P}{Q} = -e_d = -\frac{Q_b - Q_a}{P_b - P_a} \cdot \frac{P_a}{Q_a} = -\frac{800 - 400}{4 - 5} \times \frac{5}{400} = 5$$

由 b 点到 a 点（即涨价时）：

$$e_d = -\frac{\Delta Q}{\Delta P} \cdot \frac{P}{Q} = -\frac{Q_a - Q_b}{P_a - P_b} \cdot \frac{P_b}{Q_b} = -\frac{400 - 800}{5 - 4} \times \frac{4}{800} = 2$$

显然，由 a 点到 b 点和由 b 点到 a 点的弧弹性数值是不相同的。其原因在于：尽管在上面两个计算中，ΔQ 和 ΔP 的绝对值都相等，但由于 P 和 Q 所取的基数值不相同，所以，两种计算结果便不相同。这样一来，在需求曲线的同一条弧上，涨价和降价产生的需求的价格弹性系数便不相等。

3. 中点弧弹性计算公式

中点弧弹性是以变量变动前后两个数值的算术平均数作为各自的分母来计算。如果仅仅是一般地计算需求曲线上某一段需求的价格弧弹性，而不是具体地强调这种需求的价格弧弹性是作为涨价还是降价的结果，则为了避免不同的计算结果，一般通常取两点价格的平均值 $\frac{P_1 + P_2}{2}$ 和两点需求量的平均值 $\frac{Q_1 + Q_2}{2}$ 来分别代替式中的 P 值和 Q 值，因此，需求的价格弧弹性计算公式又可以写为：

$$e_d = -\frac{\Delta Q}{\Delta P} \times \frac{\dfrac{P_1 + P_2}{2}}{\dfrac{Q_1 + Q_2}{2}}$$

该公式也被称为需求的价格弧弹性的中点公式。

根据公式，上例中 a、b 两点间的需求的价格弧弹性为：

$$e_d = -\frac{400}{1} \times \frac{\dfrac{5+4}{2}}{\dfrac{400+800}{2}} = 3$$

4. 需求弧弹性的五种类型

第一，需求价格弹性等于 0：$e_d = 0$。它表明需求量对价格的任何变动都无反映，或者说，无论价格怎样变动（比率如何），需求量均不发生变化，称全无弹性。在图 3-2（e）上，需求曲线表现为垂直于横轴的一条直线。在现实中，一般说不存在这类极端的情况，但一些这样的生存必需品，消费量达到一定量后，接近这种特性。

第二，需求价格弹性无穷大：$e_d = \infty$。它表明相对于无穷小的价格变化率，需求量的变化率是无穷大的，即价格趋近于 0 的上升，就会使无穷大的需求量一下子减少为零，价格趋近于 0 的下降，需求量从 0 增至无穷大，称为完全弹性。在图 3-2（d）上为一条平行于横轴的直线。

第三，需求价格弹性等于 1：$e_d = 1$。需求量的变化率＝价格的变化率，或者说，价格变动后引起需求量相同幅度变动。$\Delta Q/Q = \Delta P/P$，称为单位弹性或恒常弹性。在图 3-2（c）上，反映为正双曲线。

第四，$0 < e_d < 1$。需求量的变化率小于价格的变化率，或者说，价格发生一定程度的变化，引起需求量较小幅度的变动，称为缺乏弹性。$\Delta Q/Q < \Delta P/P$，在图 3-2（b）上可用一条较为陡直的需求曲线来反映。

第五，$\infty > e_d > 1$。需求量的变化率大于价格的变化率，或者说，价格发生一定程度的变化，引起需求量较大幅度的变动，称为富有弹性，或充足弹性。从公式看，$\Delta Q/Q > \Delta P/P$，在图 3-2（a）上可用一条较为平缓的需求曲线来反映。

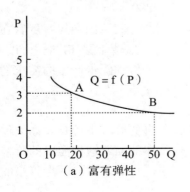

（a）富有弹性

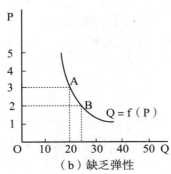

（b）缺乏弹性

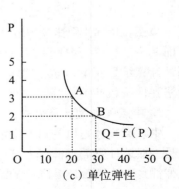

（c）单位弹性

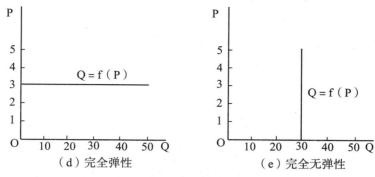

图 3 - 2　需求的价格弧弹性的五种类型

四、需求的点弹性

1. 定义

需求价格点弹性指某商品需求曲线上某一点上的需求量无穷小的变动率对于价格无穷小的变动率的反应程度。

点弹性所要计算的是令 ΔP 趋近于 0 的微量变化时，曲线上一点及邻近范围的弹性。由于用弧弹性计算时，若弧线越长，两点距离越远，计算值的精确性越差，而在同一条需求曲线上，各个点的弹性值通常是不同的。

2. 表达式

需求价格点弹性的公式为：

$$e_d = \lim_{\Delta p \to o} - \frac{\frac{\Delta Q}{Q}}{\frac{\Delta P}{P}} = - \frac{dQ}{dP} \cdot \frac{P}{Q}$$

这里 $\frac{dQ}{dP}$ 就是需求曲线上任意一点切线斜率的倒数。

可以利用需求的价格点弹性的定义公式，来计算给定的需求曲线上某一点的弹性。仍用需求函数 $Q_d = 2400 - 400P$ 来说明这一计算方法。由需求函数 $Q_d = 2400 - 400P$ 可得：

$$e_d = - \frac{dQ}{dP} \cdot \frac{P}{Q} = - (-400) \times \frac{P}{Q} = 400 \times \frac{P}{Q}$$

在 a 点，当 P = 5 时，由需求函数可得 $Q_d = 2400 - 400 \times 5 = 400$，即相应的价格需求量组合（5，400），将其代入上式，便可得：

$$e_d = 400 \times \frac{P}{Q} = 400 \times \frac{5}{400} = 5$$

即图 3 - 1 需求曲线上 a 点的需求的价格弹性值为 5。

同样地，可以求出曲线上任意一点的点弹性值。

3. 几何推导

（1）线性需求曲线需求点弹性系数值的推导：在需求曲线的任意一点上向数量轴或价格轴作垂线，再计算两线段的比值即得，如图 3 - 3 所示。

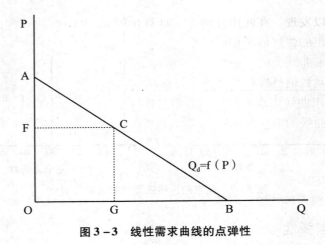

图 3 – 3　线性需求曲线的点弹性

在图 3 – 3 中，线性需求曲线分别与纵坐标和横坐标相交于 A、B 两点，令 C 点为该需求曲线上的任意一点。从几何意义看，根据点弹性的定义，C 点的需求的价格弹性可以表示为：

$$e_d = -\frac{dQ}{dP} \times \frac{P}{Q} = \frac{GB}{CG} \times \frac{CG}{OG} = \frac{GB}{OG} = \frac{BC}{AC} = \frac{OF}{AF}$$

由此可得到这样一个结论：线性需求曲线上的任何一点的弹性，都可以通过该点出发向价格轴或数量轴引垂线的方法来求得。

下面，以图 3 – 1 中的 a 点和 b 点为例进行说明：

在 a 点：由 a 点向数量轴作垂线，再根据公式中的 $e_d = \frac{GB}{OG}$，可得 $e_d = \frac{2400 - 400}{400} = \frac{2000}{400} = 5$。或者，由 a 点向价格轴作垂线，再根据 $e_d = \frac{OF}{AF}$，可得 $e_d = \frac{5}{6-1} = \frac{5}{1} = 5$。

在 b 点：$e_d = \frac{2400 - 800}{800} = \frac{1600}{800} = 2$　　或　　$e_d = \frac{4}{6-4} = \frac{4}{2} = 2$。

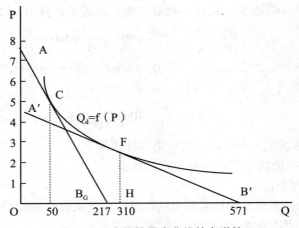

图 3 – 4　非线性需求曲线的点弹性

对比一下，可以发现，在此用几何方法计算出的 a、b 两点的弹性值与前面直接用点弹性定义公式计算出的弹性值是相同的。

显然，线性需求曲线上的点弹性有一个明显的特征，在线性需求曲线上的点的位置越高，相应的点弹性系数值就越大；相反，位置越低，相应的点弹性系数值就越小。

（2）非线性需求曲线需求点弹性系数值的推导：先通过该点作需求曲线的切线，然后用与推导线性需求曲线的点弹性的几何意义相类似的方法来得到。如图 3 - 4 所示，C 点 $e_d = \frac{217 - 50}{50} = 3.3$，F 点 $e_d = \frac{517 - 310}{310} = 0.8$。

（3）正双曲线的需求点弹性系数值均为 1。

4. 线性需求曲线点弹性的五种类型

在需求的价格点弹性中，这五种基本类型也同样存在。如图 3 - 5 所示，A 点 $e_d = 0$，B 点 $e_d < 1$，C 点 $e_d = 1$，D 点 $e_d > 1$，E 点 $e_d = \infty$。

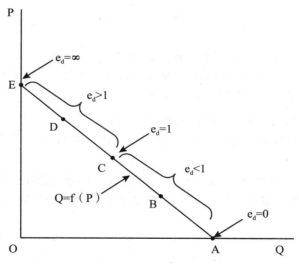

图 3 - 5 线性需求曲线点弹性的五种类型

5. 区别需求曲线的斜率与需求弹性

需求曲线的斜率表示的是曲线在某一点或某一段弧上的倾斜程度，而根据需求弹性的计算公式，需求弹性不仅取决于需求曲线在某一点或某一段弧上的斜率的倒数值，还取决于相应的价格—需求量的比值。

由前面对需求的价格点弹性的分析可以清楚地看到，需求曲线在某一点的斜率为 $\frac{dP}{dQ}$。而根据需求的价格点弹性的计算公式，需求的价格点弹性不仅取决于需求曲线在该点的斜率的倒数值 $\frac{dQ}{dP}$，还取决于相应的价格—需求量的比值 $\frac{P}{Q}$。

所以，这两个概念虽有联系，但区别也是很明显的。这种区别在图 3 - 5 中得到了充分的体现：图中的线性需求曲线上每点的斜率都是相等的，但每点的点弹性值却是不相等的。由此可见，直接把需求曲线的斜率和需求的价格弹性等同起来，是错误的。严格区分这两个概念,不仅对于线性需求曲线的点弹性,而且对于任何形状的需求曲线的弧弹性和点弹性来说,都是有必要的。

延伸思考 3 - 2

同一条需求曲线上各点的弹性值之所以不同是因为在需求曲线的上部,价格的值大,而需求量的值小,所以,在不讨论价格和需求量增量的情况下,P 大就是分母小,而 Q 小就是分子大,整个分数肯定大于 1;反过来,在需求曲线的下部,价格的值小,而需求量的值大,同样在不讨论价格和需求量增量的情况下,P 小就是分母大,而 Q 大就是分子小,整个分数肯定小于 1。

五、需求的价格弹性与厂商的销售收入的关系

(1)$e_d > 1$ 的商品,降价会增加厂商的销售收入,提价会减少厂商的销售收入。因为降价造成的销售收入 P · Q 值的减少量小于需求量增加带来的销售收入 P · Q 值的增加量。

延伸思考 3 - 3

能够做到薄利多销的商品是需求富有弹性的商品。"薄利多销"通过降低商品的价格来使销售量增多,虽然每单位商品的利润会减少,但通过销售量的扩大,厂商的总利润可以扩大。这一传统经商理念是否成立要根据需求价格弹性的大小进行具体的分析。

(2)$e_d < 1$ 的商品,降价会使厂商的销售收入减少,提价会使厂商的销售收入增加。因为降价导致的需求量增加带来的销售收入 P · Q 值的增加量小于降价造成的销售收入 P · Q 值的减少量。

(3)$e_d = 1$ 的商品,降价或提价对厂商的销售收入都没有影响。因为价格变动造成的销售收入 P · Q 值的增加量或减少量等于需求量变动带来的销售收入 P · Q 值的减少量或增加量。

分析案例 3 - 1

机票价格涨落的背后因素

2009 年 3 月下旬,民航总局通过中国民航信息网络股份有限公司(简称中航信)推出了新的运价系统,并要求各航空公司 4 月 20 日以后采用新系统出票。按这一新运价系统计算的折扣票价,普遍上涨了两成,过去 1 折的机票变为 2.8 折。新运价体系运行一周后,一些航空公司就纷纷推出了新的促销措施,低于此运价系统最低折扣的低票价又回到了市场。南航在天津飞广州航线就推出了价格为 470 元(包含 50 元机场建设费)的特价机票,不足原价 1700 元的 25%,仅比天津至广州的火车票高 5 元(T253 次火车的硬卧票价为 465 元)。这一事件反映了价格弹性与总收益的关系。对于我国现阶段的普通消费者而言,空运的需求价格弹性是比较大的。对于需求弹性较大的商品价格的轻微上涨会使需求量大幅度下跌,价格的轻微下降也会使销售量大幅度增加,该类产品的价格和企业的收益之间是反方向变动的。因此,对于此类产品比较适合于薄利多销(略微降价)。显然,这一次的联合涨价不符合经济规律,当然也抗衡不过经济规律,以至于政策出台一周后就被各航空公司以新的降价措施打破了。

为便于比较，我们把价格变化、弹性大小与销售收入变化的关系归纳如表 3-1 所示。

表 3-1　　　　　　　　　价格变化、弹性大小与销售收入变化的关系

需求弹性的值	种类	对销售收入的影响
$e_d > 1$	富有弹性	价格上升，销售收入减少 价格下降，销售收入增加
$e_d = 1$	单一弹性	价格上升，销售收入不变 价格下降，销售收入不变
$e_d < 1$	缺乏弹性	价格上升，销售收入增加 价格下降，销售收入减少

由上述分析可知，在需求弹性大时，厂商宜采用薄利多销的方式来增加销售收入；当需求弹性小时，则可考虑以提高价格的方式来达到增加销售收入的目的。

分析案例 3-2

农产品缺乏弹性的后果：谷贱伤农

那些戴旧毡帽的大清早摇船出来，到了埠头，气也不透一口，便来到柜台前占卜他们的命运。"糙米三块，谷五块，"米行里的先生有气没力地回答他们。

"什么！"旧毡帽朋友几乎不相信自己的耳朵。满怀希望的心突然一沉，一会儿大家都呆了。

"在六月里，你们不是卖十三块么？"

"十五块也卖过，不要说十三块。"

"哪里有跌得这样厉害的！"

"现在是什么时候，你们不知道么？各处的米像湖水一般涌来，过几天还要跌呢！"

刚才出力摇船犹如赛龙舟似的一股劲儿，现在每个人的身上都松懈了下来。今年天照应，雨水调匀，小虫子也不来作梗，一亩田多收这么三五斗，谁都以为收成好该好好透一透气了。

哪里知道临到最后的占卜，却得到比往年更坏的课兆！

这段文字出自叶圣陶的《多收了三五斗》，描绘的是 20 世纪 30 年代旧中国江南一群农民忍痛亏本粜（tiào）米，在丰年反而遭到比往年更悲惨的厄运，它所反映的实际上就是人们所说的"谷贱伤农"。

六、影响需求弹性的因素

由于消费者对于一个商品的需求取决于消费者的偏好等多种因素，是一个多元函数，需求弹性也是一个多元函数。前面我们主要讨论的是一元函数。其他几元主要是：

第一，商品的可替代性。一般来说，一种商品的可替代品越多，相近程度越高，则该商品的需求的价格弹性往往就越大；相反，该商品的需求的价格弹性往往就越小。

例如，在水果市场，相近的替代品较多，这样，某水果的需求弹性就比较大。又如，对于食盐来说，没有很好的替代品，所以，食盐价格的变化所引起的需求量的变化几乎为

零，它的需求的价格弹性是极其小的。

对一种商品所下的定义越明确越狭窄，这种商品的相近的替代品往往就越多，需求的价格弹性也就越大。例如，某种特定商标的豆沙甜馅面包的需求要比一般的甜馅面包的需求更有弹性，甜馅面包的需求又比一般的面包的需求更有弹性，而面包的需求的价格弹性比一般的面粉制品的需求的价格弹性又要大得多。

第二，商品用途的广泛性。一般来说，一种商品的用途越是广泛，它的需求的价格弹性就可能越大；相反，用途越是狭窄，它的需求的价格弹性就可能越小。这是因为，如果一种商品具有多种用途，当它的价格较高时，消费者只购买较少的数量用于最重要的用途上。当它的价格逐步下降时，消费者的购买量就会逐渐增加，将商品越来越多地用于其他的各种用途上。

第三，商品对消费者生活的重要程度。一般来说，生活必需品的需求价格弹性较小，非必需品的需求价格弹性较大。例如，馒头的需求价格弹性是较小的，电影票的需求价格弹性是较大的。

第四，商品的消费支出在消费者预算总支出中所占的比重。消费者在某种商品上的消费支出在预算总支出中所占的比重越大，该商品的需求的价格弹性可能越大；反之，则越小。例如，火柴、盐、铅笔、肥皂等商品的需求的价格弹性就是比较小的。因为，消费者每月在这些商品上的支出是很小的，消费者往往不太重视这类商品价格的变化。

第五，所考察的消费者调节需求量的时间。一般来说，所考察的调节时间越长，则需求的价格弹性就可能越大。因为，当消费者决定减少或停止对价格上升的某种商品的购买之前，他一般需要花费时间去寻找和了解该商品的可替代品。例如，当石油价格上升时，消费者在短期内不会较大幅度地减少需求量。但在长期内，消费者可能找到替代品——买更省油的车，改变交通工具，或者搬家到工作场所附近等。于是，石油价格上升会导致石油的需求量较大幅度地下降。

延伸思考 3-4

在以上影响需求弹性的因素中，最重要的是商品的需求程度、替代程度和在支出中所占的比例。商品的需求弹性到底有多大，是由上述这些因素综合决定的，不能只考虑其中的一种因素。而且，某种商品的需求弹性也因时期、消费收入水平和地区而不同。第二次世界大战之前，在西方各国航空旅行是奢侈品，需求弹性非常大，所以，航空公司通过小幅度降价就可以吸引许多乘客。第二次世界大战以后，飞机成为日常交通工具，航空旅行不再是奢侈品，其需求弹性就变小了，所以，航空公司难以利用降价来吸引旅客，只能用提高服务质量等方法来吸引乘客了。在我国彩电、音响等商品刚出现时，需求弹性也相当大，但随着收入水平的提高和这些商品的普及，其需求弹性逐渐变小了。

第二节 弹性概念的扩大

一、供给弹性

1. 定义

供给价格弹性是指在一定时期内某一商品的供给量的相对变动对该商品价格相对变动

的反应程度，即商品供给量变动率与价格变动率之比，用 e_s 表示。

2. 表达式

假定供给函数为 $Q = f(P)$，以 e_s 表示供给的价格弹性系数，则供给的价格弧弹性的公式为：

$$e_s = \frac{\frac{\Delta Q}{Q}}{\frac{\Delta P}{P}} = \frac{\Delta Q}{\Delta P} \cdot \frac{P}{Q} \quad （也可以运用中点弧弹性计算）$$

供给价格点弹性计算公式：

$$e_s = \frac{\frac{dQ}{Q}}{\frac{dP}{P}} = \frac{dQ}{dP} \cdot \frac{P}{Q}$$

在通常情况下，商品的供给量和商品的价格是呈同方向变动的，供给的变动量和价格的变动量的符号是相同的。

弧弹性通常是在函数不连续、不可求导的条件下才利用的。

供给价格弧弹性的中点公式：

$$e_s = \frac{\Delta Q}{\Delta P} \cdot \frac{\frac{P_1 + P_2}{2}}{\frac{Q_1 + Q_2}{2}}$$

3. 供给弹性分类

供给的价格弹性根据 e_s 值的大小也分为五个类型。$e_s > 1$ 表示富有弹性；$e_s < 1$ 表示缺乏弹性；$e_s = 1$ 表示单一弹性或单位弹性；$e_s = \infty$ 表示完全弹性；$e_s = 0$ 表示完全无弹性。

供给点弹性值的几何求法及规律：

（1）线性供给曲线点弹性值的求法：

$$e_s = \frac{dQ}{dP} \cdot \frac{P}{Q} = \frac{CB}{AB} \cdot \frac{AB}{OB} = \frac{CB}{OB}$$

（2）规律：从线性供给曲线的点弹性的几何意义出发，可以进一步找出线性供给曲线点弹性的有关规律，如图 3－6 所示。

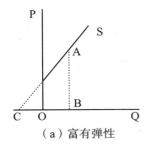
（a）富有弹性

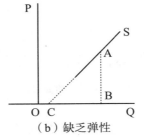
（b）缺乏弹性

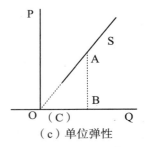
（c）单位弹性

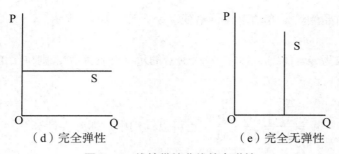

（d）完全弹性　　　　　　　　（e）完全无弹性

图 3 - 6　线性供给曲线的点弹性

图 3 - 6（a）中的线性供给曲线上的所有点弹性均大于 1。例如在 A 点，因为 BC > OB，所以 $e_s > 1$。图 3 - 6（b）中的线性供给曲线上的所有点弹性均小于 1。例如在 A 点，因为 BC < OB，所以 $e_s > 1$。图 3 - 6（c）中的线性供给曲线上的所有点弹性均为 1。例如在 A 点，因为 BC = OB，所以 $e_s = 1$。

由此可以得到这样的规律：若线性供给曲线的延长线与坐标横轴的交点位于坐标原点的左边，则供给曲线上所有的点弹性都是大于 1 的。若交点位于坐标原点的右边，则供给曲线上所有的点弹性都是小于 1 的。若交点恰好就是坐标原点，则供给曲线上所有的点弹性都为 1。

曲线型供给曲线的点弹性值的求法：过该点作切线，其后的过程与线性供给曲线是相同的。

关于曲线型供给曲线的点弹性的几何意义，可以过所求点作供给曲线的切线，其后的过程推导与线性供给曲线是相同的。例如，图 3 - 7 中曲线型供给曲线上 A 点的切线交横轴于 C 点，则 A 点的供给弹性为：

$$e_s = \frac{dQ}{dP} \cdot \frac{P}{Q} = \frac{CB}{AB} \cdot \frac{AB}{OB} = \frac{CB}{OB} = \frac{2000}{40000} = 0.5$$

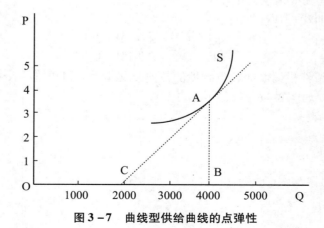

图 3 - 7　曲线型供给曲线的点弹性

同样地，可以根据曲线型供给曲线上所求点的切线于坐标横轴的交点是位于坐标原点的左边，还是位于坐标原点的右边，或者恰好就是坐标原点，来分别判断该点的供给是富有弹性的，还是缺乏弹性的，或者是单一弹性的。

4. 影响供给弹性的因素

（1）时间因素是一个很重要的因素。当商品的价格发生变化时，厂商对产量的调整需要一定的时间。在很短的时间内，厂商若要根据商品的涨价及时地增加产量，或者根据商品的降价及时地缩减产量，都存在不同程度的困难，相应地，供给弹性是比较小的。但是，在长期内，生产规模的扩大与缩小，甚至转产，都是可以实现的，供给量可以对价格变动作出较充分的反应，供给的价格弹性也就比较大了。

（2）生产成本随产量变化而变化，也是影响供给的价格弹性的另外一个重要因素。就生产成本来说，如果产量增加只引起边际成本的轻微的提高，则意味着厂商的供给曲线比较平坦，供给的价格弹性可能是比较大的。相反，如果产量增加只引起边际成本的较大的提高，则意味着厂商的供给曲线比较陡峭，供给的价格弹性可能是比较小的。

（3）就产品的生产周期来说，在一定的时期内，对于生产周期较短的产品，厂商可以根据市场价格的变化较及时地调整产量，供给的价格弹性相应就比较大。相反，生产周期较长的产品的供给价格弹性就往往较小。

弹性理论对于经济决策的制订有着重要影响。例如，为了提高生产者收入，往往对农产品采取提价办法，而对一些高档消费品采取降价办法。同样，给出口物资定价时，如出口的目的主要是增加外汇收入，则要对价格弹性大的物资规定较低价格，对弹性小的物资规定较高价格。再如，各种商品的收入弹性也是经济决策时要认真考虑的。在规划各经济部门发展速度时，收入弹性大的行业，由于需求量增长要快于国民收入增长，因此发展速度应快些，而收入弹性小的行业，速度应当慢些。研究产品需求的交叉弹性也很有用。企业在制定产品价格时，应考虑到替代品和互补品之间的相互影响，否则，变动价格可能会对销路和利润产生不良后果。

分析案例 3 – 3

从供给弹性看彩电的由短缺到过剩

记得 20 世纪 80 年代初时，彩电相当紧俏，有人就是靠"倒彩电"发了财。尽管国家控制着价格，但与当时的收入水平相比，价格还是相当高，买彩电凭票，据说有的彩电厂把彩电票作为奖金发给工人，每张票卖到好几百元，90 年代之后，彩电供求趋于平衡，再以后就是彩电卖不出去，爆发了降价风潮，拉开了中国价格战的序幕。

20 世纪 80 年代时随着人们收入普遍增加，彩电成为首选的奢侈品，能买得起 1200 元左右一台 14 英寸彩电的人相当多，于是彩电需求剧增，当时彩电价格仍受到严格控制（记得在一次价格风波中，当时有关领导曾保证彩电不涨价），所以，无法用调高价格来抑制需求。彩电生产受到生产能力的制约，供给无法迅速增加，这就产生过度需求或供给不足，为"倒彩电"和彩电票变成货币创造了条件。这告诉我们，像彩电这样的产品在需求迅速增加、价格上升（或变相价格上升），供给是无法立即大量增加的。

彩电的短缺刺激了国内各地引进彩电生产线，建设彩电厂。彩电业在全国开花，除西藏外各省都有彩电厂。这就引起彩电市场走向均衡，甚至很快又走向过剩。这个过程说明在需求增加、价格（或变相的价格）上升后，供给的变动是与时间长短相关的，我们可以用供给弹性的概念来说明这一点。

某一种物品供给弹性的大小与生产所需生产要素的技术相关，所以，不同行业产品的供给弹性是不同的，一般来说，所用设备先进，生产规模一旦确定就不易改变的重工、化工、电子、汽车等行业的产品往往供给缺乏弹性，需求增加时，供给难以马上增加，需求减少时，供给也难以马上减少，彩电的情况就是这样，20 世纪 80 年代彩电需求激增时，彩电厂受规模限制，难以很快增加但在 90 年代后供大于求时，彩电产量也难以有大幅度减少，正因为如此，这些行业要确定一个最优规模。规模小会失去赚钱的机会，规模大又会形成生产能力过剩，彩电业现在的困境正在于当年遍地开花，生产能力过剩，这种产品缺乏供给弹性，产量减少不易，剩下的一条路只有降价，"煮豆燃豆萁"了。

对同一种产品来说，供给弹性也不是一成不变，而与时间长短相关。对许多产品来说，当需求与价格变动，供给变动的可能性很小。例如，即使彩电涨价 100%，在很短时期内，产量也难以增加，因为设备与生产能力是固定的，原料与人力也难以很快增加，除了把库存投入市场外，供给变动不大，也就是说在即期内，供给弹性几乎是零，在短期内，尽管设备与生产能力不能变，但可增加原料与劳动，产量还是可以增加的，这时供给缺乏弹性，但比即期要大。长期中，设备与生产能力可以根据市场需求与价格预期来调整，供给是会有弹性的，从 20 世纪 80 年代到 90 年代，彩电由短缺走向平衡正是供给弹性随时间而加大的过程，至于以后的过剩局面则是预计失误的恶果。

一般来说，企业的投资时要根据长期市场需求和行业规模经济特点确定最优规模。短期要根据暂时的市场变动作出反应。在做出这种决策时一定要考虑供给弹性这个因素。彩电市场就没有考虑到这一点，以致现在彩电产量难以随价格下降而减少。恐怕除了开拓国外市场增加需求之外，难以迅速改变彩电市场过剩的局面。

（资料来源：梁小民：《微观经济学纵横谈》，北京三联书店 2009 年版）

二、需求的交叉弹性

需求交叉弹性也是一种常见的弹性。例如，某人奉命早上到菜场上买菜，原本没有考虑买牛肉，但猪肉价格上涨许多，而牛肉价格没有上涨，或者涨的不多，他就会不买猪肉转而购买牛肉。

1. 定义
需求的交叉价格弹性也简称需求的交叉弹性。它表示在一定时期内一种商品的需求量的相对变动对于它的相关商品价格的相对变动的反应程度。它是该商品的需求量的变动率和它的相关商品价格的变动率的比值。

2. 表达式
假定商品 X 的需求量 Q_X 是它的相关商品 Y 的价格 P_Y 的函数，即 $Q_X = f(P_Y)$，则商品 X 的需求的交叉价格弹性公式一般表达式为：

$$e_{XY} = \frac{\frac{\Delta Q_X}{Q_X}}{\frac{\Delta P_Y}{P_Y}} = \frac{\Delta Q_X}{\Delta P_Y} \cdot \frac{P_Y}{Q_X}$$

或
$$e_{XY} = \lim_{\Delta P_Y \to 0} \frac{\dfrac{\Delta Q_X}{Q_X}}{\dfrac{\Delta P_Y}{P_Y}} = \frac{\dfrac{dQ_X}{Q_X}}{\dfrac{dP_Y}{P_Y}} = \frac{dQ_X}{dP_Y} \cdot \frac{P_Y}{Q_X}$$

3. 弹性系数值的符号决定

需求的交叉价格弹性系数的符号取决于所考察的两种商品的相关关系。若两种商品之间存在着替代关系，则一种商品的价格与它的替代品的需求量之间呈同方向变动，相应的需求的交叉价格弹性系数为正值；若两种商品之间存在着互补关系，则一种商品的价格与它的互补品的需求量之间呈反方向的变动，相应的需求的交叉价格弹性系数为负值；若两种商品之间不存在相关关系，则意味着其中任何一种商品的需求量都不会对另一种商品的价格变动作出反应，相应的需求的交叉价格弹性系数为零。

同样的道理，反过来，可以根据两种商品之间的需求的交叉价格弹性系数的符号，来判断两种商品之间的相关关系。若两种商品的需求的交叉价格弹性系数为正值，则这两种商品之间为替代关系。若为负值，则这两种商品之间为互补关系。若为零，则这两种商品之间无相关关系。

延伸思考 3-5

研究交叉弹性对于企业的竞争决策具有非常重要的意义。交叉弹性可以作为划分行业的参考。政府可以把具有高度的交叉弹性的若干产品集中一起，组成一个行业，避免跨行业的替代商品之间的杀伤性的竞争。交叉弹性也可以作为企业制定经营决策的依据。企业可以了解自己的产品价格变化对相关商品的影响，及时与别的企业一起做好互补商品扩大生产规模的准备；或者以自己具有优势的产品替代别的企业的产品，预防不利于自己生产和发展的情况发生。

三、需求的收入弹性

1. 定义

需求的收入弹性是指在一定时期内消费者对某种商品的需求量的相对变动对于消费者收入量相对变动的反应程度。它是商品的需求量的变动率和消费者的收入量的变动率的比值。

2. 表达式

假定某商品的需求量 Q 是消费者收入水平 M 的函数，即 $Q = f(M)$，则该商品的需求的收入弹性公式为：

$$e_M = \frac{\dfrac{\Delta Q}{Q}}{\dfrac{\Delta M}{M}} = \frac{\Delta Q}{\Delta M} \cdot \frac{M}{Q}$$

或
$$e_M = \lim_{\Delta M \to 0} \frac{\Delta Q}{\Delta M} \cdot \frac{M}{Q} = \frac{dQ}{dM} \cdot \frac{M}{Q}$$

说明：需求的价格弹性我们取了绝对值，而需求的收入弹性我们不能取绝对值。因为对于某种商品而言，收入的增加可能引起其需求量的增加；对于另一种商品而言，收入的增加可能引起其需求量减少。因此，需求的收入弹性可能是正值，也可能是负值。

3. 判断

在经济学中，根据商品的需求的收入弹性系数值，可以将所有商品分为几大类：收入弹性为负值的产品称为低档品，收入弹性为 0 ~ 1 之间的称为正常品，收入弹性大于 1 的产品称为高档品。当然，将商品划分为高、中、低三档次是有时间性的。随着时间的推移，收入的增加，高档品可能变为中档品，中档品可能变为低档品。

延伸思考 3 - 6

研究收入弹性具有非常重要的宏观和微观意义，可以确定某个行业在国民经济中的发展速度，以及它在国民经济中的地位。在需求预测中，需求的收入弹性是很有用的。通过运用需求收入弹性，可以把对平均收入增长率的预测转变为对某种物品与劳务需求增长率的预测。如果每年平均收入增长 3%，那么，用这种增长率乘以汽油与石油需求的收入弹性 1.36，就可以得出每年汽油与石油的需求将增加 4%。

第三节　弹性理论的应用——蛛网模型

前面我们用静态分析的方法论述了均衡价格形成所需要具备的条件，用比较静态分析的方法论述了需求和供给的变动对均衡价格变动的影响。但是，前面的分析都是生产周期比较短的产品，产量与价格的均衡点形成不存在长时间波动问题。市场上还存在一类生产周期比较长的商品——比如说农畜产品，它的产量与价格偏离均衡点后的实际波动过程与前一类明显不同。本节我们将引进时间变化的因素，借助弹性理论，运用动态分析的方法，分析诸如农畜产品这类生产周期较长的商品的产量和价格在偏离均衡状态以后的实际波动过程及其结果，考察属于不同时期的需求量、供给量和价格之间的相互作用，考察从一种均衡到另一种均衡的过程——即均衡的恢复与稳定条件问题，这一理论被称为蛛网理论，所形成的模型被称为蛛网模型。

一、蛛网模型的基本假设

蛛网模型有两个基本的假设：（1）某商品的本期产量 Q_t^s 决定于前一期的价格 P_{t-1}，即供给函数为 $Q_t = f(P_{t-1})$，表示一个时期的供给量是前一期价格的函数；（2）商品本期的需求量 Q_t^d 决定于本期的价格 P_t，即需求函数为 $Q_t^d = f(P_t)$，表示一个时期的需求量是本期价格的函数。根据以上假设条件，蛛网模型可以用以下联立方程式来表示：

$$Q_t^d = \alpha - \beta P_t$$

$$Q_t^s = -\delta + \gamma P_{t-1}$$

$$Q_t^d = Q_t^s$$

式中，α、β、δ 和 γ 均为常数，且均大于零。

由这三个方程构成的蛛网模型区别了经济变量的时间先后，因此，是一个动态模型。

二、价格与产量周期波动的几种情况分析

在上述函数关系假定下，当所讨论的商品供给、需求弹性不同时，其价格和产量的周

期波动有三种情况：

（1）当该商品的供给弹性小于需求弹性（$e_s < e_d$）时，市场价格变动对供给量的影响小于对需求量的影响。在这种情况下，价格波动对于该商品的产量的影响越来越弱，价格与产量的波动幅度越来越小，最后自发地趋于均衡。反映在图形上，形成一个向内收缩、收敛于均衡点的蛛网，称为收敛形蛛网。

如图 3 - 8 所示。这里，由于该商品的供给弹性小于需求弹性，供给曲线 S 斜率的绝对值大于需求曲线 D 斜率的绝对值，从图形上看起来，相对于价格轴而言，S 比 D 较为陡峭，或 D 比 S 较为平缓。或者换一种说法，供给的价格弹性小于需求的价格弹性，在这种场合中，当市场由于受到干扰偏离原有的均衡状态以后，实际价格和实际产量会围绕均衡水平上下波动，但波动的幅度越来越小，最后会回复到原来的均衡点。

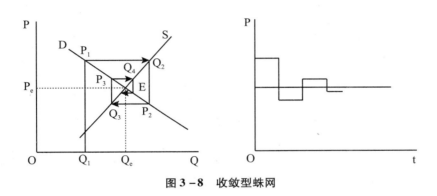

图 3 - 8 收敛型蛛网

假定，在第一期由于某种外在原因的干扰，如恶劣的气候条件，实际产量由均衡水平 Q_e 减少为 Q_1。根据需求曲线，消费者愿意支付 P_1 的价格购买全部的产量 Q_1，于是，实际价格上升为 P_1。根据第一期的较高的价格水平 P_1，按照供给曲线，生产者将第二期的产量增加为 Q_2。

在第二期，生产者为了出售全部的产量 Q_2，接受消费者所愿意支付的价格 P_2，于是，实际价格下降为 P_2。根据第二期的较低的价格水平 P_2，生产者将第三期的产量减少为 Q_3。

在第三期，消费者愿意支付 P_3 的价格购买全部的产量 Q_3，于是，实际价格又上升为 P_3。根据第三期的较高的价格水平 P_3，生产者又将第四期的产量增加为 Q_4。

如此循环下去，如图 3 - 8 所示，逐年的实际价格是环绕其均衡价格上下波动的，实际产量相应地交替出现偏离均衡值的超额供给或超额需求，但价格和产量波动的幅度越来越小，最后恢复到均衡点 E 所代表的水平。由此可见，图 3 - 8 中的均衡点 E 所代表的均衡状态是稳定的。也就是说，由于外在的原因，当价格和产量偏离均衡数值（P_e 和 Q_e）后，经济体系中存在着自发的因素，能使价格和产量自动恢复到均衡状态。

从图 3 - 8 中可以看到，供给曲线比需求曲线较为陡峭时，即供给的价格弹性小于需求的价格弹性，才能得到蛛网稳定的结果，所以，供求曲线的上述关系是蛛网趋于稳定的条件，相应的蛛网被称为"收敛型蛛网"。

（2）当该商品的供给弹性大于需求弹性（$e_s > e_d$）时，市场价格变动对供给量的影响要大于对需求量的影响。在这种情况下，价格波动对于该商品的产量的影响越来越强，价格与产量的波动幅度越来越大，偏离均衡点也越来越远。反映在图形上，形成一个向外扩散、远离于均衡点的蛛网，称为发散型蛛网。

如图3-9所示。这里，跟图3-8的情况恰好相反，由于该商品的供给弹性大于需求弹性，供给曲线S斜率的绝对值小于需求曲线D斜率的绝对值，相对于价格轴而言，S比D较为平缓。或者说，供给的价格弹性大于需求的价格弹性，这时，当市场由于受到外力的干扰偏离原有的均衡状态以后，实际价格和实际产量上下波动的幅度会越来越大，偏离均衡点越来越远。

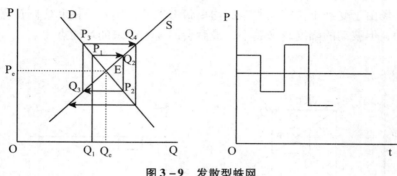

图3-9 发散型蛛网

假定：在第一期，由于某种外在原因的干扰，实际产量由均衡水平Q_e减少为Q_1。根据需求曲线，消费者为了购买全部的产量Q_1，愿意支付较高的价格P_1，于是，实际价格上升为P_1。根据第一期的较高的价格水平P_1，按照供给曲线，生产者将第二期的产量增加为Q_2。

在第二期，生产者为了出售全部的产量Q_2，接受消费者所愿意支付的价格P_2，于是，实际价格下降为P_2。根据第二期的较低的价格水平P_2，生产者将第三期的产量减少为Q_3。

在第三期，消费者为了购买全部的产量Q_3，愿意支付的价格上升为P_3，于是，实际价格又上升为P_3。根据第三期的较高的价格水平P_3，生产者又将第四期的产量增加为Q_4。

如此循环下去，实际产量和实际价格波动的幅度越来越大，偏离均衡产量和均衡价格越来越远。图3-9中的均衡点E所代表的均衡状态是不稳定的，被称为不稳定的均衡。因此，当供给曲线比需求曲线较为平缓时，即供给的价格弹性大于需求的价格弹性，得到蛛网模型不稳定的结果，相应的蛛网被称为"发散型蛛网"。

（3）当该商品的供给弹性小于需求弹性（$e_s = e_d$）时，市场价格变动对该商品的供给量的影响等于对需求量的影响。在这种情况下，价格与产量的波动幅度相同，既不趋于均衡点，又不远离均衡点。价格与产量始终围绕均衡点持续波动，循环不已。反映在图形上，形成一个首尾相连的蛛网，称为封闭型蛛网。

如图3-10所示。这里，供给曲线S斜率的绝对值与需求曲线D斜率的绝对值恰好相等（这是分析的关键所在），即供给的价格弹性与需求的价格弹性正好相同，这时，当市场由于受到外力的干扰偏离原有的均衡状态以后，实际产量和实际价格始终按同一幅度围绕均衡点上下波动，既不进一步偏离均衡点，也不逐步地趋向均衡点。

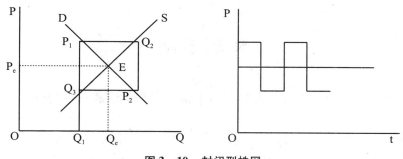

图 3 - 10　封闭型蛛网

对 3 - 10 中的不同时点上的价格与供求量之间的相互作用的解释，与第一种情况对图 3 - 8 和第二种情况对图 3 - 9 的解释是类似的，在此就不再详述。由于该商品的供给弹性等于需求弹性，相对于价格轴而言，供给曲线斜率的绝对值等于需求曲线斜率的绝对值，即供给的价格弹性等于需求的价格弹性，为蛛网以相同的幅度上下波动的条件，相应的蛛网被称为"封闭型蛛网"。

延伸思考 3 - 7

蛛网模型旨在说明在市场机制的自发调节的情况下，农产品市场经常发生蛛网型波动，从而影响农业生产的稳定性。在现实生活中，农产品广泛存在着发散型蛛网波动的现象。为消除或减轻在市场上经常出现的这种蛛网型波动的现象，一般有两种方法：一是由政府运用支持价格，或限制价格之类经济政策对市场进行干预；二是利用市场本身的调节作用机制进行调节，即运用期货市场来进行调节。

对蛛网理论的理解不能绝对化，因为理论模型的假设条件并不完全成立。根据该模型，造成产量和价格波动的主要原因是：生产者总是根据上一期的价格来决定下一期的产量，这样，上一期的价格同时也就是生产者对下一期的预期价格。而事实上，在每一期，生产者只能按照本期的市场价格来出售由预期价格（即上一期价格）所决定的产量。这种实际价格和预期价格的不吻合，造成了产量和价格的波动。但是，这种解释是不全面的。因为生产者从自己的经验中，会逐步修正自己的预期价格，使预期价格接近实际价格，从而使实际产量接近市场的实际需求量。

关于这一点，经济学家阿西玛咖普罗斯（A. Asimakopulos）举出了以下事例：1972 年美国由于暴风雨和恶劣的气候，土豆产量大幅度下降，土豆价格上涨。随着土豆价格的上涨，农场主便扩大土豆的种植面积，使土豆产量在 1974 年达到历史最高水平。结果，导致土豆价格又急剧下降。以缅因州土豆为例，0.4536 千克土豆的价格由 1974 年 5 月的 13 美分降为 1975 年 3 月的 2 美分，该价格比平均生产成本还低，这种现象显然可以用蛛网模型来解释。作为补充，阿西玛咖普罗斯又举了一个特殊的例子来说明蛛网模型的缺陷：当农场主们都因土豆价格下降而缩减土豆的种植面积时，唯有一个农场主不这么做。因为这个农场主根据长期的经营经验，相信土豆价格将上升，而眼下正是自己增加土豆生产的时候。可见，这个农场主的预期和行为与蛛网模型所分析的情况是不吻合的。

本 章 小 结

需求价格弹性和供给价格弹性分别衡量了消费者和供给者对价格变化的反应和敏感程度。

同一条曲线上的弹性值不同。若需求是富有弹性的，即 $e_d > 1$，提高价格收益将下降；若需求是缺乏弹性的，即 $e_d < 1$，提高价格收益将增加；若 $e_d = 1$，提高或降低价格收益不变。

蛛网周期是描述在实现均衡的过程中商品供需出现的周期性波动。

借助于弹性理论，运用动态分析的方法，蛛网理论分析了诸如农畜产品这类生产周期较长的商品的产量和价格在偏离均衡状态以后的实际波动过程及其结果，考察了属于不同时期的需求量、供给量和价格之间的相互作用，考察了从一种均衡到另一种均衡的过程——即均衡的恢复与稳定条件问题。

实践与应用

一、复习与思考

1. 运用供求分析说明"谷贱伤农"的道理何在？为什么 20 世纪 70 年代石油输出国组织要限制石油产量？

2. 如果考虑到提高生产者的收入，那么对农产品和电视机、录像机一类消费品应采取提价还是降价的办法？为什么？

3. 试解释下列情况为什么是正确的：全世界的干旱使得从出售粮食中得到收入的农民的总收益增加，但只是东北地区有干旱，就会减少东北农民得到的总收益。

二、综合案例

案例内容：

化妆品可以薄利多销，为什么食盐就不行？西方有许多影剧院对老人实行票价半价，但影剧院门口的糖果却不实行半价，你能分析为什么吗？粮食实现"多收了三五斗"为何收入未实现"多收了三五斗"？对上述商品的销售行为征收的税，政府征收的销售税究竟由谁来负担？

问题讨论：

上述哪些物品属于富有弹性？哪些物品缺乏弹性？试讨论弹性与税收的关系？

理论提示：

正常品、生活必需品、缺乏弹性。

第四章 效 用 论

有个民间笑话，说的是父子两人去赶集，走累了，逛饿了，父亲领儿子下饭馆去了，每人要了一碗面条，吃完没饱，又各加一碗，还没饱，再各加一碗，吃完第三碗，父亲饱了，儿子说："还想吃"，父亲说："喝碗面汤吧"，儿子喝完面汤后说："这下饱了"，父亲感慨地说："要知道喝碗面汤就饱了，咱们刚才不花那么多钱买面条该多好。"这位父亲的话明显是不对的，他没有意识到面条的"效用"，没有明白总效用和边际效用之间的关系。本章将讲述的效用理论会加深你对这一问题的理解。

上一章我们分析了需求曲线与供给曲线的基本特征，引出了局部均衡理论问题，但并没有说明形成这些特征的原因是什么。在微观经济学的分析中，需求曲线与供给曲线的基本特征的背后是消费者与生产者的行为。本章作为上一章的深入，将分析需求曲线背后的消费者行为，并从此推导出需求曲线。

前提假设：第一章我们已经介绍了，微观经济学的大前提假设是"理性人"假设。"理性人"假设用于消费者行为的分析，就是假设消费者都是追求效用最大化。而效用最大化是通过商品购买与消费行为来达成的。

第一节 效 用 概 述

一、效用的概念

1. 从幸福方程式谈起

美国经济学家萨缪尔森提出幸福方程式：幸福 = 效用/欲望。这里，欲望是一种缺乏的感觉与求得满足的愿望，效用是个人愿望的满足程度。从这一公式可以看出：消费者获得幸福的大小，取决于效用与欲望两个方面。人的欲望越大，幸福感就越小。所以，我们只能将欲望控制在一定程度之内，否则幸福为零。

延伸思考 4 −1

欲望虽然是无限的，但却可以有不同的满足程度，欲望的满足程度可以用效用大小来进行比较和计算，因而，研究消费者行为也就要研究效用问题。

2. 效用定义

效用是指商品满足人的欲望的能力，或者说，效用是指消费者在消费商品时所感受到的满足程度。我们可以从消费的主体与消费的客体两个方面讨论效用。从消费的主体来讲，效用是某人从自己所从事的行为中得到的满足；从消费的客体来讲，效用是商品满足人的欲望或需要的能力。

3. 关于效用的几点说明

（1）效用是一个相对概念，只有在同一物品前后满足程度之间相互比较时才有意义。

（2）效用有无或效用大小取决于个人主观心理评价。效用实际是个主观判断，同一物品有无效用或效用大小对不同的人来说是不同的。

（3）效用是一种正常人的心理感觉，不要用个别人的心理感觉去代替一般人的心理。效用不同于商品使用价值。

（4）效用本身不具有伦理学的意义。一种商品是否具有效用要看它是否能满足人的欲望或需要，而不涉及这一欲望或需要的好坏。例如，吸毒从伦理上讲是坏欲望，但毒品能满足这种欲望，因此它具有某种效用。

（5）与效用概念意义相反的一个概念是负效用，是指某种东西所具有的引起人的不舒适感或痛苦的能力。例如，垃圾一类的物品、失恋一类的打击等。

（6）同一物品对于不同的人的效用是不同的。因此，除非给出特殊的假定，否则，效用是不能在不同的人之间进行比较的。例如，辣椒对于南方人来说效用是很大的，而对于北方人来说就未必。

延伸思考 4-2

使用效用概念时要注意其和使用价值概念的区别，使用价值是物品本身所具有的属性，它是客观存在的，不以人的感受为转移，而效用强调的是消费者的主观感受，例如香烟无论对吸烟者还是不吸烟者，都具有使用价值，而香烟的效用，会对吸烟者存在，对不吸烟者则没有效用，甚至是负效用。

萨缪尔森提出的所谓幸福方程式只是给了我们一种观点，一个人幸不幸福并没有一个绝对的标准。幸福只是一个人在生命历程中的一种感觉。一个人是不是幸福，主要看：是否有一个充满希望的追求目标。是否有一份在目标的激励下充满负荷的工作。是否选择了一个合理的参照系。参照系越贫困，你越感觉幸福；参照系越富裕，你越感觉痛苦。

二、效用的两种表示方法

1. 基数效用理论

（1）基数的理解：基数是可以加总求和的数。

（2）基数效用论者对于效用的基本观点：基数效用论者认为，效用如同长度、重量等概念一样，可以具体衡量并加总求和，具体的效用量之间的比较是有意义的。效用的大小可以用基数（1、2、3……）来表示，计量效用大小的单位被称作效用单位。例如，对某一个人来说，吃一盘土豆和一份牛排的效用分别为 5 效用单位和 10 效用单位，则可以说这两种消费的效用之和为 15 效用单位，且后者的效用是前者的效用的 2 倍。根据这种理论，可以用具体的数字来研究消费者效用最大化问题。具体说来：一是可以具体衡量；二是可以加总求和；三是可以用效用量比较。

（3）基数效用论是早期研究消费者行为的一种理论，采用的是边际效用分析方法。

2. 序数效用理论

（1）序数的理解：序数是不可以加总求和的数。

（2）序数效用论者对于效用的基本观点：序数效用论是为了弥补基数效用论的缺点而提出来的另一种研究消费者行为的理论。序数效用论者认为，效用的大小是无法具体衡量的，效用之间的比较只能通过顺序或等级即用序数（第一、第二、第三……）来表示。仍就上面的例子来说，消费者要回答的是偏好哪一种消费，即哪一种消费的效用是第一，哪一种是第二。或者说，要回答的是宁愿吃一盘土豆，还是吃一份牛排。进一步地，序数效用论者还认为，就分析消费者行为来说，以序数来度量效用的假定比以基数效用的假定所受到的限制要少，它可以减少一些被认为是值得怀疑的心理假设。

3. 两种分析思路的差异

两种分析思路、方法均不同：序数效用论者采用的是无差异曲线分析方法，基数效用论者采用的是边际效用分析方法，但二者的结论是完全相同的。在 19 世纪和 20 世纪初，西方经济学家普遍使用基数效用的概念，在现代微观经济学中，通常使用的是序数效用的概念。本章的重点是介绍序数效用论者是如何运用无差异曲线的分析方法来研究消费者行为的。基数效用论者的边际效用分析，在这里只作一简单的介绍。

分析案例 4 - 1

经济学告诉你：幸福在哪里

什么叫幸福？幸福是人们对生活满意程度的一种主观感受。一个人的幸福与很多因素有关。首先与享受到的商品与劳务的数量有关。所谓商品与劳务的数量，通常指的是衣、食、住宅、交通等。如果您享受到的商品和劳务较多，在其他条件不变的情况下，您得到的满意度较大，也就是说，您相对比较幸福。此外，人们的幸福还与其他的因素有关。比如说，闲暇、安全、健康、婚姻与家庭、荣誉感、满足感等。

那么，怎么判断一个人的幸福程度呢？幸福能不能被量化？从古希腊时代人类就开始研究这个问题，但直到 20 世纪 50 年代才由美国经济学家、诺贝尔奖得主萨缪尔森提出幸福指数的概念，并得出一个幸福方程式：幸福 = 效用/欲望。效用是指人们的满足程度。从这个公式中我们可以看出，一个人的幸福取决于欲望的多少和效用的大小，它与欲望的多少成反比，与效用的大小成正比。在此，我们就借助这个指数将个人的幸福程度再细化一下，使它能够真正量化出您的幸福感受的大小。

首先，我们细化一下您的欲望。这里以 50 岁以上的人为例，一般人的奋斗目标是"当官""发财""做学问""身体健康""子女成材"等（当然，在人生的各个阶段的目标是不同的，但分析思路是一样的）。

其次，我们将这些目标定量化。可以用表 4 - 1 来表示上述几个目标的具体数值。比如说，一个人当上某省的省长，那么在"当官"这个指标上可以得满分 5 分。

表 4 – 1 个人效用大小细化

分值	当官（A）	发财（B）	做学问（C）	身体健康（D）	子女成材（E）	……
5	部长、省长	年收入 20 万元以上	科学院院士	身体很好	孩子考上重点大学	……
4	局长、市长	年收入 10 万元以上	教授、教授级高工、研究员	身体良好	孩子考上一般大学	……
3	处长、县长	年收入 5 万元以上	副教授、高工、副研究员	身体一般	孩子考上大专院校	……
2	科长	年收入 3 万元以上	讲师、工程师、助理研究员	身体有病	孩子考上中专学校	……
1	老百姓	年收入 1 万元以上	助教、助理工程师	体弱多病	孩子为待业青年	……

再次，我们建立效用函数（Utility Function，简写为 U）来度量一个人的满意程度：

$$U = A^a \times B^b \times C^c \times D^d \times E^e$$

其中，A、B、C、D、E 分别是相应的 5 个指标的分值。a、b、c、d、e 分别是这个人对各个指标的偏好程度（注意 a + b + c + d + e = 1）。比如说，这个人对"当官"很感兴趣，那么相应地 a 的数值就比较大，对做学问没有太大兴趣，c 的数值就应该比较小。

最后，我们通过萨缪尔森的幸福方程式来计算一下个人的幸福指数：

幸福指数 = 效用/欲望 = U/S × 100%

这里，分母 S（Score，简写为 S）是个人的欲望的最大值，从表 4 – 1 中可以看出，最大的分值 S = 5。当 U = 5 时，表明个人的欲望全部得到了最大的满足，幸福指数为 100%，此时最幸福。当 U = 0 时，表明个人的欲望一点也没有得到满足，幸福指数为 0，此时最不幸福。按照幸福指数的大小我们可以把个人的幸福程度分为以下七项，见下表。

假如说某人在 50 岁的时候当上了局长，同时任某个大学的兼职教授，各种收入加起来每年差不多 10 万元，身体很健康，一个儿子也考上了重点大学。这个人对"当官"很感兴趣，信奉的是"学而优则仕"，他对各个指标的偏好程度反映在如下的参数当中：a = 0.5，b = 0.3，c = 0.05，d = 0.1，e = 0.05，那么这个人效用大小为：$U = 4^{0.5} \times 4^{0.3} \times 4^{0.05} \times 5^{0.1} \times 5^{0.05} = 4.14$。幸福指数为：4.14/5 × 100% = 82.8%

这个人的幸福指数是 82.8%，从表 4 – 2 中可以看出：他的生活是幸福的。

表 4 – 2 个人幸福程度量化表

很幸福	幸福	稍幸福	一般	稍不幸福	不幸福	很不幸福
90% ~ 100%	80% ~ 90%	70% ~ 80%	60% ~ 70%	50% ~ 60%	30% ~ 50%	30% 以下

通过上面的这个计算，我们将会发现：幸福指数的大小与个人对不同指标的偏好程度有很大的关系。

比如说，某人对"当官"也很感兴趣，只是仕途不成，下海经商，目前别的没有，也就是有点钱，年收入虽然在 20 万元以上，但是见到"官"大的总觉得矮人一头。他目前是平头百姓一个，也没有什么职称，由于经商劳累，身体一般，一个儿子考上一般大学。他按照上面的参数计算的分值为：

$$U = 1^{0.5} \times 5^{0.3} \times 1^{0.05} \times 3^{0.1} \times 4^{0.05} = 1.94$$

$$1.94/5 \times 100\% = 38.8\%$$

从个人幸福量化表中我们可以看出：这个人尽管很有钱，但生活得不幸福。

但是，如果某乙认为：一个人"当官""做学问"，还不都是为了赚钱。"当官""做学问"这些方面我不跟别人比较，所以偏好系数都是 0；"儿孙自有儿孙福"，所以这方面我也不跟别人比较，偏好系数也是 0；我的身体虽然一般，但是我的收入比较高，该享受的都享受了一下，即使生命短一些，但是生活的质量却很高，也不用跟别人比较。我只在乎收入的高低，所以我的效用大小为：

$$U = A^0 \times 5^1 \times C^0 \times D^0 \times E^0 = 5$$

幸福程度为：$5/5 \times 100\% = 100\%$

我的幸福程度为满分，我是世界上最幸福的人。

可见，幸福是一种主观的感受，同一个人在同等条件下，不同的偏好幸福程度将会不同。基于此，个人可以通过调整自己的心态来改变偏好系数，实现较高的幸福程度。因为幸福＝效用/欲望，所以，当你的欲望很少时，一点小小的满足就可以让你感到幸福；如果欲望无限，欲壑难填，那么，即使在你的面前放一座金山你仍然可能觉得自己生活得很不幸福。"知足者常乐啊！"

请记住：我们左右不了天气，但却可以改变心情！

（资料来源：吴云勇：《从统计学角度看幸福》，载于《统计教育》2007 年第 9 期）

第二节　基数效用理论

一、总效用与边际效用

1. 总效用

总效用（Total Utility，TU）是指消费者在一定时间内从一定数量的商品消费中所得到的效用量的总和。或者说，是指消费者从事某一消费行为或消费某一定量的某种物品中所获得的总满足程度。总效用函数为：

$$TU = f(Q)$$

2. 边际效用

边际效用（Marginal Utility，MU）是指每增加一单位某种商品的消费所增加的满足程度。边际效用函数为：

$$MU = \frac{\Delta TU\ (Q)}{\Delta Q}$$

当商品的增加量趋于无穷小，即 ΔQ→0 时有：

$$MU = \lim_{\Delta Q \to 0} \frac{\Delta TU（Q）}{\Delta Q} = \frac{dTU（Q）}{dQ}$$

西方价值观念：决定商品价值的是商品的边际效用。

3. 总效用与边际效用的关系

用表 4 − 3 说明边际效用递减规律并理解总效用与边际效用之间的关系。

表 4 − 3 　　　　　　　　　　　　　某商品的效用 　　　　　　　　　（货币的边际效用 λ = 2）

商品数量（1）	总效用（2）	边际效用（3）	价格（4）
0	0		
1	10	10	5
2	18	8	4
3	24	6	3
4	28	4	2
5	30	2	1
6	30	0	0
7	28	− 2	

根据表 4 − 3 所绘制的总效用和边际效用曲线如图 4 − 1 所示。

图 4 − 1 中的横轴表示商品的数量，纵轴表示效用量，TU 曲线和 MU 曲线分别为总效用曲线和边际效用曲线。由于边际效用被定义为消费品的一单位变化量所带来的总效用的变化量，又由于图中的商品消费量是离散的，所以，MU 曲线上的每一个值都记在相应的两个消费数量的中点上。

在图中，MU 曲线因边际效用递减规律而成为向右下方倾斜的，相应地，TU 曲线则随着 MU 的变动而呈现先上升后下降的变动特点。总结 MU 与 TU 的关系：

当 MU > 0 时，TU 上升；

当 MU < 0 时，TU 下降；

当 MU = 0 时，TU 达极大值。

从数学意义上讲，如果效用曲线是连续的，则每一消费量上的边际效用值就是总效用曲线上相应的点的斜率。

4. 边际效用递减规律

（1）在一定时间内，在其他商品的消费数量保持不变的情况下，随着消费者对某种商品所消费数量的增加，总效用是增加的，但是消费者从该商品连续增加的每一消费单位中所得到的效用增量，即边际效用是递减的。这一特征被称为边际效用递减规律。我们看到的引例中的"吃面条"；或者我们身边某些人对于杂粮的需求变化都可以用这一规律加以解释。

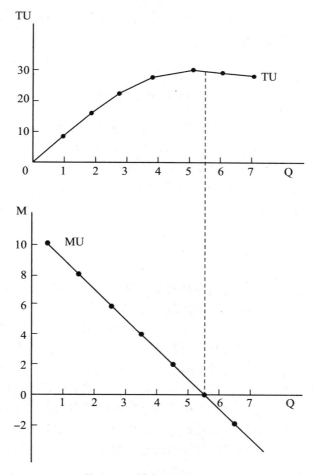

图4-1 某商品的效用曲线

延伸思考 4-3

对于在沙漠中的人来说，在仅有少量水的情况下，人们必然会十分珍惜地饮用以维持生命，这时水的边际效用极大。如果水量较多，除满足饮用外，多余的水可用于刷牙、洗脸，这时水的重要性相对降低，人们由水所获得的总效用虽然增加，但边际效用则减少，如果水量更多，人们不但可以刷牙、洗脸，而且可以洗衣、洗澡，这时水的总效用更大，但边际效用更小。可见，商品具有多种用途，其重要性有大有小是造成边际效用递减的另一原因。

（2）边际效用递减规律成立的原因：据基数效用论者的解释，一是生理或心理的原因。由于相同消费品的连续增加，从人的生理和心理的角度讲，从每一单位消费品中所感受到的满足程度和对重复刺激的反应程度是递减的；二是"经济合理性"原则，在一种商品具有几种用途时，消费者总是将第一单位的消费品用在最重要的用途上，第二单位的消费品用在次重要的用途上，这样消费品的边际效用便随着消费品的用途重要性的递减而递减。

（3）边际效用递减规律的几个特点：一是 MU 的大小，与欲望的强弱成反比。二是 MU 的大小，与消费量的多少成反比。MU=0 时，TU 为最大。三是 MU 是决定产品价格的主观标准，产品的需求价格，不取决于 TU，而取决于 MU，消费量少，MU 大，P 高，反之则低。这就是所谓的"物以稀为贵"。

分析案例 4-2

<h3 align="center">吃三个面包的感觉</h3>

　　罗斯福连任三届美国总统后，有记者问他有何感想，总统一言不发，只是拿出一块三明治面包让记者吃，记者不明白总统的用意，又不便问，只好吃了接着总统拿出第二块，记者还是勉强吃了，紧接着总统拿出第三块，记者实在吃不下，赶紧婉言谢绝。这时罗斯福总统微微一笑说："现在你知道我连任三届总统的滋味了吧！"这个故事揭示了一个经济学的重要原理：边际效用递减规律。

二、关于货币的边际效用

　　货币也是商品，也服从边际效用递减规律。基数效用论者认为，货币如同商品一样，也具有效用。消费者用货币购买商品，就是用货币的效用去交换商品的效用。商品的边际效用递减规律对于货币也同样适用。对于一个消费者来说，随着货币收入量的不断增加，货币的边际效用是递减的。这就是说，随着某消费者货币收入的逐步增加，每增加单位货币给该消费者所带来的边际效用是越来越小的。

　　但是，在分析消费者行为时，基数效用论者又通常假定货币的边际效用是不变的。据基数效用论者的解释，在一般情况下，单位商品的价格只占消费者总货币收入量中的很小一部分，所以，当消费者对某种商品的购买量发生很小的变化时，所支出的货币的边际效用的变化是非常小的。对于这种微小的货币的边际效用的变化，可以略去不计。这样，货币的边际效用便是一个不变的常数。

三、消费者均衡

1. 消费者均衡的含义

　　消费者均衡是指在消费者的偏好不变、商品现行价格和消费者的收入不变的条件下，单个消费者把有限的货币收入分配在 n 种商品的购买中得到最大效用的一种状态。或者说，单个消费者消费 n 种商品的总效用最大化时既不愿再增加、也不愿再减少变动购买数量的一种相对静止的状态。此时，消费者应该使自己所购买的各种商品的边际效用与价格之比相等；由此构成的商品组合不再变动，形成的效用总量最大。

2. 消费者均衡的前提假设

　　第一，消费者的偏好是既定的。这也就是说，消费者对于各种物品效用与边际效用的评价是既定的，不会发生变动。

　　第二，消费者的收入是既定的，每一元货币的边际效用对于消费者是相同的。

　　第三，物品的价格是既定的。

　　消费者均衡就是要说明在这些假设条件下，消费者如何把有限的收入分配于各种物品的购买上，以获得总效用（TU 值）的最大。

3. 消费者均衡的条件

一是消费者的收入全部花光，此为均衡的约束条件。

$$P_1X_1 + P_2X_2 + \cdots + P_nX_n = I$$

二是要遵循等边际法则，此为均衡条件。

$$\frac{MU_1}{P_1} = \frac{MU_2}{P_2} = \cdots = \frac{MU_n}{P_n} = \lambda$$

$\frac{MU_i}{P_i} = \lambda$ 表示消费者花费在各种商品上的最后一元钱所带来的边际效用相等，且等于货币的边际效用。更具体地解释：消费者对于任何一种商品的最优购买量应该是消费者最后一元钱购买 1 商品、2 商品……n 商品比较时，所得到的边际效用相等，而不是每一种商品的边际效用相等。每一种商品的边际效用相等并不能保证消费者获得最大的效用，因为各种商品的价格是不相等的。

如果能够满足上述两个条件，消费者把有限的收入分配于各种物品的购买上时，其总效用（TU 值）就会最大。

分析案例 4 – 3

钻石和水的价值悖论

亚当·斯密（1723～1790）在《国富论》中提出了著名的价值悖论："没有什么东西比水更有用，但它几乎不能购买任何东西……相反，一块钻石有很小的使用价值，但是通过交换可以得到大量其他商品。"亚当·斯密对此感到困惑，未能作出解释。到 19 世纪 70 年代，门格尔、杰文斯和瓦尔拉斯利用边际效用理论分别作出解释。他们认为，商品价值不是由商品的全部效用决定，而是由边际效用决定。因为水大量存在于自然界，因此边际效用很小；而钻石是极端稀缺的，因此虽然总效用低，但是边际效用很高。

4. 逻辑证明

以消费者购买两种商品为例，具体说明消费者效用最大化的均衡条件。

$$P_1X_1 + P_2X_2 = I$$

$$\frac{MU_1}{P_1} = \frac{MU_2}{P_2} = \lambda$$

从 $\frac{MU_1}{P_1} = \frac{MU_2}{P_2}$ 的关系分析：

当 $\frac{MU_1}{P_1} < \frac{MU_2}{P_2}$ 时，对于消费者来说，同样的一元钱购买商品 1 所得到的边际效用小于购买商品 2 所得到的边际效用。假设某消费者一元钱买商品 1 苹果吃，边际效用为 5，一元钱买商品 2 芒果吃，边际效用为 7。这样，理性消费者就会对这两种商品的购买数量作出调整：减少对商品 1 苹果的购买量，将节省的资金转向增加对商品 2 芒果的购买量。在这样的调整过程中，一方面，在消费者用减少 1 元钱的商品 1 苹果的购买来相应地增加 1 元钱的商品 2 芒果的购买时，由此带来的商品 1 苹果的边际效用的减少量是 5，小于商品 2 芒果边际效用的增加量 7，7 − 5 = 2，这意味着消费者的总效用是增加的。另一方面，在边际效用递减规律的作用下，商品 1 苹果的边际效用会随其购买量的不断减少而递增，商

品2芒果的边际效用会随其购买量的不断增加而递减。当消费者一旦将其购买组合调整到同样一元钱购买这两种商品所得到的边际效用相等时，即达到 $\dfrac{MU_1}{P_1} = \dfrac{MU_2}{P_2}$ 时，他便得到了由减少商品1苹果购买和增加商品2芒果购买所带来的总效用增加的全部好处，即消费者此时获得了最大的效用。

当 $\dfrac{MU_1}{P_1} > \dfrac{MU_2}{P_2}$ 时，对于消费者来说，同样的一元钱购买商品1苹果所得到的边际效用大于购买商品2芒果所得到的边际效用。根据同样的道理，理性的消费者会进行与前面相反的调整过程，即增加对商品1苹果的购买量，减少对商品2芒果的购买量，直至 $\dfrac{MU_1}{P_1} = \dfrac{MU_2}{P_2}$，从而获得最大的效用。

从 $\dfrac{MU_i}{P_i} = \lambda$，i = 1，2的关系分析：

当 $\dfrac{MU_i}{P_i} < \lambda$，i = 1，2时，这说明消费者用一元钱购买第i种商品所得到的边际效用小于所付出的这一元钱的边际效用。也可以理解为，消费者这时购买的第i种商品的数量多了，一元钱攥在手里的感觉要好于用于购买商品消费的感觉。事实上，消费者总可以把这一元钱用在至少能产生相等的边际效用的其他商品的购买上去。这样，理性的消费者就会减少对第i种商品的购买，在边际效用递减规律的作用下，直至 $\dfrac{MU_i}{P_i} = \lambda$，i = 1，2的条件实现为止。

相反，当 $\dfrac{MU_i}{P_i} > \lambda$，i = 1，2时，这说明消费者用一元钱购买第i种商品所得到的边际效用大于所付出的这一元钱的边际效用。也可以理解为，消费者这时购买的第i种商品的消费量是不足的，消费者应该继续购买第i种商品，以获得更多的效用。一元钱用于购买商品消费的感觉要好于放在手里的感觉。这样，理性的消费者就会增加对第i种商品的购买。同样，在边际效用递减规律的作用下，直至 $\dfrac{MU_i}{P_i} = \lambda$，i = 1，2的条件实现为止。

延伸思考 4 –4

消费者均衡的条件是消费者所购买的 X 与 Y 商品带来的边际效用与其价格之比相等，也就是说，每一单位货币不论用于购买 X 商品，还是购买 Y 商品，所得到的边际效用都相等。

四、边际效用理论的应用——消费者剩余

消费者剩余是消费者愿意对某商品支付的价格量与实际支付的价格量之间的差额，或者说，是消费者消费某种一定量商品所获得的总效用量与为此花费的货币的总效用量的差额。

在消费者购买商品时，一方面，我们已经知道，消费者对每一单位商品所愿意支付的价格取决于这一单位商品的边际效用。由于商品的边际效用是递减的，因此消费者对某种

商品所愿意支付价格是逐步下降的。但是，另一方面，需要区分的是，消费者对每一单位商品所愿意支付的价格并不等于该商品在市场上的实际价格。事实上，消费者在购买商品时是按照实际的市场价格支付的。于是，在消费者愿意支付的价格和实际的市场价格之间就产生了一个差额，这个差额便构成了消费者剩余的基础。例如，某种汉堡包的市场价格为 3 元，某消费者在购买第一个汉堡包时，根据这个汉堡包的边际效用，他认为值得付 5 元去购买这个汉堡包，即他愿意支付的价格为 5 元。于是当这个消费者以市场价格 3 元购买这个汉堡包时，就创造了额外的 2 元的剩余。在以后的购买过程中，随着汉堡包的边际效用递减，他为购买第二个、第三个、第四个汉堡包所愿意支付的价格分别递减为 4.50 元、4.00 元和 3.50 元。这样，他为购买 4 个汉堡包所愿意支付的总数量为 5.00 + 4.50 + 4.00 + 3.50 = 17 元，但他实际按市场价格支付的总数量为 3.00 × 4 = 12 元，两者的差额为 17 - 12 = 5 元，这个差额就是消费者剩余。也正是从这种感觉上，他认为购买 4 个汉堡包是值得的，是能使自己的状况得到改善的。

消费者剩余可以用几何图形来表示。简单地说，消费者剩余可以用消费者需求曲线以下，市场价格线之上的面积来表示，如图 4 - 2 中的阴影部分面积所示。在图 4 - 2 中，需求曲线以反需求函数的形式 $P_d = f(Q)$ 给出，它表示消费者对每一单位商品所愿意支付的价格。假定该商品的市场价格为 P_0，消费者的购买量为 Q_0。那么，根据消费者剩余的定义，我们可以推断，在产量 0 到 Q_0 区间需求曲线以下的面积表示消费者为购买 Q_0 数量的商品所愿意支付的总数量，即相当于图中的面积 $OABQ_0$；而实际支付的总数量等于市场价格 P_0 乘以购买量 Q_0，即相当于图中的矩形面积 OP_0BQ_0。这两块面积的差额即图中的阴影部分面积，就是消费者剩余。也可以用数学公式来表示，令反需求函数 $P_d = f(Q)$，价格为 P_0 时的消费者的需求量为 Q_0，则消费者剩余为：$CS = \int_0^{Q_0} f(Q)dQ - P_0 Q_0$。式中，CS 为消费者剩余的英文简写，式子右边的第一项即积分项，表示消费者愿意支付的总数量，第二项表示消费者实际支付的总数量。

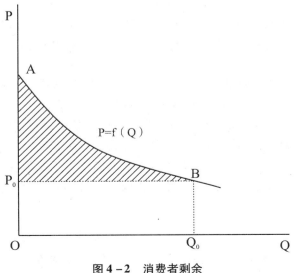

图 4 - 2 消费者剩余

我们利用单个消费者的需求曲线得到了单个消费者剩余，这一分析可以扩展到整个市场。相类似地，我们可以由市场的需求曲线得到整个市场的消费者剩余，市场的消费者剩余可以用市场需求曲线以下、市场价格线以上的面积来表示。

在理解这一概念时要注意两点：

（1）消费者剩余只是一种心理感觉，并不是实际收入的增加。这一概念是分析某些问题时的一种工具。例如，在分析垄断存在所引起的社会福利损失时就运用了这个概念。

（2）生活必需品的消费者剩余空间大。因为消费者对这类物品的效用评价高、需求弹性低、需求量大、消费者愿意付出的价格也高，但这类物品的市场价格一般并不高。于是，在由几何图形表示的消费者剩余中，由于趋势平缓而引发阴影面积大，消费者剩余大。

第三节　序数效用理论

序数效用（Ordinal Utility）论者在分析考察消费者行为、消费者均衡时，使用无差异曲线分析方法，并在此基础上论证了消费者均衡条件，推导出消费者的需求曲线，深入地阐述需求曲线的经济意义。因此，我们先要学习一些预备知识。

一、关于偏好的假定

所谓偏好（Taste）就是消费者根据自己的意愿，对可能消费的商品组合进行的排列。序数效用论者认为：对于各种不同的商品组合，消费者的偏好程度是有差别的，正是这种偏好程度的差别，反映了消费者对这些不同的商品组合的效用水平的评价。具体来说，有三个假定：

（1）偏好的完整性。对于任何两个商品组合 A 和 B，消费者总是可以作出，而且也只能作出以下三种判断中的一种：对 A 的偏好大于对 B 的偏好；对 B 的偏好大于对 A 的偏好；对 A 和 B 的偏好相同。消费者总是可以比较和排列所给出的不同商品的组合。

（2）偏好的可传递性。如果消费者对 A 的偏好大于对 B 的偏好，对 B 的偏好大于对 C 的偏好，那么，在 A 和 C 这个组合中，必有对 A 的偏好大于 C。

（3）偏好的非饱和性。如果两个商品组合的区别仅在于其中一种商品的数量不相同，那么，消费者总是偏好含有这种商品数量较多的那个商品组合。

序数效用论者对消费者偏好的这三个基本的假设条件又被称为消费者理论的"公理"。要注意的是：偏好不取决于商品的价格，也不取决于收入，只取决于消费者对商品的喜爱与不喜爱的程度。例如，消费者购买了一辆桑塔纳，但在他心目中仍然觉得奔驰车比桑塔纳车强，这并不矛盾，因为最后的购买决策不光取决于偏好，还取决于消费可能性曲线。

延伸思考 4 -5

人在选择食品时，喜欢按照肉、米、青菜、牛奶等顺序来排列，因为他感到肉给他带来的满足要大于其他商品，他按照自己感受到的效用大小，对食品进行依次排列。虽然他并不知道肉的效用究竟比米或青菜高出多少，但他清楚地知道自己的偏好并按次序选择。

二、无差异曲线及其特点

1. 定义

无差异曲线是用来表示偏好相同的两种商品的所有组合的点的轨迹。或者说，它是表示能够给消费者带来相同的效用水平或满足程度的两种商品的所有组合的点的轨迹。无差异曲线也叫等效用线。我们要特别说明的是：（1）无差异曲线表达的是某一个消费者对于某一组商品组合集的效用评价——这一组合集中的任意一组合其效用是无差异的。（2）无差异曲线簇表达的是一个消费者不同的消费愿望，至于这个愿望能不能实现那是另外一件事。（3）无差异曲线表达 A 消费者的效用评价，但不代表 B 消费者的效用评价。例如，张三常常在想：如果月薪 1000 元，我只能过温饱水平生活，则 A 商品组合集中的每一个组合对于我来说效用是无差异的；如果月薪 2000 元，我可能过小康水平生活，则 B 商品组合集中的每一个组合对于我来说效用是无差异的；如果月薪 3000 元，我应当过富裕水平生活，则 C 商品组合集中的每一个组合对于我来说效用是无差异的……

2. 表示方法

无差异曲线可以用表格和坐标图来具体说明。

（1）表 4-4 是某消费者关于商品 X_1（如盒饭）和商品 X_2（如饮料）的无差异表列，表中列出了关于这两种商品各种不同的组合。该表有三个子表，每一个子表代表着一种效用水平；子表 a 包含六个商品组合；六种商品组合中的每一种组合的效用水平是相等的；消费者对这六个组合的偏好程度是无差异的。同样地，消费者对子表 b 中的所有六个商品组合的偏好程度也都是相同的，子表 c 中六个商品组合给消费者带来的满足程度也都是相同的。

表 4-4　　　　　　　　　　　某消费者的无差异表

商品组合	表 a		表 b		表 c	
	X_1	X_2	X_1	X_2	X_1	X_2
A	20	130	30	120	50	120
B	30	60	40	80	55	90
C	40	45	50	63	60	83
D	50	35	60	50	70	70
E	60	30	70	44	80	60
F	70	27	80	40	90	54

由于子表 a、子表 b 和子表 c 三者各自所代表的效用水平的大小是不一样的，只要对表中的商品组合进行仔细的观察和分析，就可以发现，根据偏好的非饱和性假设，或者说，根据商品数量"多比少好"的原则，可以得出结论：子表 a 所代表的效用水平低于子

表 b，子表 b 又低于子表 c。

（2）根据表 4-4，我们可以绘制出无差异曲线，如图 4-3 所示。图中的横轴和纵轴分别表示商品 X_1 和商品 X_2 的数量，曲线 U_1、U_2、U_3 依次代表与子表 a、子表 b 和子表 c 相对应的三条无差异曲线。

实际上，我们假定消费者的偏好程度可以无限多，也就是说，我们可以有无穷个无差异子表，从而得到无数条无差异曲线。表 4-4 和图 4-3 只不过是一种分析的简化而已。

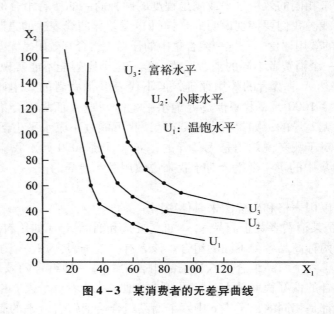

图 4-3　某消费者的无差异曲线

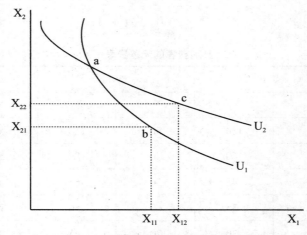

图 4-4　违反偏好假定的无差异曲线

3. 无差异曲线也可以从三维空间中的等效用点投影而来

设二元函数 $U = f(X_1, X_2)$，某一条无差异曲线表示的是二元函数 $U = f(X_1, X_2) = U_0$ 的情形。式 $U = f(X_1, X_2) = U_0$ 中，X_1 与 X_2 都是自变量，效用 U 才是因变量。U_0 为一个常数，表示一个不变的效用水平。U 对应的是效用曲面，U_0 对应的是效用曲线。因此，

U = f(X$_1$，X$_2$) = U$_0$ 又称为效用函数。对于这样一个三维几何空间，我们还可以拿切西瓜作比喻。西瓜可以切成 N 片，但每一个切口的高度是相等的。"高度相等"即为我们这里的"无差异"含义。西瓜被切后留下的横截面曲线，就是无差异曲线。

延伸思考 4 - 6

现有雪碧与可乐两种商品，它们有四种组合方式，这四种组合方式能给消费者带来同样的效用，一个消费者在一定时期从 1 千克雪碧和 6 千克可乐所得到的满足，同他从 2 千克雪碧和 3 千克可乐，或者 3 千克雪碧和 2 千克可乐，或者 4 千克雪碧和 1.5 千克可乐中所得到的满足相同。这样，就可以认为消费者对上述两种商品不同的组合间具有无差异性。

4. 无差异曲线的特征

（1）同一平面图上可以有无数条无差异曲线，离原点越远的无差异曲线代表的效用水平越高。由于通常假定效用函数是连续函数，即在同一坐标平面上的任何两条无差异曲线之间，存在着无数条无差异曲线。可以这样想象：我们可以画出无数条无差异曲线，以致覆盖整个平面坐标图。根据消费者偏好的非饱和性假设，所有这些无差异曲线之间的相互关系是：离原点越远的无差异曲线代表的效用水平越高，离原点越近的无差异曲线代表的效用水平越低。

（2）同一坐标平面上的任意两条无差异曲线不会相交。这一点可以用图 4 - 4 来说明。其理由在于：不同的无差异曲线代表的是不同的效用水平，而且根据无差异曲线的定义，由无差异曲线 U$_1$ 可得 a、b 两点的效用水平是相等的，由无差异曲线 U$_2$ 可得 a、c 两点的效用水平是相等的。于是，根据偏好可传递性的假定，必定有 b 和 c 这两点的效用水平是相等的。但是，观察和比较图 4 - 4 中 b 和 c 这两点的商品组合，可以发现 c 组合中的每一种商品的数量都多于 b 组合，于是，根据偏好的非饱和性假定，必定有 c 点的效用水平大于 b 点的效用水平。这样一来，这就违背了偏好的假定。由此证明：对于任何一个消费者来说，两条无差异曲线不能相交。

（3）无差异曲线是凸向原点的。这就是说，无差异曲线不仅向右下方倾斜，而且以凸向原点的形状向右方倾斜。为什么无差异曲线具有凸向原点的特征呢？这取决于商品的边际替代率递减规律。因为边际替代率通常取决于消费者当前正在消费的每一种商品的量。而且，消费者通常更愿意交易出他们富有的产品，更不愿意交易出他们短缺的产品。由于这一规律的影响，导致无差异曲线的图形凸向原点。

三、商品的边际替代率

无差异曲线的本质特征是商品不同的组合可以产生相同的效用水平。这表明在维持消费者效用水平不变的条件下可以用一种商品替代另一种商品，由此引出边际替代率概念。

1. 边际替代率定义

在维持效用水平或满足程度不变的前提下，消费者增加一单位的某种商品的消费时所需要放弃的另一种商品的消费数量，被称为商品的边际替代率（Marginal Rate of Substitution，MRS）。若用商品 1 替代商品 2，我们以 MRS$_{12}$ 表示；若用 2 替代 1，我们以 MRS$_{21}$ 表示。

商品 1 对商品 2 的边际替代率的定义公式为：

$$MRS_{12} = -\frac{\Delta X_2}{\Delta X_1}$$

式中，ΔX_1 和 ΔX_2 分别为商品 1 和商品 2 的变化量。由于 ΔX_1 是增加量，ΔX_2 是减少量，当一个消费者沿着一条既定的无差异曲线上下滑动的时候，两种商品的数量组合会不断地发生变化，而效用水平却保持不变。这说明，在维持效用水平不变的前提条件下，消费者在增加一种商品的消费数量的同时，必然会放弃一部分另一种商品的消费数量，即两商品的消费数量之间存在着替代关系。为表示两种商品消费量变化方向相反，边际替代率公式中加了一个负号。这样使 MRS_{12} 的计算结果取正值。

当商品数量的变化趋于无穷小时，则商品的边际替代率公式为：

$$MRS_{12} = \lim_{\Delta x_1 \to 0} -\frac{\Delta X_2}{\Delta X_1} = -\frac{dX_2}{dX_1}$$

2. 边际替代率递减规律

（1）含义：边际替代率递减规律是指在维持效用水平不变的前提下，随着一种商品消费数量的连续增加，消费者为得到每一单位的这种商品所需要放弃的另一种商品的消费数量是递减的。之所以会普遍发生商品的边际替代率递减的现象，可以从偏爱程度与效用程度来解释。从偏爱程度来看：消费者对某一商品拥有量较少时，对其偏爱程度高，而拥有量较多时，偏爱程度较低。所以随着一种商品的消费数量的逐步增加，消费者想要获得更多的这种商品的愿望就会减少，从而，他为了多获得一单位的这种商品而愿意放弃的另一种商品的数量就会越来越少。从效用程度来看：第一个商品给他的效用满足度最大，以后则商品边际效用具有递减规律。

例如，人民币换手机。20 世纪 80 年代手机进入中国市场时，消费者愿意用万元来换它，随着手机的增加；90 年代，人们就用几千元来换它；到了 2000 年，消费者只愿用 1000 元来换它。你把人民币换成相应的商品（如猪肉），你就可以感觉到边际替代率递减规律的存在。

商品的边际替代率递减，意味着无差异曲线的斜率的绝对值越来越小，因此该曲线必定凸向圆点。

（2）原因：物以稀为贵，越是稀缺的物品，人们越是珍爱它，有时不惜一切代价。

（3）边际替代率递减的几何意义：商品的边际替代率递减表示无差异曲线的斜率的绝对值是递减的，决定了差异曲线的形状凸向原点。

（4）无差异曲线的几种特殊情况。无差异曲线斜率图形告诉了我们消费者用一个产品交换另一个产品的意愿。当产品间相互替代容易时，无差异曲线轻度凸向原点；当产品间相互替代困难时，无差异曲线重度凸向原点。

如若两种商品为互替商品，无差异曲线为一条斜率不变的直线。图 4 - 5 表示的是完全替代品的无差异曲线，完全替代品是指两种商品之间的替代比例是固定不变的情况。在完全替代的情况下，两商品之间的边际替代率 MRS_{12} 就是一个常数，相应的无差异曲线是一条斜率不变的直线。例如，在某消费者看来，一杯牛奶和一杯咖啡之间是无差异的，两者总是可以以 1:1 的比例相互替代。

如若两种商品为互补商品，无差异曲线则呈直角形状。图 4 - 6 表示完全互补品的无差异曲线，完全互补品指两种商品必须按固定不变的比例配合同时被使用的情况。在完全互补的情况下，相应的无差异曲线为直角形状，其边际替代率为 0（平行于横轴）或为 ∞（垂直于横轴）。例如，一副眼镜架必须和两片眼镜片同时配合，才能构成一副可供使用的眼镜，则相应的无差异曲线如图 4-6 所示。图中水平部分的无差异曲线表示，对于一副眼镜架而言，只需要两片眼镜片即可，任何超量的眼镜片都是多余的。换言之，消费者不会放弃任何一副眼镜架去换取额外的眼镜片，所以，相应的 $MRS_{12} = 0$。图中垂直部分的无差异曲线表示，对于两片眼镜片而言，只需要一副眼镜架即可，任何超量的眼镜架都是多余的。换言之，消费者会放弃所有超量的眼镜架，只保留一副眼镜架与两片眼镜片相匹配，所以，相应的 $MRS_{12} = \infty$。

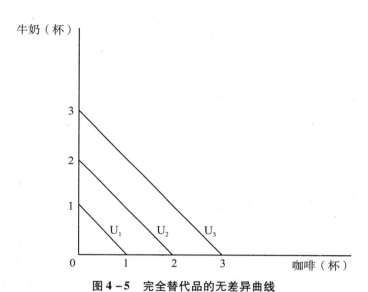

图 4-5 完全替代品的无差异曲线

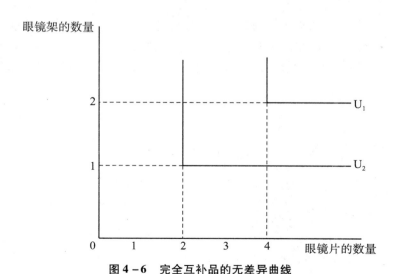

图 4-6 完全互补品的无差异曲线

第四节 消费者的预算线

一、预算线

1. 定义

预算线是指在消费者的收入和商品价格既定时，消费者的全部收入所能买到的两种商品的不同数量的各种组合。我们每一个人都要消费多种商品，但是现实中的每一个人的收入是有限的，有限的收入就是该消费者的预算约束。同时，为了简化问题，也为了能在平面上展示，我们假设消费者只购买与消费两种商品。例如，盒饭与饮料。

2. 表达式

$I = p_1 X_1 + p_1 X_2$。例如，你父母给你预算每餐费用 10 元钱，只能买盒饭与饮料，且全部花光。当这两种商品价格既定时，所能买到的两种商品组合与预算费用就如表达式。恒等变形后得：$X_2 = -\dfrac{p_1}{p_2}X_1 + \dfrac{I}{p_2}$。

式中 $-P_1/P_2$ 为斜率，可以看出这是两商品的价格之比；I/P_2 为纵轴截距。其经济学上的意义是在价格 P_1、P_2 一定，消费者将其全部收入都用于购买时，增购 X_1 就必减购 X_2，增购 X_2 就必减购 X_1。

3. 图形与说明

预算线的图形如图 4 – 7 所示。从图形中我们可以看到：预算线 AB 把平面坐标图划分为三个区域：（1）预算线 AB 以外的区域中的任何一点，如 a 点，是消费者利用全部收入都不可能实现的商品购买的组合点。（2）预算线 AB 以内的区域中的任何一点，如 b 点，表示消费者的全部收入在购买该点的商品组合以后还有剩余。（3）唯有预算线 AB 上的任何一点，才是消费者的全部收入刚好花完所能购买到的商品组合数量的组合点。图中的阴影部分的区域（包括直角三角形的三条边），被称为消费者的预算可行集或预算空间。

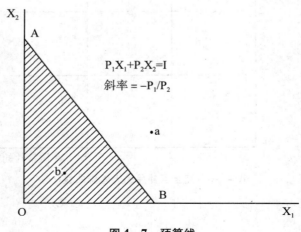

图 4 – 7　预算线

在既定价格和既定收入下，预算线代表了消费者的各种可能的消费机会，但这条线上可以有无数组组合，究竟哪一组合为最优，即能提供最大效用，该线本身是无法说明的。

4. 预算线与无差异曲线的含义差别

无差异曲线反映消费者主观上对不同产品组合的偏好，即他愿意买哪一种产品组合；预算线则反映消费者客观上能够买哪一种产品组合。

二、线性预算线的变动

预算线的变动可以归纳为以下四种情况：

（1）当两种商品的价格不变，消费者的收入发生变化时，预算线的位置会发生平移，如图 4 - 8a 所示。

（2）当消费者的收入不变，两种商品的价格同比例同方向变化时，预算线的位置也会发生平移，如图 4 - 8a 所示。

（3）当消费者的收入不变，一种商品的价格不变而另一种商品的价格发生变化时，预算线会沿着价格发生变化的商品轴摆动：如果商品 X_1 的价格上升，预算线往原点方向摆动（见图 4 - 8b）；如果商品 X_2 的价格下降，预算线逆原点方向摆动（见图 4 - 8c）。

（4）当消费者的收入和两种商品的价格都同比例同方向变化时，预算线的位置不会发生变化。

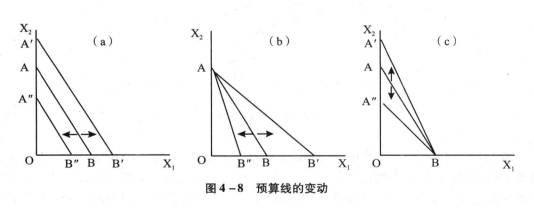

图 4 - 8　预算线的变动

第五节　序数效用条件下的消费者均衡

一、序数效用论者的基本结论

假定消费者的偏好不变、收入不变、商品的市场价格不变，则只有在既定的预算线与其中一条无差异曲线的切点，才是消费者获得最大效用水平或满足程度的均衡点。或者换句话说，消费者对于两种商品组合，最优购买组合量的选择是在既定的预算线与其中一条无差异曲线的切点上；由此构成的商品组合点不再变动，在这一均衡点上的购买量会使消费者获得效用的最大化。

二、证明

　　为什么唯有 E 点才是消费者效用最大化的均衡点呢？这是因为，就无差异曲线 U_3 来说，虽然它代表的效用水平高于无差异曲线 U_2，但它与既定的预算线 AB 既无交点又无切点（见图4－9）。这说明消费者在既定的收入水平下无法实现无差异曲线 U_3 上的任何一点的商品组合的购买。就无差异曲线 U_1 来说，虽然它与既定的预算线 AB 相交于 a、b 两点，这表明消费者利用现有收入可以购买 a、b 两点的商品组合。但是，这两点的效用水平低于无差异曲线 U_2，因此，理性的消费者不会用全部收入去购买无差异曲线 U_1 上 a、b 两点的商品组合。

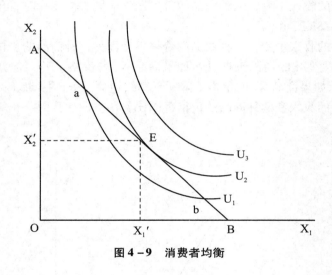

图4－9　消费者均衡

　　事实上，就 a 点和 b 点来说，若消费者能改变购买组合，选择 AB 线段上位于 a 点右边或 b 点左边的任何一点的商品组合，则都可以达到 U_1 更高的无差异曲线，以获得比 a 点和 b 点更大的效用水平。这种沿着 AB 线段由 a 点往右和由 b 点往左的运动，最后必定在 E 点达到均衡。显然，只有当既定的预算线 AB 和无差异曲线 U_2 相切于 E 点时，消费者才在既定的预算约束条件下获得最大的满足。故 E 点就是消费者实现效用最大化的均衡点。

三、消费者效用最大化的均衡条件

　　我们已经知道切点 E 就是消费者实现效用最大化的均衡点。在切点 E，无差异曲线和预算线两者的斜率是相等的。我们还知道，无差异曲线斜率的绝对值就是两商品的边际替代率 $MRS_{12} = dX_2/dX_1$，预算线的斜率的绝对值可以用两商品的价格之比来表示 P_1/P_2，因此，在均衡点有：$dX_2/dX_1 = P_1/P$。其中，边际替代率是消费者愿意用一种商品交换另一种商品的比率，表达的是一种愿望的交换比率；预算线的斜率是市场上一种商品能够交换另一种商品的比率，表达的是一种现实的交换比率。"边际替代率＝预算线的斜率"向我们表达的一个信息就是愿望与现实一定要吻合，这就是消费者效用最大化的均衡条件。为什么？我们还可以作一个简单的分析。

如果 $MRS_{12} = -\dfrac{dX_2}{dX_1} = \dfrac{0.5}{1} < \dfrac{1}{1} = \dfrac{P_1}{P_2}$，从不等式的左边看，表达的消费者愿望是用 1 单位的商品 2 换 0.5 单位的商品 1，就可以维持原有的满足度；而从不等式的右边看，表达的市场现实是消费者用 1 单位的商品 2 就可以换 1 单位的商品 1。此时是愿望小于现实。例如，张三愿意用 2 斤红辣椒（商品 1）换 1 斤黄瓜（商品 2）。但当他走向集贸市场购买时，发现市场实际行情是 1 斤换 1 斤。作为理性人，他就只用 1 斤红辣椒（商品 1）来换 1 斤黄瓜，剩余 1 斤红辣椒或者用于自我消费，或者再换 1 斤黄瓜增加消费，两种措施实施的结果，不仅调整了愿望，使愿望逐渐等于现实，而且使总效用量有所增加。

如果 $MRS_{12} = -\dfrac{dX_2}{dX_1} = \dfrac{1}{0.5} > \dfrac{1}{1} = \dfrac{P_1}{P_2}$，从不等式的左边看，表达的消费者愿望是用一单位的商品 1 换 0.5 单位的商品 2，就可以维持原有的满足度；从不等式的右边看，表达的市场现实是消费者用 1 单位的商品 1 就可以换 1 单位的商品 2。此时是愿望大于现实。例如，张三愿意用 2 斤黄瓜（商品 2）换 1 斤红辣椒（商品 1）。但当他走向集贸市场购买时，发现市场实际行情是 1 斤换 1 斤。作为理性人，他就只用 1 斤黄瓜（商品 1）来换 1 斤红辣椒，剩余 1 斤黄瓜或者用于自我消费，或者再换 1 斤红辣椒增加消费，两种措施实施的结果，不仅调整了愿望，使愿望逐渐等于现实，而且使总效用量有所增加。

序数效用者所得出的消费者均衡条件与基数效用论者所得出的均衡条件从本质上讲是相同的：

证明 1：观察消费者均衡的图形，我们可以看到：在无差异曲线上，消费者沿着一条既定的无差异曲线上下滑动时，两种商品的数量组合会不断地发生变化，而效用水平却保持不变。按照基数效用论者的观点，在保持效用水平不变的前提下，消费者增加一种商品的消费数量所带来的效用增加量和相应减少的另一种商品消费数量所带来的效用的减少量的绝对值必定是相等的，即：

$$|MU_1 \cdot \Delta X_1| = |MU_2 \cdot \Delta X_2|$$

用 MU_1 和 ΔX_2 除以两边，可以得到：

$$MRS_{12} = \frac{\Delta X_2}{\Delta X_1} = \frac{MU_1}{MU_2} \quad 或 \quad MRS_{12} = \lim_{\Delta x \to 0} -\frac{\Delta X_2}{\Delta X_1} = \frac{MU_1}{MU_2}$$

再由前面的推导可以得到：

$$MRS_{12} = \frac{MU_1}{MU_2} = \frac{P_1}{P_2} \quad （这就是序数效用论者关于消费者均衡的条件）$$

或 $\quad \dfrac{MU_1}{P_1} = \dfrac{MU_2}{P_2} = \lambda$ （这就是基数效用论者关于消费者均衡的条件）

证明 2：设消费者的效用函数 $U = U(X_1, X_2)$，预算约束条件为 $I = P_1 X_1 + P_2 X_2$，建立拉格朗日函数：

$$L = L(X_1, X_2, \lambda) = U(X_1, X_2) + \lambda(I - P_1 X_1 - P_2 X_2)$$

分别对三个变量求一阶偏导数，并令其分别等于零，整理可得：$\dfrac{MU_1}{MU_2} = \dfrac{P_1}{P_2}$。

再整理，即得：$\dfrac{MU_1}{P_1} = \dfrac{MU_2}{P_2} = \lambda$。

序数效用者所得出的消费者均衡条件与基数效用论者所推导出来的消费者效用最大化的均衡条件相同：在一定的预算约束下，为了实现最大的效用，消费者应该选择最优的商品组合，使得消费者愿意用一单位的某种商品去交换的另一种商品的数量，应该等于该消费者能够在市场上用一单位的这种商品去交换得到的另一种商品的数量。这才是理性消费者的消费行为表现，也与基数效用论者所得出的均衡条件相同。

以基数效用论为基础的消费者均衡与以序数效用论为基础的消费者均衡在本质上是相同的，只是两者的表现形式有所不同。如果我们把商品的边际效用之比看作消费者对商品的主观效用的评价，而把价格之比看作市场对商品的客观评价，那么消费者均衡条件表明：当主观评价与客观评价正好相符时，消费者达到了效用最大化。

第六节　消费者均衡的变动

上一节讨论的消费者均衡点是在假定消费者的偏好不变、收入不变、商品的市场价格不变的条件下达到的，如果消费者的收入与商品的市场价格发生变化了，消费者的购买选择将会发生什么变化？这属于比较静态分析，我们在这一节里将集中讨论。

一、价格变化

价格变化分两种情况：一是一种商品（X_1 或 X_2）价格的变化。二是两种商品价格的同时、等比例或不等比例变化。这两种变化情况都会对消费者的收入水平进而对均衡产生影响。

1. 价格消费曲线定义

在消费者的偏好不变、货币收入不变，以及其他商品价格不变的条件下，与某一种商品的不同价格水平相联系的消费者预算线和无差异曲线相切的消费者效用最大化的均衡点的轨迹，便是价格消费曲线，参见图 4 - 10。

2. 价格消费曲线推导

如果消费者的货币收入不变，一种商品的价格发生变化导致另一种商品的相对价格发生变化，消费者便会沿着价格消费曲线来做出自己的购买选择，以实现效用最大化。价格变化引起预算线位置发生变化，预算线与无差异曲线的切点位置发生变化，把所有的切点联接起来，就是价格消费曲线。

3. 消费者的需求曲线推导

（1）均衡点 E_1 有一个既定价格 P_1，X_1 对应一个既定消费量 X_1^1；给定一个价格变化 P_2，X_1 对应一个既定消费量 X_2^2……将上述所有点在另一张坐标图中描绘出来，即为消费需求曲线（见图 4 - 11）。

（2）序数效用论者所推导的需求曲线与基数效用论者所推导的需求曲线具有相同的特征。序数效用论者的需求曲线也是向右下方倾斜的，它表示商品的价格与需求量呈反方向变动。需求曲线上与每一价格水平相对应的商品需求量都是可以给消费者带来最大效用水平或满足程度的需求量。

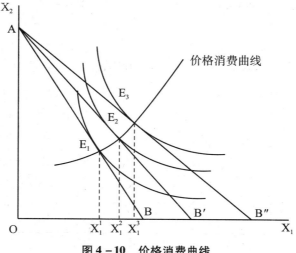

图 4 – 10 价格消费曲线

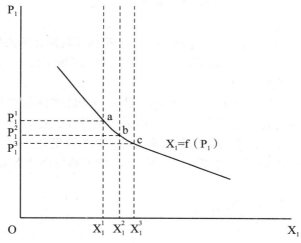

图 4 – 11 消费者的需求曲线

二、收入变化

1. 收入消费曲线定义

收入消费曲线是指在消费者的偏好和商品价格不变的条件下，与消费者的不同收入水平相联系的消费者效用最大化的均衡量的轨迹。我们可以设想保持商品的价格不变而让消费者的收入连续发生变化，这样可以得到许多相互平行的预算线。这些预算线分别与众多无差异曲线相切，得到若干个切点，连接这些切点便得到一条收入消费曲线（见图 4 – 12）。

2. 收入消费曲线推导

在图 4 – 12 中，随着收入水平的不断增加，预算线由 AB 平移至 A′B′ 再平移至 A″B″，于是，形成了三个不同的消费者效用最大化的均衡点 E_1、E_2 和 E_3。如果收入水平的变化是连续的，则可以得到无数个这样的均衡点的轨迹，这便是收入消费曲线。

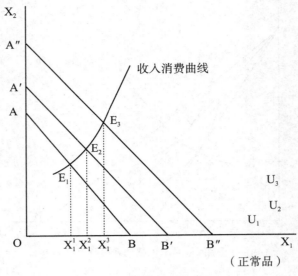

图 4 – 12　收入消费曲线

　　如果消费者的收入发生了变化，或者因为商品的价格同时同比例发生变化导致消费者的收入发生了变化，消费者就会沿着收入消费曲线来作出自己的购买选择，以实现效用最大化。

3. 收入消费曲线的两种情况

　　第一种情况是两种商品都是正常品：这时，收入消费曲线便向右上方倾斜。

　　第二种情况是一种商品为正常品，另一种商品为劣等品：这时，收入消费曲线便向后弯曲。当人们的收入增加时，会增加私家车的消费，减少乘坐公交车。如图 4 – 13 中的收入消费曲线，收入由预算线 A′B′ 增加到 A″B″后，X_1 的消费反而从 X_{12} 减少到 X_{13}。

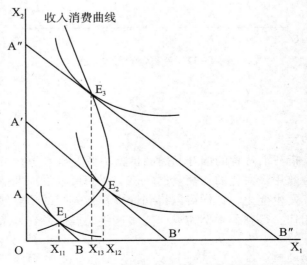

图 4 – 13　劣等商品的收入消费曲线

三、恩格尔曲线

19世纪德国统计学家恩格尔（Ernst Engel）发现，家庭对不同商品的支出比例与家庭收入高低之间有非常明显的关系。在低收入家庭中，食物的支出占收入的绝大部分，当收入逐渐增加时，食物支出占收入的比例则逐渐缩小。由于此种现象普遍存在于不同国家之间，故我们将之称为恩格尔定律。

随着家庭收入增加，用于购买食品的支出占家庭收入的比重会下降；用于住宅建筑和家务经营的支出占家庭收入的比重大体不变；用于其他方面的支出和储蓄占家庭收入的比重会上升。

根据恩格尔定律，可以得到恩格尔曲线。恩格尔曲线表示消费者在每一收入水平对某商品的需求量。与恩格尔曲线相对应的函数关系为 $X = f(I)$，其中，I 为收入水平；X 为某种商品的需求量。

收入消费曲线反映了消费者的收入水平和商品的需求量之间存在着一一对应的关系：以商品1为例，当收入水平为 I_1 时，商品1的需求量为 X_1^1；当收入水平增加为 I_2 时，商品1的需求量增加为 X_1^2；当收入水平增加为 I_3 时，商品1的需求量变动为 X_1^3……，把这种一一对应的收入和需求量的组合描绘在相应的平面坐标图中，便可以得到相应的恩格尔曲线，如图 4–14 所示。

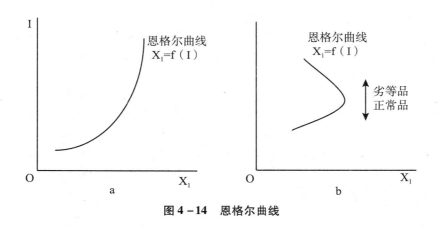

图 4–14　恩格尔曲线

图中的商品1是正常品，商品1的需求量 X_1 随着收入水平 I 的上升而增加。在一定的收入水平上，图中的商品1由正常品转变为劣等品。或者说，在较低的收入水平范围，商品1的需求量与收入水平呈同方向的变动；在较高的收入水平范围，商品1的需求量与收入水平呈反方向的变动。

第七节　替代效应和收入效应

一、替代效应和收入效应的含义

我们从一种商品的价格变化谈起。鸡蛋的价格下降，会引发两种情况出现：一是会引起消费者的实际收入水平相对提高。作为理性人，他有可能会增加消费支出从而增加效用。二是会导致这种商品相对便宜。作为理性人，他也有可能会不增加消费支出，而只是调整消费结构，如更多地购买这种商品而减少购买别的商品。于是引出替代效应与收入效应概念。

1. 替代效应

替代效应是在实际收入不变条件下，某种商品价格的变动引起其他商品相对价格呈相反方向变动，从而引起的该商品需求量的变化（比较便宜商品的购买对比较昂贵商品的购买的替代）。例如，鸡蛋价格每公斤由 4 元降至 2 元，猪肉价格不变，这样猪肉价格就相对昂贵了。你家原来每月购买 10 公斤鸡蛋，花费 40 元，现在仍然每月购买 10 公斤鸡蛋，但现在只用花费 20 元，那你家就会实际增加收入 20 元。现在将这 20 元剔除，当 20 元被剔除后，你家里会继续保持原有的购买比例吗？你家里还会不会增加对于鸡蛋的购买？我想答案是肯定的。在价格下降引起的增收部分被剔除后，你还增加对于鸡蛋购买的部分就是替代效应。

这里所说的实际收入不变是指消费者维持在原来的效用水平上，但又要用新的价格比率来度量的这一不变的效用水平。因此，降价后要使消费者的效用水平不变，必须作预算补偿线。

2. 收入效应

收入效应是在货币收入不变的条件下，某种商品价格的变动引起消费者实际收入呈相反方向变动，从而也引起的该商品购买量的变化。如一个家庭，它的收入用来购买 X_1、X_2 两种商品，在价格未变动以前，全部收入购买的两种商品是以使它获得最大满足的方式组合的。现在假定 X_1 商品的价格下降，在购买原来数量的 X_1 商品之后，家庭的收入将有所剩余。X_1 商品价格的下降等于增加了这个家庭的实际收入，这剩余的收入可以用来购买 X_1 商品，也可以用来购买 X_2 商品。

3. 两种效应的差别

收入效应改变消费者的效用水平，替代效应不改变消费者的效用水平。

4. 总效应

某种商品价格变化的总效应是指一种商品价格变动所引起的该商品需求量的变动。在坐标图上应是当消费者从一个均衡点移到另一个均衡点时需求的总变动。这个总效应可以被分解为替代效应与收入效应两个部分。

二、正常物品的替代效应和收入效应

1. 正常物品的认识

正常物品是需求的收入弹性大于零的商品。因为需求的收入弹性大于零，其需求量与实际收入同方向变化。

2. 正常物品的两种效应分析

（1）如何确定替代效应和收入效应的作用程度呢？作一条平行于新的预算线并切于原有的无差异曲线的补偿（充）性预算线来区分。

假设消费者用全部收入购买 X_1、X_2 两种商品。当价格未发生变动时，预算线 AB 与无差异曲线 U_1 相切于点 a，a 是消费者最初的最大满足的均衡点。当 X_1 商品价格下降时，消费者实际收入提高，用全部收入可以购买到的 X_1 商品数量右移到 B′，形成新的预算线 AB′ 与更高水平的无差异曲线 U_2 相切于点 b。在这种情况下，X_1 商品的消费量增加，X_2 商品的消费量减少。为了区分收入效应和替代效应，作一条与 AB′ 平行、并代表与 AB′ 相同的价格比例的预算补偿线 FG，它代表实际收入假设不变而价格发生变动，给消费者带来同等满足程度的两种商品 X_1、X_2 的各种不同组合（见图 4 – 15）。

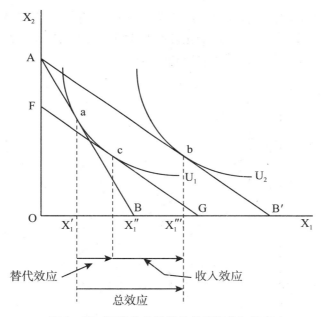

图 4 – 15 正常物品的替代效应和收入效应

当价格变动引起消费者实际收入发生变动时，补充性预算线是用来表示以假设的货币收入的增减来维持消费者实际收入水平不变的一种分析工具。具体地说，在商品价格下降引起实际收入提高时，假设可取走一部分货币收入，以使消费者的实际收入维持原有的效用水平，图中 FG 曲线即为补偿性预算线。

（2）两种效应的分解：当商品 X_1 的价格下降时，我们可以从两个方面来观察可能对消费者产生的影响：替代效应作用，使需求量的增加量为 $X_1'X_1''$，表现在图 4 – 15 上就是由点 a 沿着 U_1 曲线向点 c 的移动产生的水平距离；收入效应作用，使需求量的增加量 $X_1''X_1'''$，表现在图上就是由点 c 向点 b 的移动产生的水平距离。总效应作用，商品 X_1 的需求量的增加量为 $X_1'X_1'''$，表现在图 4 – 15 上就是由点 a 向点 b 的移动产生的水平距离。替代效应分析只考虑纯粹的商品边际替代率的变化而不考虑消费者的福利变化；收入效应分析只考虑纯粹的消费者的福利变化而不考虑商品边际替代率的变化。在这里，P_1 下降时，替代效应所引起的需求量的增加量 $X'_1 X''_1$ 是一个正值，即符号为正，也就是说，正常物品的替代效应引起的需求量变化与价格变化呈反方向变动。收入效应所引起的需求量的增加量 $X''_1 X'''_1$ 也是一个正值，表明当 P_1 下降使得消费者的实际收入水平提高时，消费者必定会增加对正常物品商品 X_1 的购买。也就是说，正常物品的收入效应引起的下列变化与价格呈反方向变动。

（3）结论：对于正常物品来说，替代效应与价格呈反方向的变动，收入效应也与价格呈反方向的变动，在它们的共同作用下，总效应必定与价格呈反方向的变动。正因为如此，正常物品的需求曲线是向右下方倾斜的。

三、低档物品的替代效应和收入效应

低档物品是需求的收入弹性小于零的商品。因为这一特点，其需求曲线的变化以及在此基础上形成的替代效应与收入效应变化都有其不同于正常物品的情况。我们以图 4 – 16 为例分析低档物品价格下降时的替代效应和收入效应。

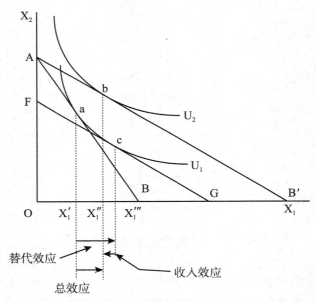

图 4 – 16　低档物品的替代效应和收入效应

对于一般低档品，当价格下降，替代效应的作用是增加需求量，收入效应的作用是减少需求量（价格下降使实际收入增加，需求量反而减少）。图 4 – 16 中商品 1 的价格 P_1 变化前的消费者的效用最大化的均衡点为点 a，P_1 下降以后的消费者的均衡点为点 b，因此，价格下降所引起的商品 1 的需求量的增加量为 $X'_1 X''_1$，这便是总效应。运用与正常物品分析相同的方法，作与预算线平行且与无差异曲线 U_1 相切的补偿预算线 FG，便可将总效应分解成替代效应和收入效应。具体地看，P_1 下降引起的商品相对价格的变化，使消费者由均衡点 a 运动到均衡点 c，相应的需求量增加量为 $X'_1 X'''_1$，这就是替代效应，它是一个正

值。而 P_1 下降引起的消费者的实际收入水平的变动,使消费者由均衡点 c 运动到均衡点 b,需求量由 X'''_1 减少到 X''_1,这就是收入效应。收入效应 $X'''_1 X''_1$ 是一个负值,其原因在于:价格 P_1 下降所引起的消费者的实际收入水平的提高,会使消费者减少对低档物品的商品 1 的需求量。由于收入效应是一个负值,所以,图中的点 b 必定落在 a、c 两点之间。

图 4 – 16 中的商品 1 的价格 P_1 下降所引起的商品 1 的需求量的变化的总效应为 $X'_1 X''_1$,它是正的替代效应 $X'_1 X'''_1$ 和负的收入效应 $X'''_1 X''_1$ 之和。由于替代效应 $X'_1 X'''_1$ 的绝对值大于收入效应 $X'''_1 X''_1$ 的绝对值,或者说,由于替代效应的作用大于收入效应,所以,总效应 $X'_1 X''_1$ 是一个正值。

综上所述,对于低档物品来说,替代效应与价格呈反方向的变动,收入效应与价格呈同方向的变动,而且,在大多数的场合,收入效应的作用小于替代效应的作用,所以,总效应与价格呈反方向的变动,相应的需求曲线是向右下方倾斜的。

四、吉芬商品的替代效应和收入效应

吉芬物品是指需求量与价格呈同方向变动的特殊商品。因为这一特点,其需求曲线的变化以及在此基础上形成的替代效应与收入效应变化都有其不同于正常物品与低档物品的情况。用图 4 – 17 分析其替代效应和收入效应。图中商品 1 是吉芬物品。

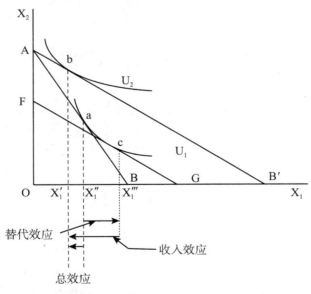

图 4 –17 吉芬物品的替代效应和收入效应

商品 1 的价格 P_1 下降前后的消费者的效用最大化的均衡点分别为点 a 和点 b,相应的商品 1 的需求量的减少量为 $X''_1 X'_1$,这就是总效应。通过补偿预算线 FG 可得:$X''_1 X'''_1$ 为替代效应,它是一个正值。$X'''_1 X'_1$ 是收入效应,它是一个负值,而且,负的收入效应 $X'''_1 X'_1$ 的绝对值大于正的替代效应 $X''_1 X'''_1$ 的绝对值,所以,最后形成的总效应 $X''_1 X'_1$ 为

负值。在图 4-17 中，点 a 必定落在 b、c 两点之间。

吉芬物品是一种特殊的低档物品。作为低档物品，吉芬物品的替代效应与价格呈反方向的变动，收入效应则与价格呈同方向的变动。作为特殊的低档物品，其特殊性在于：收入效应的作用很大，以至超过了替代效应的作用，从而使得总效应与价格呈同方向的变动。这也就是吉芬物品的需求曲线呈现出向右上方倾斜的特殊形状的原因。

运用以上分析的结论就可以解释"吉芬难题"了。在 19 世纪中叶的爱尔兰，购买土豆的消费支出在大多数贫困家庭的收入中占一个较大的比例，于是，土豆价格的上升导致贫困家庭实际收入水平大幅度下降。在这种情况下，变得更穷的人们不得不大量地增加对劣等物品土豆的购买，这样形成的收入效应是很大的，它超过了替代效应，造成了土豆的需求量随着土豆价格的上升而增加的特殊现象。

现将正常物品、低档物品和吉芬物品的替代效应和收入效应所得到的结论综合于表 4-5。

表 4-5 商品价格变化所引起的替代效应和收入效应

商品类别	替代效应与价格的关系	收入效应与价格的关系	总效应与价格的关系	需求曲线的形状
正常物品	反方向变化	反方向变化	反方向变化	向右下方倾斜
低档物品	反方向变化	同方向变化	反方向变化	向右下方倾斜
吉芬物品	反方向变化	同方向变化	同方向变化	向右上方倾斜

第八节 从单个消费者的需求曲线到市场需求曲线

一定时期内，各种不同的价格下所有消费者对某种商品的需求数量不同。因而，一种商品的市场需求不仅依赖于每一个消费者的需求函数，还依赖于该市场中所有消费者的数目。

假定在某一商品市场上有 n 个消费者，他们都具有不同的个人需求函数 $Q_i^d = f_i(P)$，i = 1，2，…，n，则该商品市场的需求函数为：

$$Q_i^d = \sum_{i=1}^{n} f_i(P) = F(P)$$

可见，一种商品的市场需求量是每一个价格水平上的该商品的所有个人需求量的水平加总。由此可以推知，只要有了某商品的每个消费者的需求表或需求曲线，就可以通过加总的方法，得到该商品市场的需求表或需求曲线。下面用表 4-6 和图 4-18 来说明。

在表 4-6 中，假设某商品市场上只有 A、B 两个消费者，通过把每一个价格水平上的 A、B 两个消费者的需求量加总，便得到每一个价格水平上的市场需求量，为表中的第 4 栏。

图 4-18 是根据表 4-6 绘制的需求曲线。图中的市场需求曲线是 A、B 两个消费者的需求曲线的水平加总，即在每一个价格水平上都有市场需求量 $Q^d = Q_A^d + Q_B^d$。

表 4 - 6　　　　　　　从单个消费者的需求表到市场需求表

商品价格（1）	消费者 A 的需求量（2）	消费者 B 的需求量（3）	市场需求量（2）+（3）
0	20	30	50
1	16	24	40
2	12	18	30
3	8	12	20
4	4	6	10
5	0	0	0

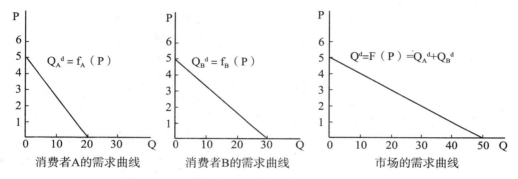

图 4 - 18　从单个消费者的需求曲线到市场需求曲线

据此，我们把单个消费者的需求函数和市场需求函数之间的关系表示为：

$$D(P) = \sum_{i=1}^{n} D_i(P)$$

i = 1，2，…，n。式中，$D_i(P)$ 为单个消费者的需求函数；$D(P)$ 为市场的需求函数。

由于市场需求曲线是单个消费者的需求曲线的水平加总，所以，如同单个消费者的需求曲线一样，市场需求曲线一般也是向右下方倾斜的。市场需求曲线表示某商品市场在一定时期内在各种不同的价格水平上所有消费者愿意而且能够购买的该商品的数量。更重要的，根据上述推导过程可知，市场需求曲线上的每个点都表示在相应的价格水平下可以给全体消费者带来最大的效用水平或满足程度的市场需求量。

本 章 小 结

本章研究的消费者选择理论是关于消费者行为的理论。一般来说，每一个消费者的行为都取决于两个方面的因素：一是消费者的主观愿望，即消费者对某种商品或商品组合的偏好程度；二是消费者的客观条件，即消费者在自己的现实收入水平下购买一定价格的商品或商品组合的能力。如果消费者是理性的，消费者最优选择是在客观条件的允许下使自己主观愿望得到最大限度的满足，也是在预算收入约束下使效用最大化，达到消费者均衡。

基数效用论用边际效用递减规律来说明消费者均衡，序数效用论用边际替代率递减规律说明消费者均衡。两种分析方法虽然不同，但得出的结论却是一致的：在有两种商品可供选择的情况下，消费者均衡条件是商品的边际效用之比，等于商品的价格之比。从消费者的最优选择中我们可以导出需求曲线，因此需求曲线上的每一点都代表消费者的效用达到了最大化。

在确定性的条件下，消费者的选择随着收入变化和价格变化而变化。在这种变化中，正常商品、低档商品和吉芬商品分别表现出了不同的特征。

实践与应用

一、复习与思考

1. 请说明为什么一段时间内消费的商品减少，其边际效用会增加。

2. 如果你有一辆需要四个轮子才能开动的车子有了三个轮子，那么当你有第四个轮子时，这第四个轮子的边际效用似乎超过了第三个轮子的边际效用，这是不是违反了边际效用递减规律？

3. 免费发给消费者一定量的实物与发给消费者按市场价格计算的这些实物折算的现金，哪种方法给消费者带来更大的效用？为什么？

4. 钻石用处极小而价格昂贵，生命必不可少的水却非常之便宜。请用边际效用的概念加以解释。

二、综合案例

案例分析：

吉芬商品的首次提出源于英国经济学家罗伯特·吉芬对 19 世纪爱尔兰市场上土豆消费的研究。1845 年爱尔兰出现了饥荒，土豆价格飞涨，而人们消费土豆的数量没有减少反而增多了。由于吉芬商品的这一发现，经济学家开始将需求量随价格的上升而上升的商品称为吉芬商品。

细数中外市场，不少经济学家提出了一些符合吉芬商品特征的商品。例如，1988 年中国抢购风潮中的生活必需品。1988 年 7 月，统计局公布的物价上涨幅度为 19.3%，为改革开放以来的最高纪录，催生了一场席卷全国的抢购风潮。全国的物价如脱缰的野马，抢购风潮随即在全国蔓延。柴米油盐酱醋茶都成了人们抢购的对象，这种抢购甚至蔓延到当时价格不菲的家电领域，冰箱、电风扇等哪怕是有问题也会被人们搬回家，人们在 1988 年 8 月，扣除物价上涨因素，商品零售总额增加了 13%，其中粮食增销 41.2%，电视机增销 56%，电冰箱增销 82.8%，洗衣机增销 130%。

问题讨论：

与正常商品相比，吉芬商品具有哪些特点？吉芬商品、低劣商品与正常商品之间的关系是什么？

理论提示：

正常商品、低劣商品和吉芬商品的定义；价格变动的收入效应与替代效应。

第五章 生产理论

导入案例

你可能从小就听说过或看过"三个和尚的故事"，还能哼唱出其中的歌谣。故事说的是"一个和尚挑水吃，两个和尚抬水吃，三个和尚没水吃"的寺庙生活场景。你思考过为什么会这样吗？其背后的秘密在于生产要素的配置。

第一节 厂 商

一、厂商的组织形式

市场经济在其数百年的孕育和发展过程中，逐步形成了三种基本的企业制度：

（1）个人业主制企业。个人业主制企业是指个人出资兴办、完全归个人所有和个人控制的企业。这种企业在法律上称为自然人企业，是最早产生的也是最简单的企业形态。

（2）合伙制企业。合伙制企业是由两个以上的企业主共同出资，为了利润共同经营，并归若干企业主共同所有的企业。合伙人出资可以是资金、实物或是知识产权。

（3）公司制企业。公司制企业是由许多人集资创办并且组成一个法人的企业。公司是法人，在法律上具有独立的人格，是能够独立承担民事责任、具有民事行为能力的组织。

公司制企业又有以下几种形式：

（1）无限责任公司。这是由两个以上负无限责任的股东出资组成，股东对公司债务负连带无限清偿责任的公司。英美法系不承认这种公司为公司法人，而大陆法系则承认这种公司为公司法人。

（2）两合公司。这是由少数有限责任股东和少数无限责任股东共同组成的公司。

（3）股份两合公司。这是由一人以上的无限责任股东和一定人数或一定人数以上的有限责任股东出资组成的法人企业。

（4）有限责任公司。这是指由两个以上股东共同出资，每个股东以其所认缴的出资额对公司承担有限责任，公司以其全部资产对其债务承担责任的企业法人。

二、企业的本质

企业的本质是什么？经济学理论有不同的解释。

（1）马克思的分工协作观点。马克思认为，企业产生的原因是能够更好地分工协作，从而能产生更高的劳动生产率。同一资本雇佣较多的工人协作劳动，"这在历史上和逻辑上是资本主义产生的起点"。协作较之个体生产的优越性，概括起来就是："和同样数量的单个的个人工作日的总和比较起来，结合工作日可以产生更多的使用价值，因而可以减少生产一定效用所必要的劳动时间。"

（2）科斯的交易费用理论说。科斯认为，企业产生的原因是能够更好地节省交易费用。企业是商品经济发展到一定阶段的产物，是作为替代市场的一种更低交易费用的资源配置方式。在商品经济发展的初期，无论是原始的物物交换，还是以货币为媒介的商品交换，由于商品经济活动的半径——市场狭小，利用市场价格机制的费用几乎不存在，这时的商品生产一般以家庭为单位。但随着商品经济的发展，市场规模的扩大，生产者在了解有关价格信息、市场谈判、签订合同等方面利用价格机制的费用显著增大，这时，生产者采用把生产要素集合在一个经济单位中的生产方式，以降低交易费用，这种经济单位就是企业。企业这种组织形式之所以可以降低市场交易的费用，是由于用内部管理的方式组织各种生产要素的结合的缘故。因此，从交易费用的角度来看，市场和企业是两种不同的组织生产分工的方法：一种是内部管理方式；另一种是协议买卖方式。两种方式都存在一定的费用，即前者是组织费用；后者是交易费用。企业之所以出现正是由于企业的组织费用低于市场的交易费用。因此，交易费用的降低是企业出现的重要原因之一。科斯的这一思想为产权理论奠定了坚实的基础。但科斯的思想在很长时间内一直被理论界所忽视，直到20世纪60年代才引起经济学家的广泛重视。

分析案例 5-1

市场交易成本和企业组织成本

有两家企业：一家生产电脑主机，另一家生产显示器，它们分别属于不同的所有者。若生产电脑主机的企业愿意购买该显示器企业的产品与自己的产品进行配套，双方将签订合同，商定价格，最后一方交货，另一方交钱，买卖完成。双方的关系是典型的市场交易关系。市场交易中存在交易成本，电脑主机企业每次在决定用哪一家的显示器时，会面临搜集市场信息、比较产品差异、谈判、讨价还价、订立合同、监督合同履行等一系列问题需要解决，相应也会有各种费用需要支付。

如果两家企业合并为一家，也就是用企业代替一部分市场的功能，交易费用就会减少。因为市场的运行是有成本的，通过形成一个组织就能节约某些市场的运行成本。如果市场交易成本大于企业组织成本，这次合并行为就是经济的，如果市场交易成本小于企业组织成本，这次企业规模扩张就没必要进行。

三、厂商的目标

一般情况下，我们都认为厂商的目标是追求利润的最大化。但实际情况是：

（1）在信息不对称的情况下，厂商追求的目标是实现销售收入的最大化；

（2）在公司制企业里，所有者与经营者分离，经营者往往会追求自身效用的最大化，而不是公司利益的最大化；

（3）但在长期中，我们仍然假设厂商追求利润最大化。

第二节　短期生产：一种可变要素的生产函数

为了更好地理解生产者行为，我们需要引入生产函数来进行分析。

一、生产函数的概念

生产函数是指在一定时间内，在技术水平不变的情况下，生产中所使用的各种生产要素与所能生产的最大产量之间的关系。或者说，一组既定的投入与所能生产的最大产量之间的依存关系。

假定用 Q 表示所能生产的最大可能产量，用 X_1，X_2，$\cdots$，X_n 表示某产品生产过程中各种生产要素的投入量，若不考虑可变投入与不变投入的区别，则生产函数可用如下一般表达式表示：

$$Q = f(X_1，X_2，X_3，\cdots，X_n)$$

该生产函数表示在既定的生产技术条件下，生产要素组合（X_1，X_2，$\cdots$，X_n）在某一时期所能生产的最大可能产量为 Q。

在本科经济学教学中，我们常常先从最简单的问题入手，常假定只使用劳动和资本两种生产要素，如果用 L 表示劳动投入量，用 K 表示资本投入量，则生产函数可用下式表示：

$$Q = f(L，K)$$

二、生产函数的类型

在经济学的学习中，有三种类型的生产函数具有代表性。

（1）固定替代比例的生产函数。它是指在每一产量水平上任何两种生产要素之间的替代比例都是固定的。其表达形式为：

$$Q = aL + bK$$

当产量为 Q_0 时，恒等变形得：

$$L = \frac{Q_0}{a} - \frac{b}{a}K$$

显然，这是一条线性函数，对应于一个 ΔK，ΔL 的替代量是固定的，与其对应的等产量线是一条直线（如图 5-1a 所示）。

（2）固定投入比例生产函数。它是指在每一产量水平上任何要素投入量之间的比例都是固定的生产函数。假定只用 L 和 K，则固定比例生产函数的通常形式为：

$$Q = \min\left\{\frac{L}{u}，\frac{K}{v}\right\}$$

u 为固定的劳动生产系数（单位产量配备的劳动数）；v 为固定的资本生产系数（单位产量配备的资本数）。

在固定比例生产函数下，产量取决于较小比值的那一要素。这时，产量的增加，必须有 L、K 按规定比例同时增加，若其中之一数量不变，单独增加另一要素量，则产量不变（如图 5 – 1b 所示）。

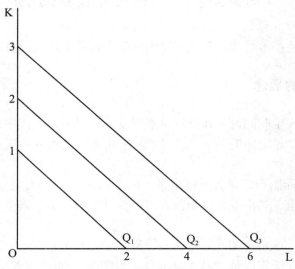

图 5 – 1a 固定替代比例的生产函数

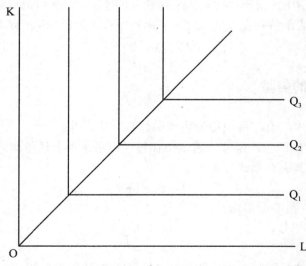

图 5 – 1b 固定投入比例的生产函数

既然都满足最小比例，也就有：

$$Q = \frac{L}{u} = \frac{K}{v}$$

进一步有：

$$\frac{K}{L} = \frac{u}{v}$$

（3）柯布—道格拉斯生产函数，又称 C－D 生产函数。它是以两位经济学家柯布（Chales W. Cobb）与道格拉斯（Paul H. Douglas）的名字命名的。由于柯布—道格拉斯生产函数具有许多经济学上所需要的良好的性质，因此经济分析中使用比较多。该生产函数的一般形式是：

$$Q = AL^{\alpha}K^{\beta}$$

式中 Q 代表产量，L 和 K 分别代表劳动和资本的投入量，A 为规模参数，A＞0，α 为产出弹性，表示劳动贡献在总产量中所占的份额（0＜α＜1），β 为资本产出弹性，表示资本贡献在总产量中所占的份额（0＜β＜1）。柯布—道格拉斯生产函数规模报酬状况取决于 α＋β 的数值大小。

若 α＋β＞1，则规模报酬递增；

若 α＋β＝1，则规模报酬不变；

若 α＋β＜1，则规模报酬递减。

三、长期与短期

1. 短期与长期的定义

短期：在这段时期内，生产者来不及调整全部生产要素的数量，至少有一种生产要素的数量是固定不变的时期。

长期：在这段时期内，所有投入的生产要素（L，K）等都是可以变动的时期。

延伸思考 5－1

短期与长期之间，并没有一个特定的区分标准。不同行业长短期的时间界限是不同的，例如，对一个海鲜经营者而言，长期可能意味着几天；而对于宇宙飞船研制企业而言几年都不一定能说是长期。

2. 固定投入与变动投入定义

固定投入：是指当市场条件的变化要求产出变化时，其投入量不能随之变化的投入。例如，厂房、机器设备、土地等。

变动投入：是指当市场条件的变化要求产出变化时，其投入量能立即随之变化的投入。例如，劳动量的投入。

固定投入与变动投入的划分是建立在长期与短期划分的基础之上的。

四、一种可变生产要素的生产函数

一种可变生产要素的生产函数表示产量（Q）随一种可变投入（X）的变化而变化。

函数形式如下：

$$Q = f(X)$$

若假设仅使用劳动与资本两种要素，并设资本要素不变，劳动要素可变，则有函数：

$$Q = f(L, \bar{K})$$

1. 总产量、平均产量、边际产量定义

劳动的总产量（TP_L）是在资本投入既定的条件下，与一定可变生产要素劳动的投入量相对应的最大产量总和。公式为：

$$TP_L = f(L, \overline{K})$$

劳动的平均产量（AP_L）是指平均每个单位可变生产要素劳动所能生产的产量。公式为：

$$AP_L = \frac{TP_L}{L} = \frac{f(L, \overline{K})}{L}$$

劳动的边际产量（MP_L）是指每增加一单位可变要素劳动的投入量所引起的总产量的变动量。公式为：

$$MP_L = \frac{\Delta TP_L(L, \overline{K})}{\Delta L}$$

或

$$MP_L = \lim_{\Delta L \to 0} \frac{\Delta TP_L}{\Delta L} = \frac{dTP_L(L, \overline{K})}{dL}$$

类似地，我们还可以定义资本的总产量（TP_K）、资本的平均产量（AP_K）、资本的边际产量（MP_K）。

2. 总产量曲线、平均产量曲线、边际产量曲线（见表5-1）

表5-1　　　　　　　　　　总产量、平均产量和边际产量

资本投入量（K）	劳动投入量（L）	总产量（TP_L）	平均产量（AP_L）	边际产量（MP_L）
20	0	0	—	—
20	1	6.0	6.00	6.0
20	2	13.5	6.75	7.5
20	3	21.0	7.00	7.5
20	4	28.0	7.00	7.0
20	5	34.0	6.80	6.0
20	6	38.0	6.30	4.0
20	7	38.0	5.40	0.0
20	8	37.0	4.60	-1.0

根据上表可以绘制出三条曲线，如图5-2所示。

总产量曲线的特点：初期随着可变投入的增加，总产量以递增的增长率上升，然后以递减的增长率上升，达到某一极大值后，随着可变投入的继续增加反而下降。

平均产量曲线的特点：初期随着可变要素投入的增加，平均产量不断增加，到一定点达到极大值，之后随着可变要素投入量的继续增加，转而下降。

边际产量曲线的特点：边际产量在开始时，随着可变要素投入的增加不断增加，到一定点达极大值，之后开始下降，边际产量可以下降为零，甚至为负。边际产量是总量增量

的变动情况，它的最大值对应总产量由递增上升转入递减上升的拐点。

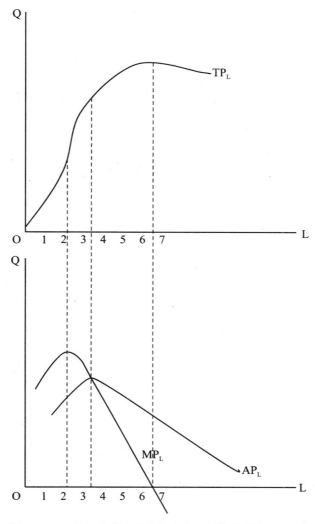

图 5 - 2 一种可变生产要素的生产函数的产量曲线（一）

五、边际报酬递减规律

从表 5 - 1 与图 5 - 2 中，我们都可以看到一种可变要素投入下的边际报酬是递减的。

1. 定义

对于一种可变生产要素的生产函数来说，边际产量表现出先上升而最终下降的规律，称之为边际报酬递减规律。

2. 原因

在任何产品的生产过程中，可变生产要素的投入量和固定生产要素的投入量之间都存在着一种最佳组合比例。

3. 注意事项

第一，这一规律只存在于技术系数可变的生产函数中。对于技术系数固定的生产函数，由于各种生产要素中可以相互替代，其组合比例是不可改变的，所以，当改变其中一种生产要素的投入量时，边际产量突变为零，不存在依次递减的趋势。

第二，这一规律发生作用的前提是技术水平不变。如果技术进步，边际产量可能增加。

第三，这一规律又是以假定其他生产要素投入量不变即生产规模不变为前提的。如果生产规模发生变动，边际产量也会发生变动。

分析案例 5 - 2

生产可能性边界与边际报酬递减：在学习中的运用

美国能源部部长朱棣文上学时成绩在班级总是排在第十名左右，而哥哥朱筑文则一直保持班级第一。工作之后，朱棣文当上教授时哥哥是副教授，朱棣文获得诺贝尔奖时哥哥当上正教授。杭州天长小学教师周武将这一现象称为"第十名现象"：小学期间前几名的"尖子"在升入初中、高中、大学（乃至工作之后）有相当一部分会"淡出"优秀行列，而许多名列第十名左右的学生在后来的学习和工作中竟出乎意料地表现出色。在以培养优秀人才为己任的刘道玉（曾任武汉大学校长）看来，知识能力的过度开发会压制人的能力和发展。保持第一名要用掉学生太多的精力，状元不能代表什么。南方科技大学校长朱清时非常赞同刘道玉的观点。他说，教学大师陈省身生前为中科大少年班题词：不要考100分。朱清时解释，原生态的学生一般考试能得七八十分，要想得100分要下好几倍的努力，训练的非常熟练才能不出小错。要争这100分，就需要浪费很多时间和资源，相当于土地要施10遍化肥，最后学生的创造力都被磨灭了。

（资料来源：谢湘、堵力：《理想的大学离我们有多远——北大清华再争状元就没有希望》，载《中国青年报》2012年5月3日）

六、总产量、平均产量、边际产量之间的关系

从三条曲线合一的曲线图（如图5-3）观察：

1. 总产量曲线与边际产量曲线之间的关系

（1）当边际产量上升时，总产量以递增的速率增加；当边际产量下降时，总产量以递减的速率增加；当边际产量为负值时，总产量绝对减少；（2）某一点的边际产量就是某一点总产量的导数；（3）边际产量为零的点就是总产量最大的点。

2. 总产量曲线与平均产量曲线关系

连接总产量曲线上任何一点与坐标原点的线段的斜率，就是相应的平均产量值。

3. 平均产量曲线与边际产量曲线的关系

当平均产量上升时，边际产量大于平均产量；当平均产量下降时，边际产量小于平均产量；当平均产量达到最大值时，边际产量等于平均产量。

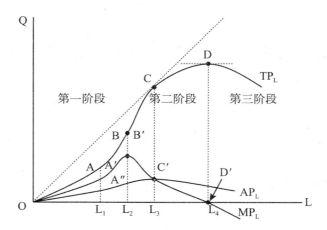

图 5 - 3 一种可变生产要素的生产函数的产量曲线（二）

七、生产的三个阶段划分

第 I 阶段（$O \sim L_3$ 阶段）：在这一阶段中，劳动的边际产量始终大于劳动的平均产量，从而劳动的平均产量和总产量都在上升，且劳动的平均产量达到最大值。说明在这一阶段，可变生产要素相对于不变生产要素投入量显得过小，不变生产要素的使用效率不高，因此，生产者增加可变生产要素的投入量就可以增加总产量。因此，生产者将增加生产要素投入量，把生产扩大到第 II 阶段。

第 II 阶段（$L_3 \sim L_4$ 阶段）：在这一阶段中，劳动的边际产量小于劳动的平均产量，从而使平均产量递减。但由于边际产量仍大于零，所以总产量仍然连续增加，但以递减的变化率增加。在这一阶段的起点 L_3，AP_L 达到最大，在终点 L_4，TP_L 达到最大。

第 III 阶段（L_4 之后）：在这一阶段中，平均产量继续下降，边际产量变为负值，总产量开始下降。这说明，在这一阶段，生产出现冗余，可变生产要素的投入量相对于不变生产要素来说已经太多，生产者减少可变生产要素的投入量是有利的。因此，理性的生产者将减少可变生产要素的投入量，把生产退回到第 II 阶段。

结论：合理的生产阶段在第 II 阶段，理性的厂商将选择在这一阶段进行生产。至于选择在第 II 阶段的哪一点生产，要看生产要素的价格和厂商的收益。如果相对于资本的价格而言，劳动的价格相对较高，则劳动的投入量靠近 L_1 点对于生产者有利；如果相对于资本的价格而言，劳动的价格相对较低，则劳动的投入量靠近 L_4 点对于生产者有利。

延伸思考 5 - 2

本章开头所说的三个和尚的故事你有答案了吗？一个和尚挑水吃时固定生产要素（水桶、扁担等）和变动生产要素（和尚）的配置关系表现为固定的生产要素较为充足，变动的生产要素稍显不足，一个和尚挑水比较吃力，到了两个和尚时就明显不同了，增加了变动生产要素（和尚），生产效率可以得到明显提高，由故事可见两个和尚抬水的效率比一个和尚挑水高。三个和尚没水吃是因为变动生产要素（和尚）的投入超出了固定生产要素的容纳能力，反而会产生降低资源配置效率的作用，导致"没水吃"。

第三节　长期生产：两种可变生产要素的生产函数

本节介绍长期生产理论。在长期内，所有的生产要素的投入量都是可变的。为了更清楚地分析两种可变要素投入下的最优产量决定，我们先要引入一些预备知识，然后再来讨论"两种可变要素投入下的产量决定"这一主题。

一、两种可变生产要素的生产函数表达式

两种可变生产要素的函数表达式是：

$$Q = f(L，K)$$

式中 L 表示可变要素劳动的投入量，K 表示可变要素资本的投入量，Q 表示产量。公式表示：在长期内，在技术水平不变的条件下，两种可变要素投入量的组合与能生产的最大产量之间的依存关系。

在两种可变投入生产函数下，生产者经常要考虑的一个问题是如何使生产要素投入量达到最优组合，以使生产一定产量下的成本最小，或使用一定成本时的产量最大？西方经济学家运用了与无差异分析、等成本分析类似的方法，即等产量线与等成本线的分析。

二、等产量曲线

1. 定义

等产量曲线是在技术水平不变的条件下，生产同一产量的两种生产要素投入的所有不同组合点的轨迹。与等产量曲线相对应的生产函数是：

$$Q = f(L，K) = Q_0$$

式中 Q_0 为常数，表示等产量水平，这一函数是一个两种可变要素的生产函数；这一函数在坐标图上的曲线叫等产量曲线（见图 5 - 4）。

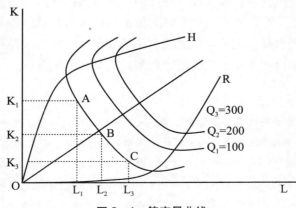

图 5 - 4　等产量曲线

等产量曲线图形是由一条等产量曲线从三维空间中的等产量点向 L—K 平面投影而来的，因此曲线的纵坐标与横坐标所表示的并不是变量与自变量的关系。图中，L 与 K 都是自变量，Q 才是因变量。

图中三条等产量曲线，它们分别表示产量为 100、200、300 单位。以代表 100 单位产量的等产量曲线为例，即可以使用 A 点的要素组合（OL_1，OK_1）生产，也可以使用 B 点的要素组合（OL_2，OK_2）或 C 点的要素组合（OL_3，OK_3）生产。这是连续性生产函数的等产量线，它表示两种投入要素的比例可以任意变动，产量是一个连续函数，这是等产量曲线的基本类型。

2. 等产量曲线的特点

第一，距原点越远的等产量曲线表示的产量水平越高，反之，则低。

第二，同一平面坐标上的任何两条等产量曲线不会相交。因为每一条产量线代表不同的产量水平，如果相交，则与上述说法相矛盾。

第三，等产量线向右下方倾斜，凸向原点。主要原因是等产量曲线上任何一点的边际技术替代率为负（下面要展开讨论），意味着在产量水平一定时，增加某一要素的投入量，要减少另一要素投入量，这样的调整才是有意义的。

三、边际技术替代率

1. 定义

边际技术替代率是研究要素之间替代关系的一个重要概念，它是指在维持产量水平不变的条件下，增加一单位某种生产要素投入量时所减少的另一种要素的投入数量。用 $\mathrm{MRTS_{LK}}$ 表示劳动对资本的边际技术替代率，则：

$$\mathrm{MRTS_{LK}} = -\frac{\Delta K}{\Delta L}$$

式中，ΔK 和 ΔL 分别表示资本投入量的变化量和劳动投入量的变化量，式中加负号是为了使 $\mathrm{MRTS_{LK}}$ 为正值，以便于比较。

如果要素投入量的变化量为无穷小，上式变为：

$$\mathrm{MRTS_{LK}} = \lim_{\Delta L \to 0} -\frac{\Delta K}{\Delta L} = -\frac{dK}{dL}$$

上式说明等产量曲线上某一点的边际技术替代率就是等产量曲线该点斜率的绝对值。

边际技术替代率为负值，因为在代表已给定产量的等产量曲线上，作为一种技术上有效率的组合，意味着为生产同一产量，增加 L 的使用量，必须减少 K 的使用量，二者反方向变化。

2. 边际技术替代率与边际产量的关系

边际技术替代率（绝对值）等于两种要素的边际产量之比。这是因为在等产量曲线上，生产者沿着一条既定的等产量曲线上下滑动时，两种生产要素投入的数量组合会不断地发生变化，而产量水平却保持不变。如果增加劳动要素的投入量，必定会有劳动要素投入下的总产量的增量；如果减少资本的投入量，必定会有资本要素投入下的总产量的减量。又由于在等产量线上要维持产量水平不变，生产者增加一种生产要素的投入数量所带来的产量增量和相应减少的另一种生产要素投入数量所带来的总产量的减少量的绝对值必定是相等的，即：

$$|MP_L \cdot \Delta L| = |MP_K \cdot \Delta K|$$

用 MU_1 和 ΔX_2 除以两边，可以得到：

$-\dfrac{\Delta K}{\Delta L} = \dfrac{MP_L}{MP_K}$，由边际技术替代率的定义公式得：

$$MRTS_{LK} = -\frac{\Delta K}{\Delta L} = \frac{MP_L}{MP_K} \quad 或者 \quad MRTS_{LK} = -\frac{dK}{dL} = \frac{MP_L}{MP_K}$$

设等产量曲线的生产函数 $Q = f(L, K) = Q^0$，则：

$$dQ = \frac{dQ}{dL} \cdot dL + \frac{dQ}{dk} \cdot dK = MP_L \cdot dL + MP_K \cdot dK = dQ_0$$

还可以通过全微分得。由于同一条等产量线上产量相等，即 $dQ_0 = 0$，则上式变为：

$$MP_L \cdot dL + MP_K \cdot dK = 0$$

即

$$-\frac{dK}{dL} = \frac{MP_L}{MP_K}$$

由边际技术替代率公式可知：

$$MRTS_{LK} = -\frac{MP_L}{MP_K}$$

上述关系是因为边际技术替代率是建立在等产量曲线的基础上，所以对于任意一条给定的等产量曲线来说，当用劳动投入代替资本投入时，在维持产量水平不变的前提下，由增加劳动投入量所带来的总产量的增加量和由减少资本量所带来的总产量的减少量必然相等。

3. 边际技术替代率递减规律

边际技术替代率递减规律是指在维持产量不变的前提下，当一种要素的投入量不断增加时，每一单位的这种要素所能代替的另一种生产要素的数量是递减的。以图 5-5 为例，当要素组合沿着等产量曲线由 a 点按顺序移动到 b、c 和 d 点的过程中，劳动投入等量的由 L_1 增加到 L_2、L_3 和 L_4。即：$L_2 - L_1 = L_3 - L_2 = L_4 - L_3$，相应的资本投入的减少量为 $K_1K_2 > K_2K_3 > K_3K_4$，这恰好说明了边际技术替代率是递减的，其原因是，边际产量是逐渐下降的。其一，当资本量不变时，随着劳动投入量的增加，则劳动的边际产量有递减趋势；其二，当资本量也下降时，劳动的边际产量会下降得更多。等产量线上的切线斜率绝对值递减，使等产量线从左上方向右下方倾斜，并凸向原点。

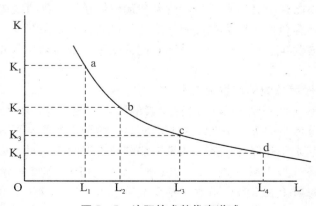

图 5-5 边际技术替代率递减

四、等成本线

1. 定义

等成本线是在既定的成本和既定的生产要素价格条件下生产者可以购买到的两种生产要素的各种不同数量组合的轨迹。其公式表达式称之为成本方程。也称为厂商的预算限制线，表示厂商对于两种生产要素的购买不能超出它的总成本支出的限制。

2. 表达式

设 w 为劳动的价格，r 为资本的价格，则有：

$$C = w \cdot L + r \cdot K$$

对上式进行恒等变形，可导出 $K = -\dfrac{w}{r}L + \dfrac{C}{r}$，由此式可得出等成本线。

3. 图形

图 5 - 6 中等成本线在纵轴上的截距 C/r 表示全部成本支出用于购买资本 K 时所能购买的资本数量，等成本线在横轴上的截距 $\dfrac{C}{W}$ 表示全部成本支出用于购买劳动 L 时所能购买的劳动数量，等成本线的斜率为 $-\dfrac{w}{r}$，其大小取决于劳动和资本两要素相对价格的高低。

在图 5 - 6 中，在等成本线以内的区域，其中的任意一点（如 A 点）表示既定的总成本没有用完；等成本线以外的区域，其中的任意一点（如 B 点）表示既定的成本不够购买该点的劳动和资本的组合；等成本线，其上的任意一点表示既定的全部成本刚好能购买的劳动和资本的组合。

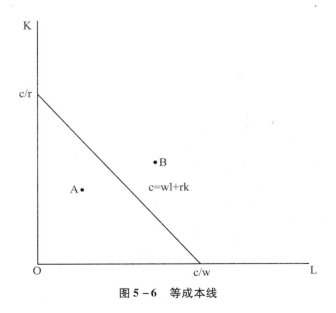

图 5 - 6　等成本线

4. 等成本线的移动

如果出现下面两种情况，等成本线会发生移动：

（1）某投入的要素价格发生变化。例如，当资本价格不变，而劳动价格发生变化时，会使等成本线左右旋转。具体分为四种情况：L 变化而 K 不变化；K 变化而 L 不变化；L、K 等比例变化；L、K 不等比例变化。

（2）总成本—生产者的投资发生变化。如果两种生产要素的价格不变，等成本线可因总成本—生产者的投资的增加或减少而平行移动。等成本线的斜率就不会发生变化，在同一平面上，距离原点越远的等成本线代表成本水平越高。如果厂商的成本或要素的价格发生变动，都会使等成本线发生变化。其变化情况依两种要素价格变化情况的不同而具体分析，分析方法与效用论中预算线相似，这里就不再具体阐述。

五、最优的生产要素组合

在长期生产中，任何一个理性的生产者都会选择最优的生产要素组合进行生产，从而实现产出的最大化。所谓生产要素的最优组合是指在既定的成本条件下的最大产量或既定产量条件下的最小成本。生产要素的最优组合也称为生产者的均衡，下面分两种情况来分析。

（一）既定成本下最大产量的要素最佳组合

1. 问题表述

成本既定、价格既定、技术既定，要求最大产量，如何选择最优生产要素组合？

2. 图形描述

假定厂商的既定成本为 C，劳动的价格为 w，资本的价格为 r，把一条等成本线和 N 条等产量线画在同一个平面坐标系中，如图 5 – 7 所示。从图中可以确定厂商在既定成本下实现最大产量的最优要素组合，即生产的均衡点。

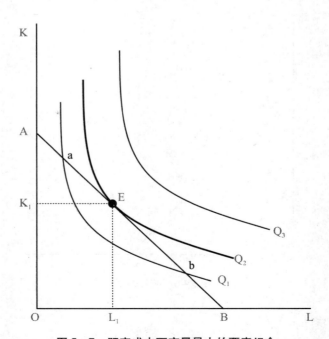

图 5 – 7　既定成本下产量最大的要素组合

3. 逻辑分析

（1）Q_3 曲线上的任何一点都不是最优的生产要素投入组合点。因为成本既定，所以图 5 - 7 中只有一条等成本线，但可供厂商选择的产量水平有很多，图中画出了 3 个产量水平 Q_1、Q_2、Q_3。先看等产量线 Q_3，Q_3 代表的产量水平最高，但处于等成本线以外的区域，表明厂商在既定成本条件下，不能购买到生产 Q_3 产量所需的要素组合，因此 Q_3 代表厂商在既定成本下无法实现的产量。

（2）Q_1 曲线上的任何一点都不是最优的生产要素投入组合点。等产量线 Q_1 与等成本线交于 a、b 两点，在 a 点由于等产量线的斜率的绝对值大于等成本线的斜率的绝对值，即 $MRTS_{LK} > \dfrac{w}{r}$。我们知道，等产量曲线上某一点的斜率的绝对值等于该点上两要素的边际技术替代率，等成本线的斜率的绝对值等于两要素的价格之比。两要素的边际技术替代率等于两要素的边际产量之比，于是有 $MRTS_{LK} = -\dfrac{dK}{dL} = \dfrac{P_L}{P_K} = \dfrac{w}{r}$。而两要素的边际技术替代率反映了两要素在生产中的替代比率，要素的价格之比反映了两要素在购买中的替代比率。只要两者不相等，厂商总可以在总成本不变的条件下通过对要素组合的重新选择，使总产量得到增加。

假定 $MRTS_{LK} = -\dfrac{dK}{dL} = \dfrac{4}{1} > \dfrac{P_L}{P_K} = \dfrac{w}{r} = \dfrac{1}{1}$。从不等式的左边看，在生产过程中，厂商放弃 1 单位的资本投入量时，只需加 0.25 单位的劳动投入量，就可以维持产量不变；这代表着厂商的生产技术设计，如同前面讨论消费者决策时，代表的是一种愿望。从不等式的右边看，在生产要素市场上，1 单位的资本可换 1 单位的劳动，这代表一种现实。不等式表达的是愿望大于现实。例如，按照厂商的生产技术设计，厂商放弃 1 单位的资本投入量时，只需加 0.25 单位的劳动投入量，就可以维持产量不变。但生产要素市场现实是 1 单位的资本可换 1 单位的劳动。在理性人假设下，厂商在不改变成本总支出的情况下，减少一单位的资本购买，替代增加 1 单位的劳动购买，这样可以多得到 0.75 单位的劳动投入量，按照厂商的生产技术设计计算，可使总产量增加。所以，只要 $MRTS_{LK} = \dfrac{MP_L}{MP_K} > \dfrac{P_L}{P_K} = \dfrac{w}{r}$，厂商就会在不改变总成本支出的情况下，通过不断的用劳动代替资本而使总产量增加，直至由不等式转变为等式。

同样道理，可以分析 b 点的厂商的行为。在 b 点时，由于等产量线的斜率的绝对值小于等成本线的斜率的绝对值，即 $MRTS_{LK} = \dfrac{MP_L}{MP_K} < \dfrac{P_L}{P_K} = \dfrac{w}{r}$，假定 $MRTS_{LK} = -\dfrac{dK}{dL} = \dfrac{1}{4} < \dfrac{P_L}{P_K} = \dfrac{w}{r} = \dfrac{1}{1}$，从不等式的左边看，在生产过程中，厂商放弃 1 单位的劳动投入量只需增加 0.25 单位的资本投入量，就可以维持原有的产量水平；这代表着厂商的生产技术设计，如同前面讨论消费者决策时，代表的是一种愿望。从不等式的右边看，在生产要素市场上，1 单位劳动可以替代 1 单位的资本，这代表一种现实。不等式表达的是愿望小于现实。比如，按照厂商的生产技术设计，厂商减少 1 单位劳动投入，只能得到 0.25 单位的资本投入量。但生产要素市场现实是 1 单位的资本可换 1 单位的劳动。在理性人假设下，厂商在不改变成本总支出的情况下，减少一单位的劳动购买，替代增加 1 单位的资

本购买，这样可以多得到 0.75 单位的资本投入量，按照厂商的生产技术设计计算，可使总产量增加。而使总产量增加，所以，只要 $MRTS_{LK} = \dfrac{MP_L}{MP_K} < \dfrac{P_L}{P_K} = \dfrac{w}{r}$，厂商就会在不断改变总支出的条件下，不断的用资本代替劳动，而使总产量增加。因此，厂商不会在 a、b 两点达到均衡。

（3）Q_2 曲线上的 E 点是最优的生产要素投入组合点。等产量线 Q_2 与等成本曲线相切于点 E，则此时等成本线斜率的绝对值与等产量线斜率的绝对值相等。即 $MRTS_{LK} = \dfrac{MP_L}{MP_K} = \dfrac{P_L}{P_K} = \dfrac{w}{r}$，此时无论厂商减少劳动投入量或减少资本投入量，在维持产量不变的情况下，都不可能多得到另一种生产要素的投入量，因此也不能使总产量增加，所以此时厂商不再变动生产要素组合，实现了生产者均衡，也达到了生产要素的最优组合。

所以达到生产要素最优组合的条件是：$MRTS_{LK} = \dfrac{w}{r}$。

（二）既定产量下最小成本的要素最佳组合

1. 问题表述
产量既定、价格既定、技术既定，要求最小成本，如何选择最优生产要素组合？

2. 图形描述
假设厂商的既定产量为 Q，则可用图 5 − 8 来分析既定产量下的最优生产要素组合。

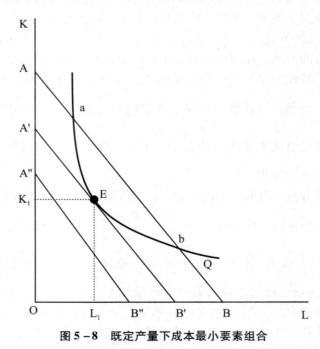

图 5 − 8　既定产量下成本最小要素组合

图 5 − 8 中有一条等产量线 Q，三条等成本线 AB、A′B′、A″B″。等产量线 Q 代表既定的产量，三条等成本线斜率相同，但总成本支出不同：$C_{AB} > C_{A'B'} > C_{A''B''}$。

3. 逻辑分析

（1）A″B″等成本线上的任何一点都不是最优的生产要素投入组合点。图 5 - 8 中等成本线 A″B″与等产量线 Q 没有交点，等产量线 Q 在等成本线 A″B″以外，所以产量 Q 是在 A″B″的成本水平下无法实现的产量水平。

（2）AB 等成本线上的任何一点都不是最优的生产要素投入组合点。等成本线 AB 与等产量线 Q 有两个交点 a、b，按照上述相同的分析方法可知：厂商不会在 a、b 点达到均衡。

（3）A′B′等成本线上的 E 点是最优的生产要素投入组合点。等成本线 A′B′与等产量线 Q 相切于 E 点，按照上述相同的分析方法可知：厂商不会在 a、b 点达到均衡，只有在切点 E，才是厂商的最优生产要素组合。

因此厂商最优生产要素组合的约束条件是：

$$MRTS_{LK} = \frac{w}{r}$$

该式表示厂商应该选择最优的生产要素组合，使得两要素的边际技术替代率等于两要素的价格之比，从而实现成本既定条件下产量最大，或产量既定条件下成本最小。

上式说明如果劳动和资本可以实现替代，那么生产要素最优组合比例不仅要视它们各自的生产力，而且要视它们各自的价格而定。

既定成本条件下的产量最大化与既定产量条件下的成本最小化所推导出的两要素的最优组合原则是一致的。

（三）要素最优组合（生产者均衡）的条件

要素最优组合是在等产量线与等成本线相切之点上的组合，在该点上，两线斜率相等：

$$MRTS_{LK} = \frac{w}{r}$$

由于已经推导出边际技术替代率与边际产量的关系，所以，均衡条件还可以表示为

$$MRTS_{LK} = \frac{MP_L}{MP_K} = \frac{w}{r} \quad 或 \quad \frac{MP_L}{w} = \frac{MP_K}{r}$$

（四）利润最大化可以得到最优生产要素的组合

设厂商的利润函数为：

$$\pi(L, K) = P \cdot f(L, K) - (wL + rK)$$

利润最大化的一阶条件为：

$$\frac{\partial \pi}{\partial L} = P\frac{\partial f}{\partial L} - w = 0, \quad \frac{\partial \pi}{\partial K} = P\frac{\partial f}{\partial K} - r = 0$$

整理后得：

$$\frac{\frac{\partial f}{\partial L}}{\frac{\partial f}{\partial K}} = \frac{MP_L}{MP_K} = \frac{w}{r}$$

厂商在追求最大利润的过程中，可以得到最优的生产要素组合。换句话说，利润最大

化的点，当然就是最优生产要素组合的点——当然就是生产者均衡的点。可不可以反过来说，生产者均衡点就是利润最大化的点？这一点可以用数学方法证明：对利润函数求一阶导数，并令其分别等于零，即可推出。

（五）扩展线——生产者均衡点的变化

在消费者行为理论中，当均衡点建立后，一旦商品的价格或消费者的收入发生变化，将会导致均衡点的变化。我们曾经分别用收入—消费线与价格—消费线分析了商品价格的变化以及消费者收入的变化所引起的消费者效用最大化均衡点的变化。关于厂商生产理论也存在着类似的分析。若生产要素的价格或厂商成本开支发生了变化，将会引起最优生产要素组合的均衡点发生变化。

1. 扩展线定义

假定生产要素的价格不变、生产技术条件不变，厂商的生产成本发生变化，厂商的不同的等产量线与等成本线相切所形成的一系列不同的生产均衡点的轨迹就称为扩展线。

如果生产要素价格不变，厂商的经费支出增加，等成本线会平行的向上移动；如果厂商改变产量，等产量线也会发生平移。这些等产量曲线将与相应的等成本线相切，形成一系列生产者均衡点，把所有这些连接起来形成的曲线叫做生产扩展线。图 5-9 中的曲线 ON 就是一条扩展线。由于生产要素的价格保持不变，生产者均衡约束条件又是 $MRTS_{LK} = \frac{w}{r}$，所以扩展线上所有的生产均衡点的边际技术替代率相等。在生产扩展线上，可以用最小成本生产最大产量，从而获得最大利润，所以厂商愿意沿此路径扩大生产，虽然其他路径也能达到使产量扩大的结果，但不是最优路径，只有沿均衡点扩大规模是最优路径。但厂商究竟会把生产推进到扩展线上的哪一点上，单凭扩展线是不能确定的，还要看市场上需求的情况，图 5-9 说明了这种情况。

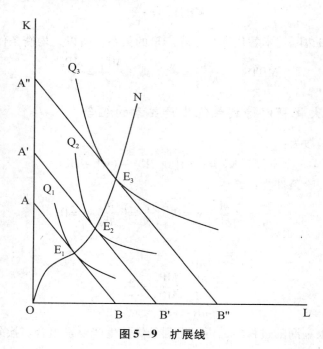

图 5-9 扩展线

2. 等斜线定义

等斜线是一组等产量曲线中两要素的边际技术替代率相等的点的轨迹。等斜线一定是一条扩展线系列，扩展线不一定是等斜线。

假定生产要素价格、生产技术和其他条件不变，厂商扩大产出与成本支出，生产要素的最佳投入组合点将服从于扩展线。扩展线是企业长期进行生产计划时必须遵循的路线。但如若是短期，企业则不遵循这一条路线。

第四节 规 模 报 酬

长期中，厂商对两种要素同时进行调整，引起规模改变。随着规模的变化，产量也相应发生变化，研究其变化规律，涉及规模报酬问题。

一、规模报酬的含义

生产规模变动与所引起的产量变化的关系即为规模报酬问题。企业生产规模的改变，一般说来是通过各种要素投入量的改变实现的，在长期中才能得到调整。

各种要素在调整过程中，可以以不同组合比例同时变动，也可以按固定比例变动。在生产理论中，常用全部生产要素以相同的比例变化来定义企业的生产规模变化，因此，所谓规模报酬是指在其他条件不变的情况下，各种生产要素按相同比例变动所引起的产量的变动。根据产量变动与投入变动之间的关系可以将规模报酬分为规模报酬不变、规模报酬递增和规模报酬递减三种情况。

二、规模与产量之间变动关系的三种情况

1. 规模报酬递增

一个厂商的生产规模扩大后，如果产量增加的比例大于生产要素增加的比例，则称为规模报酬递增。例如，若某厂商将投入的劳动和资本都等比例地扩大 n 倍，而产量增加的幅度大于 n 倍，就说该厂商的规模收益递增。如图 5 – 10a 所示，当劳动和资本分别投入为两个单位时，产出为 100 个单位，但生产 200 单位产量所需的劳动和资本投入分别小于 4 个单位。产出是原来的两倍，投入却不到原来的两倍。

2. 规模报酬不变

一个厂商的生产规模扩大后，如果产量增加的比例等于生产要素增加的比例，则称为规模报酬不变。例如，若某厂商将投入的劳动和资本都等比例地扩大 n 倍，而产量增加的幅度等于 n 倍，就说该厂商的规模收益不变。如图 5 – 10b 所示，当劳动和资本投入分别为 2 个单位时，产出为 100 个单位，当劳动和资本分别为 4 个单位时，产出为 200 个单位。产出与投入增加相同的倍数。

3. 规模报酬递减

一个厂商的生产规模扩大后，如果产量增加的比例小于生产要素增加的比例，则称为

规模报酬递减。例如，若某厂商将投入的劳动和资本都等比例地扩大 n 倍，而产量增加的幅度小于 n 倍，就说该厂商的规模收益递减。如图 5 – 10c 所示，当劳动与资本投入为 2 个单位时，产出为 100 个单位；但当劳动与资本分别投入为 4 个单位时，产出低于 200 个单位，投入是原来的两倍，但产出却不及原来的两倍。

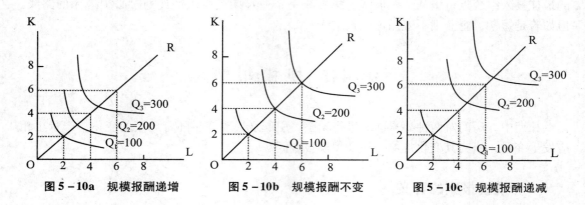

图 5 – 10a　规模报酬递增　　　　图 5 – 10b　规模报酬不变　　　　图 5 – 10c　规模报酬递减

三、规模报酬的数学表达

规模报酬的上述三种情况也可以用数学公式来表示。

令生产函数 $Q = f(L, K)$：

（1）如果 $f(\lambda L, \lambda K) > \lambda f(L, K)$，其中 $\lambda > 0$，则生产函数 $Q = f(L, K)$ 具有规模报酬递增的性质；

（2）如果 $f(\lambda L, \lambda K) = \lambda f(L, K)$，其中 $\lambda > 0$，则生产函数 $Q = f(L, K)$ 具有规模报酬不变的性质；

（3）如果 $f(\lambda L, \lambda K) < \lambda f(L, K)$，其中 $\lambda > 0$，则生产函数 $Q = f(L, K)$ 具有规模报酬递减的性质。

西方经济学认为，一般而言，随着企业的生产规模的扩大，最初往往规模报酬递增，然后可能有一个规模报酬不变的阶段；如果厂商继续扩大生产规模，就会出现规模报酬递减。在长期内，追求利润最大化的厂商的主要任务是，通过生产规模的调整，尽可能降低长期平均成本。我国经济发展中，无论工业生产还是农业生产，都面临适度规模经营的问题，特别是农业，面对加入 WTO 的竞争压力，实行规模经营、提高效率、降低成本已是重要选择。

分析案例 5 – 3

斯密的观察

亚当·斯密在其名著《国民财富的性质和原理的研究》（简称《国富论》）中写了一个扣针厂的例子用来说明大规模生产的好处，他写道："一个人抽铁丝，另一个人拉直，第三个人截断第四个人削尖，第五个人磨光顶端以便安装圆头；做圆头要有两三道不同的操作，安装圆头是一项专门的业务，把针涂白是另一项，甚至将扣针装进纸盒中也是一门职业。"斯密说，由于这种专业化，扣针厂每一个工人每天生产几千枚针。他得出的结论是，如果工人选择分开工作，而不是作为一个专业工作的团队，"那他们肯定不能每个人每天生产出 20 枚扣针，或许连一枚也造不出来"。由于专业化的分工，大扣针厂可以比小扣针厂实现更多的人均产量和每枚扣针更低的平均成本，工人之间的专业化和引起的规模效益给斯密留下了深刻的印象。

本 章 小 结

本章研究了厂商在不同生产要素组合下对生产方式的合理选择。这一研究从生产函数出发，以短期生产函数，即一种可变生产要素的生产函数，考察短期生产的规律和生产不同阶段的特点；以长期生产函数，即两种可变生产要素的函数，考察厂商在长期生产中实现生产要素最适组合的条件。

规模报酬分析的是厂商生产规模变化与所引起产量变化之间的关系，属于长期生产理论。厂商生产规模扩大所引起的产量或收益的变动可分为三种情况：规模报酬递增、规模报酬不变、规模报酬递减。

实践与应用

一、复习与思考

1. 已知生产函数 $Q = AL^{\frac{1}{3}}K^{\frac{2}{3}}$，判断：（1）在短期生产中，该生产函数是否受边际报酬递减规律支配？（2）长期属于规模报酬的哪一种类型？

2. 某班的学生学习成绩为 70，现在加入一批新学生。他们的学习成绩差一些，考试成绩一般是在 50～55 分之间，那么这个班的平均分数会发生什么变化？你对这个班的平均分数和边际分数的关系有何看法？

3. 营业性渔民注意到了下列钓鱼时间与钓鱼量之间的关系：

小时	数量
0	0
1	10
2	18
3	24
4	28
5	30

（1）用于钓鱼的每小时的边际产量是多少？
（2）用这些数据画出渔民的总产量曲线。解释其形状。

二、综合案例

案例分析：

农 业 生 产 中 的 边 际 递 减 规 律

1958 年"大跃进"时，许多村庄改变了传统的庄稼种植密度，进行超出合理程度若干倍的密植，结果产量没有增加反而减少了。这正是边际产量递减规律发挥作用的结果。边际产量递减规律强调固定要素和可变要素之间，要有最佳的配合比例。超高密度种植，土地、设备、肥力等固定要素并没有改变，只增加了可变要素种子，就会使固定要素被过分利用，土地的过分利用使肥力下降、透光不足，最终使总产量减少。放弃这种过度密植的种植方法后，粮食产量没有下降反而增加了。

问题讨论：

边际报酬递减规律是人类生产活动的一个重要约束吗？边际报酬递减规律是否存在于所有的生产领域？怎样用产品曲线或成本曲线表示边际报酬递减规律？

理论提示：

边际报酬递减规律、生产函数与成本函数以及相关曲线、技术进步的重要性。

第六章　成本理论

导入案例

王某拥有一家酒楼并亲自进行管理，王某如果到其他酒楼当经理每年可得收入 40 万元，如果把自己拥有的投入酒楼的资金借贷给别人每年可得 20 万元利息，如果把自己的酒楼租让给别人可得 15 万元租金收入。如果会计说，咱们酒楼今年会计利润为 60 万元，你认为王某今年真的盈利 60 万元吗？

第一节　成本的概念

一、机会成本与生产成本

生产一单位的某种商品的机会成本是指生产者所放弃的使用相同的生产要素在其他生产用途中所得到的最高收入。而生产一单位某种商品的生产成本则是指生产过程中投入的各种生产要素的总成本。例如，当一个厂商决定投资 1000 万元用于发电 1000 万度，需要购买原油、发电设备等生产要素若干类项。将 1000 万元投资用于发电时，就不能再用这笔钱投资生产化纤等其他产品。假定原油等生产要素价格为 1000 万元，可发电 1000 万度，可卖 1500 万元，或可生产化纤 500 吨，可卖 1300 万元。假定化纤收入是各种产品中最高的，则用 1000 万元投资发电的机会成本就是同一笔资金投资化纤产品的收入。而生产成本则只是投资于发电的各种生产要素的总和。

机会成本更多的是经济学家的思维，生产成本更多的是生产企业考虑的问题。利用机会成本概念进行经济分析的前提条件是：资源是稀缺的；资源具有多种用途；资源已经得到充分利用；资源可以自由流动。

理解这一概念时要注意四个问题：

（1）机会成本不等于实际成本。它不是做出某项选择时实际支付的费用或损失，而是一种观念上的成本或损失。

（2）机会成本是做出一种选择时所放弃的其他若干种可能的选择中最好的一种。

（3）机会成本并不全是由个人选择所引起的。

（4）不仅在生产上有机会成本，在消费问题上、在时间利用上都有一个机会成本问题。例如，休息时间到底用来干什么？这就有一个机会成本问题。

我们做出任何决策时都要使收益大于或至少等于机会成本。如果机会成本大于收益，则这项决策从经济学的观点看就是不合理的。

二、显成本和隐成本

企业的生产成本包括显成本与隐成本两个部分。

1. 显成本

显成本是指厂商在生产要素市场上购买或租用所需要的生产要素的实际支出，这些支出是在会计账目上作为成本项目记入账上的各项费用支出（另一种解释是企业需要实际向外支付的成本）。它是一般会计学上的成本概念，包括厂商支付所雇佣的管理人员和工人的工资，所借贷资金的利息，租借土地、厂房的租金以及用于购买原材料或机器设备、工具和支付交通能源费用等支出的总额，即厂商对投入要素的全部货币支付。从机会成本角度讲，这笔支出的总价格必须等于相同的生产要素用做其他用途时所能得到的最大收入，否则企业就不能购买或租用这些生产要素并保持对它们的使用权。

2. 隐成本

隐成本是对厂商自己拥有的、且被用于该企业生产过程的那些生产要素所应支付的费用（另一种解释是企业不需要实际向外支付的成本）。这些费用并没有在企业的会计账目上反映出来，所以称为隐成本。例如，厂商将自有的房屋建筑作为厂房，在会计账目上并无租金支出，不属于显成本。但西方经济认为既然租用他人的房屋需要支付租金，那么当使用厂商自有房屋时，也应支付这笔租金，所不同的是这时厂商是向自己支付租金。从机会成本的角度看，隐成本必须按照企业自有生产要素在其他最佳用途中所能得到的收入来支付，否则，厂商就会把自有生产要素转移到其他用途上，以获得更多的报酬。

经济学中的成本概念与会计学成本概念之间的关系，可以用下列公式表示：

会计学的成本 = 显成本 = 直接成本 + 间接成本

经济学的成本 = 经济成本 = 隐成本 + 显成本

注意：厂商从事一项经济活动不仅要能够弥补显成本，而且还要能够弥补隐成本。隐成本也要从机会成本角度按照企业自有生产要素在其他用途中所能得到的最高收入来支付。并不是厂商所耗费的所有成本都要列入机会成本之中。只有那些与厂商决策有关的成本才列入机会成本之中，一些与厂商决策无关的成本则不列入厂商的机会成本中去。例如，有一种成本称为沉没成本（sunk cost），不列入机会成本之中，沉没成本是已经花费而又无法补偿的成本。

分析案例 6 – 1

某家公司打算将公司总部从 A 市迁往 B 市。该公司去年已经花了 40 万元钱获得在 B 市购买某项建筑的权利。这 40 万元支出属于沉没成本。假定该公司实际购买 B 市的建筑物时还需要支付 400 万元。又假定该公司发现另一处同样的建筑物只要花费 420 万元的总费用就可以获得其所有权。该公司究竟应购买哪一座建筑物？当然是前一座建筑物。尽管前一座建筑物前后花费的支出为 440 万元，而后一处建筑物只需花费 420 万元，但是在进行决策前，公司已经在前一处建筑物上花费了 40 万元，公司只需要再花费 400 万元就可以获得前一处建筑物的所有权。而公司若要取得后一处建筑物的所有权，还需要花费 420

万元。可见，机会成本是与决策有关的成本。

三、私人成本与社会成本

社会成本是从整个社会整体来看待的成本，社会成本也是一种机会成本，即把社会的资源用于某一种用途就放弃了该资源最有利可图的其他机会。

私人成本是个人活动由他本人承担的成本。私人经济活动往往会对社会造成影响，从而产生社会成本。

分析案例 6-2

一个钢厂可能会向附近的河流排放污水，对于工厂来说，排放污水的成本仅仅是把废水从工厂输送到河里所发生的费用，然而，河流被污染后，河水不再适宜饮用，其服务于人们生活、娱乐的用途就被破坏了，这样，对其他人、对社会就发生了额外的成本，此时的私人成本与社会成本就不一致。

本书所讨论的厂商的成本是从私人成本的角度讨论的，所使用的成本的概念是指机会成本，即包括显成本与隐成本两个方面。

四、正常利润

经济学中的利润概念是指经济利润，等于总收入减去总成本的差额。而总成本既包括显成本也包括隐成本。因此，经济学中的利润概念与会计利润也不一样。

从前面的介绍已经知道，隐成本是指稀缺资源投入任一种用途中所能得到的正常的收入，如果在某种用途上使用经济资源所得的收入还抵不上这种资源正常的收入，该厂商就会将这部分资源转向其他用途以获得更高的报酬。因此，西方经济学中隐成本又被称为正常利润。将会计利润再减去隐成本，就是经济学中的利润概念，即经济利润。企业所追求的利润就是最大的经济利润。可见正常利润相当于中等的或平均的利润，它是生产某种产品所必须付出的代价。因为如果生产某种产品连正常或平均的利润都得不到，资源就会转移到其他用途中去，该产品就不可能被生产出来。而经济利润相当于超额利润，即总收益超过机会成本的部分。

经济利润可以为正、负或零。在西方经济学中经济利润对资源配置和重新配置具有重要意义。如果某一行业存在着正的经济利润，这意味着该行业内企业的总收益超过了机会成本，生产资源的所有者会把资源从其他行业转入这个行业中。因为他们在该行业中可能获得的收益，超过该资源的其他用途。反之，如果一个行业的经济利润为负，生产资源将要从该行业退出。经济利润是资源配置和重新配置的信号。正的经济利润是资源进入某一行业的信号；负的经济利润是资源从某一行业撤出的信号；只有经济利润为零时，企业才没有进入某一行业或从中退出的动机。

上述利润与成本之间的关系可用下列公式表示：

$$会计利润 = 总收益 - 显性成本$$
$$经济成本 = 隐性成本 + 显性成本$$

经济利润 = 总收益 − 经济成本 = 总收益 − (显性成本 + 隐性成本)

会计成本中不包含隐性成本，而经济成本中要考虑隐性成本，因此，会计利润要大于经济利润。

分析案例 6 − 3

假定某一店主每年花费 40000 元的资金租赁商店设备。年终该店主从销售中所获毛利为 50000 元，该店主赚了多少钱？从显成本的角度看，该店主赚了 10000 元，因为厂商的显成本是 40000 元。但从隐成本的角度看，该店主可能一点也没赚。企业的隐成本计算比较复杂。假定市场利率为 10%，该店主从事其他职业所能获得的收入是 20000 元，则该店的隐成本是 24000 元（20000 + 40000 × 10%）。店主的机会成本是 64000 元。从机会成本的角度看，该店主不仅没有赚钱，反倒赔了钱。我们可以说该店主获得的会计利润是 10000 元，但获得的经济利润是负的 14000 元（50000 − 64000）。会计利润以会计成本为基础进行计算，经济利润以机会成本的计算为基础。

第二节　短期总成本与短期总产量

一、短期总成本曲线与短期总产量曲线的关系

1. 由短期生产函数引出反函数

$Q = f(L, \overline{K})$，Q 是 L 的函数，根据反函数的定义，我们也可以说，L 可以是 Q 的函数。而 $W \cdot L(Q) + r \cdot \overline{K} = STC(Q)$，由此反函数，又引出短期总成本的定义。

2. 短期总成本定义及其表达式

短期总成本（Short-run Total Cost）是指短期内生产一定产品所需要的成本总和。它分为固定成本与变动成本。即：

$$STC = FC + TC = w \cdot L(Q) + r \cdot K$$

但在短期中，固定成本并不随产量的变动而变动，所以 $r \cdot K$ 应为 $r \cdot \overline{K}$：

$$STC(Q) = w \cdot L(Q) + r \cdot \overline{K}$$

如果以 $\Phi(Q)$ 表示可变成本 $w \cdot L(Q)$，b 表示固定成本 $r \cdot \overline{K}$，则有：

$$STC(Q) = \varphi(Q) + b$$

3. 短期总成本曲线的推导

总体上可以由短期总产量曲线推导出来：

（1）在第五章讨论的短期总产量曲线 TP_L 上，找到与每一产量水平相应的可变要素的投入量 L，再用所得到的 L 去乘已知的劳动价格 w，便可得到每一产量水平上的可变成本 $w \cdot L(Q)$。

（2）将这种产量与可变成本的对应关系描绘在相应的平面坐标图中，即可得到短期可变成本曲线。

（3）将短期可变成本曲线往上垂直平移 $r \cdot K$ 个单位，即可得到短期总成本曲线。

二、短期总成本和扩展线的图形

在短期内，假设厂商仍只使用劳动和资本两种生产要素，其中，劳动投入量是可变的，资本投入量是固定的。那么，使产量最大化、成本最小化的生产要素投入的最佳组合点，也可以用扩展线的图形来说明：

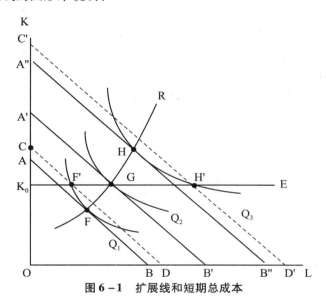

图 6 - 1　扩展线和短期总成本

（1）如果厂商生产的产量为 Q_2，那么，厂商选择的最优要素组合为 G 点。

（2）如果厂商的产量为 Q_3，长期内厂商的均衡点为 H 点。但短期内，厂商的最优生产要素组合为 H′ 点，此时，有短期总成本大于长期总成本。

（3）如果厂商的产量为 Q_1，长期内厂商的均衡点为 F 点，但短期内，厂商的最优生产要素组合为 F′ 点，此时，有短期总成本大于长期总成本。

上面的分析给了我们两点启示：

（1）如果厂商生产要素投入组合点（L，$\bar{K}$）与产量线 Q 的交点不在扩展线上，则有短期总成本大于长期总成本；

（2）如果厂商生产要素投入组合点（L，$\bar{K}$）与产量线 Q 的交点在扩展线上，则有短期总成本等于长期总成本。

第三节　短期成本曲线

一、短期成本的分类

在短期内，厂商的成本可以分为以下七种：

1. 总不变成本

总不变成本（Total Fixed Cost，TFC）是指那些短期内无法改变的固定投入所带来的成本，这部分成本不随产量的变化而变化。一般包括厂房和资本设备的折旧费、地租、利息、财产税、广告费、保险费等项目支出。即使在企业停产的情况下，也必须支付这些费用。

当产量为 0 时，也须付出相同数量，产量增加这部分支出仍不变，因此曲线为一同水平线，如图 6 - 2 所示。

2. 总可变成本

总可变成本（Total Variable Cost，TVC）是指短期内可以改变的可变投入的成本，它随产量的变化而变化。例如，原材料、燃料、动力支出、雇佣工人的工资等。当产量为零时，变动成本也为零，产量越多，变动成本也越多。TVC 曲线是从原点开始的不断向右上方上升的曲线。变动规律为初期随着产量增加先递减上升，到一定阶段后转入递增上升。如图 6 - 2 所示。

3. 总成本

总成本（Total Cost，TC）指短期内生产一定产量所付出的全部成本，厂商总固定成本与总变动成本之和。由于 TVC 是产量的函数，因此 TC 也是产量的函数。用公式表示为：

$$TC(Q) = TFC + TVC(Q)$$

由于 TFC 值不变，所以 TC 与 TVC 任一点的垂直距离始终等于 TFC，且变动规律与 TVC 的变动规律一致，只是不是从原点出发，如图 6 - 2 所示。

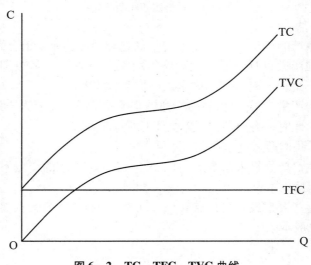

图 6 - 2　TC、TFC、TVC 曲线

总成本、总固定成本、总变动成本的曲线形状及相互关系可以用图 6 - 2 说明。图中：TFC 是一条水平线，表明 TFC 与产量无关。TVC 与 TC 曲线形状完全相同，都是先以递减的速度上升，再以递增的速度上升。不同的是 TVC 的起点是原点，而 TC 的起点是 TFC 与纵坐标的交点。这是因为总成本是由总固定成本和总变动成本加总而成的，而总固定成本是一常数，所以任一产量水平的 TC 与 TVC 之间的距离均为 TFC。

4. 平均不变成本

平均不变成本（Average Fixed Cost，AFC）是指厂商短期内平均生产每一单位产品所消耗的固定成本。公式为：

$$AFC = \frac{TFC}{Q}$$

从图 6 - 3 中可以看到 AFC 曲线随产量的增加一直呈下降趋势。这是因为短期中总固定成本保持不变。由 $AFC = \dfrac{TFC}{Q}$，可知随 Q 增加，平均固定成本递减，但 AFC 曲线不会与横坐标相交，这是因为短期中总固定成本不会为零。

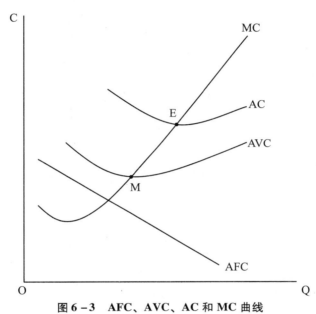

图 6 - 3　AFC、AVC、AC 和 MC 曲线

5. 平均可变成本

平均可变成本（Average Variable Cost，AVC）是指厂商短期内生产平均每一单位产品所消耗的总变动成本。公式为：

$$AVC = \frac{TVC}{Q}$$

变动规律：初期随着产量增加而不断下降，产量增加到一定量时，AVC 达到最低点，而后随着产量继续增加，开始上升。

最低点的确定：从原点引一条射线与 TVC 相切，切点的左边，总可变成本增长慢于产量增长，因此 TVC/Q 的值是下降的。在切点的右边，总可变成本快于产量增长，因此 TVC/Q 的值是上升的。在切点对应的产量上，平均可变成本达到最低点。

6. 平均总成本

平均总成本（Average Total Cost，AC）是指厂商短期内平均生产每一单位产品所消耗的全部成本。公式为：

$$AC = \frac{TC}{Q}$$

由 TC = TFC + TVC 得：

$$AC = \frac{TC}{Q} = \frac{TFC + TVC}{Q} = \frac{TFC}{Q} + \frac{TVC}{Q}$$

即 AC = AFC + AVC。

上式说明平均成本由平均固定成本和平均变动成本构成。

变动规律：初期，随着产量的增加，不断下降，产量增加到一定量时，AC 达到最低点，而后随着产量的继续增加，AC 开始上升。

最低点的确定：从原点引一条射线与 TC 相切，切点的左边，总可变成本增长慢于产量增长，因此 TC/Q 的值是下降的。在切点的右边，总可变成本快于产量增长，因此 TC/Q 的值是上升的。在切点对应的产量上，平均总成本达到最低点。

这里 AC 与 AVC 的变动规律相同，但两点不同须特别注意：

AC 一定在 AVC 的上方，两者差别在于垂直距离永远为 AFC。当 Q 无穷大时，AC 与 AVC 无限接近，但永不重合，不相交。

AC 与 AVC 最低点不在同一个产量上，而是 AC 最低点对应的产量较大。即 AVC 已经达到最低点并开始上升时，AC 仍在继续下降，原因在于 AFC 是不断下降的。只要 AVC 上升的数量小于 AFC 下降的数量，AC 就仍在下降。

7. 边际成本

边际成本（Marginal Cost，MC）是指厂商在短期内增加一单位产量所引起的总成本的增加。公式为：

$$MC = \frac{\Delta TC}{\Delta Q}$$

当 ΔQ→0 时，

$$MC = \lim_{\Delta Q \to 0} \frac{\Delta TC}{\Delta Q} = \frac{dTC}{dQ}$$

从公式可知：MC 是 TC 曲线上相应点的切线的斜率。

变动规律：MC 随着产量的增加，初期迅速下降，很快降至最低点，而后迅速上升，上升的速度快于 AVC、AC。MC 的最低点在 AC 由递减上升转入递增上升的拐点的产量上。

由于 TC = FC + VC，而 FC 始终不变，因此 MC 的变动与 FC 无关，MC 实际上等于增加单位产量所增加的可变成本。即：

$MC = \frac{dTC}{dQ} = \frac{dVC}{dQ}$ （因为 dTC = dVC + dFC，而 dFC = 0）

以上四个成本概念的曲线以及它们之间的关系如图 6 - 3 所示。AC、AVC、MC 曲线都是 U 型。AC 曲线在 AVC 曲线的上方，它们之间的距离相当于 AFC，而且 MC 曲线在 AVC 曲线、AC 曲线的最低点分别与之相交，即 M、E 点。

AC 曲线与 MC 曲线、AVC 曲线之间的关系可以用数学方法证明，原理同生产理论部分 MP 与 AP 的关系。

二、短期成本曲线的综合图

由表 6 - 1 可绘制出各类短期成本曲线。现在可以将这些不同类型的短期成本曲线置于同一张图中,以分析不同类型的短期成本曲线相互之间的关系(见图6-4)。

表6-1 短期成本表

产量 Q	总成本			平均成本			边际成本
	TFC	TVC	TC	AFC	AVC	AC	MC
0	1200.0	0	1200.0				
1	1200.0	600.0	1800.0	1200.0	600.0	1800.0	600.0
2	1200.0	800.0	2000.0	600.0	400.0	1000.0	200.0
3	1200.0	900.0	2100.0	400.0	300.0	700.0	100.0
4	1200.0	1050.0	2250.0	300.0	262.5	562.5	150.0
5	1200.0	1400.0	2600.0	240.0	280.0	520.0	350.0
6	1200.0	2100.0	3300.0	200.0	350.0	550.0	700.0

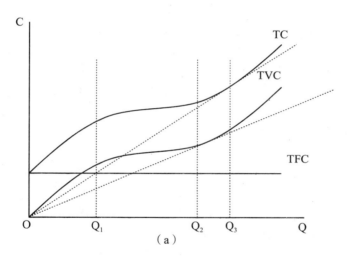

(a)

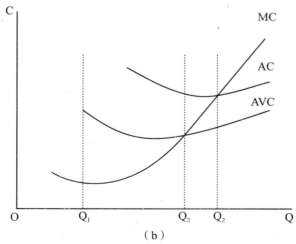

(b)

图6-4 短期成本曲线

（1）边际成本开始下降，然后逐渐上升。

（2）如果边际成本小于全部产量的平均成本，必引起平均成本下降；如果边际成本大于全部产量的平均成本，必引起平均成本上升。打一个比喻，平均成本如同你前面所学课程的总平均成绩，边际成本如同你新要考试课程的成绩。如果新要考试课程的成绩高于前述课程的平均成绩，必然会引起你的汇总平均成绩上升，反之，就会引起你的汇总平均成绩下降。

（3）边际成本线在上升阶段穿过平均成本最低点。

三、短期成本变动的决定因素——边际报酬递减规律

边际报酬递减规律是短期生产的一条基本规律，是消费者选择理论中边际效用递减法则在生产理论中的应用或转化形态。边际报酬递减规律成立的原因在于，在任何产品的生产过程中，可变生产要素与不变生产要素之间在数量上都存在一个最佳配合比例。开始时由于可变生产要素投入量小于最佳配合比例所需要的数量，随着可变生产要素投入量的逐渐增加，可变生产要素和不变生产要素的配合比例越来越接近最佳配合比例，所以，可变生产要素的边际产量是呈递增的趋势。当达到最佳配合比例后，再增加可变要素的投入，可变生产要素的边际产量就是呈递减趋势。

关于边际报酬递减规律，有以下几点需要注意：第一，边际报酬递减规律是一个经验性的总结，但现实生活中的绝大多数生产函数似乎都符合这个规律；第二，这一规律的前提之一是假定技术水平不变，故它不能预示技术情况发生变化时，增加一单位可变生产要素对产出的影响；第三，这一规律的另一前提是至少有一种生产要素的数量是维持不变的，所以这个规律不适用于所有生产要素同时变动的情况，即不适用于长期生产函数；第四，改变各种生产要素的配合比例是完全可能的，即可变技术系数。

在短期生产中，由于边际报酬呈递减规律，边际产量的递增的阶段对应的是边际成本的递减阶段，边际产量的递减阶段对应的是边际成本的递增阶段，与边际产量的最大值相对应的是边际成本的最小值。所以，决定了 MC 曲线呈 U 型特征。

为什么短期成本具有以上所述的变动规律？原因恰恰在于边际报酬递减规律的作用，边际报酬递减规律是短期生产中的一个基本规律。这一规律同样适用于短期成本分析。成本分析与生产函数分析不同的是成本分析中用的是价值量概念，而生产函数分析中用的是实物量概念。现在假定生产要素的价格不变，来分析边际报酬递减规律在短期成本分析中的体现。

（1）关于 MC 曲线的形状。短期生产开始时，由于边际报酬递增的作用，增加一单位可变投入所生产的边际产量是递增的，反过来，这一阶段增加一单位产量所需的边际成本是递减的。随着变动投入的增加，当超过一定界限后，边际报酬递减规律发生作用，增加一单位可变投入所生产的边际产量是递减的，反过来，这一阶段每增加一单位产量所需要的边际成本是递增的。因此，在边际报酬递减规律作用下，MC 曲线随可变投入的增加先递减，然后递增，最终形成一条 U 型的曲线。

（2）关于 TC 曲线和 TVC 曲线的形状。考虑到 TC 曲线和 TVC 曲线的形状完全相同，在此仅就 TC 曲线的形状进行分析。MC 曲线在边际报酬递减规律作用下先降后升，而 MC

又是 TC 曲线上相应点的斜率，因此，TC 曲线的斜率也是先递减后递增的，即 TC 曲线先以递减的速度增加，再以递增的速度增加。MC 曲线的最低点则对应 TC 曲线上由递减向递增变化的拐点。这与图 6 - 1 中 TC 曲线的形状完全相符。

（3）关于 AC、AVC 曲线的形状。在边际报酬递减规律作用下，MC 曲线呈 U 型，随可变投入数量的增加，MC 先减小，后增加。根据边际量和平均量之间的关系，随可变投入数量的增加，MC 先减小，则相应的 AC 也减小；随着可变投入数量的进一步增加，MC 开始增加，但小于 AC 的数值，则 AC 继续减少；当 MC 继续增加，且 MC > AC 时，AC 也开始增加。因此，在边际报酬递减规律作用下，AC 曲线也呈 U 型，但 AC 曲线的最低点晚于 MC 曲线的最低点出现。这是因为 MC 曲线经过最低点开始上升时，由于 MC < AC，AC 曲线仍在下降。同样的道理也适用于 AVC 曲线。随着可变投入数量的增加，MC 曲线、AC 曲线、AVC 曲线最低点出现的先后顺序是 MC、AVC、AC。

四、平均成本曲线和边际成本曲线的几何画法

1. 由 TFC 曲线可以推导出 AFC 曲线

因为 AFC = TFC/Q，所以，任何产量水平上的 AFC 值都可以由连接原点到 TFC 曲线上的相应的点的线段的斜率给出。

2. 由 TVC 曲线可以推导出 AVC 曲线

因为 AVC = TVC/Q，所以，任何产量水平上的 AVC 值都可以由连接原点到 TVC 曲线上的相应的点的线段的斜率给出。

3. 由 TC 曲线可以推导出 AC 曲线

因为 AC = TC/Q，所以，任何产量水平上的 AC 值都可以由连接原点到 TC 曲线上的相应的点的线段的斜率给出。

4. 由 TC 曲线和 TVC 曲线可以推导出 MC 曲线

因为 MC = dTC/dQ，所以，任何产量水平上的 MC 值既可以由 TC 曲线又可以由 TVC 曲线上的相应的点的斜率给出。

五、短期产量曲线与短期成本曲线之间的关系

1. 平均产量与平均可变成本

$$AVC = \frac{TVC}{Q} = \frac{w \cdot L(Q)}{Q} = w \cdot \frac{1}{\dfrac{Q}{L(Q)}}$$

即
$$AVC = w \cdot \frac{1}{AP_L}$$

上式反映了平均产量与平均可变成本的关系：

第一，AP_L 与 AVC 成反比。当 AP_L 递减时，AVC 递增；当 AP_L 递增时，AVC 递减；当 AP_L 达到最大值时，AVC 最小。因此 AP_L 曲线的顶点对应 AVC 曲线的最低点。

第二，MC 曲线与 AVC 曲线相交于 AVC 的最低点。由于产量曲线中 MP_L 曲线与 AP_L 曲线在 AP_L 曲线的顶点相交，所以 MC 曲线在 AVC 曲线的最低点与其相交。

2. 边际产量与边际成本

由 MC 的定义得：

$$MC = \frac{dTC}{dQ} = \frac{d(w \cdot L(Q) + r \cdot \bar{K})}{dQ} = w \cdot \frac{dL(Q)}{dQ} + 0$$

又因为 $MP_L = \frac{dQ}{dL(Q)}$

即

$$MC = w \cdot \frac{1}{MP_L}$$

第一，MC 与 MP_L 成反比关系，二者的变动方向相反。由于 MP_L 曲线先上升，然后下降，所以 MC 曲线先下降，然后上升；且 MC 曲线的最低点对应 MP_L 曲线的顶点。

第二，从上式中可看出，生产函数与成本函数存在对偶关系，可以由生产函数推导出成本函数。结合 MP 与 MC 的关系可知：当 TP_L 曲线递增上升时，TC 曲线和 TVC 曲线递减上升；当 TP_L 曲线递减上升时，TC 曲线和 TVC 曲线递增上升；TP_L 曲线上的拐点对应 TC 曲线和 TVC 曲线上的拐点。

第四节　长期总成本曲线

一、长期总成本函数和长期总成本曲线

1. 长期总成本定义

长期总成本是厂商在长期中在各种产量水平上通过改变生产要素的投入量所能达到的最低总成本。它反映的是理性的生产者在追求利润最大化的驱动下通过改变生产要素的投入在不同产量点上成本的最低发生额。

2. 长期总成本曲线的推导

（1）由短期总成本曲线的包络线推出。长期总成本是无数条短期总成本曲线的包络线。在短期内，对于既定的产量（如不同数量的订单），由于生产规模不能调整，厂商只能按较高的总成本来完成既定的产量。但在长期内，厂商可以变动全部的生产要素投入量来调整生产，从而将总成本降至最低。因此长期总成本是无数条短期总成本曲线的包络线。

如图 6-5 所示，假设短期中只有三种可供选择的生产规模，分别由图中的三条 STC 曲线表示。这三条 STC 曲线都不是从原点出发，每条 STC 曲线在纵坐标上的截距也不同。从图 6-5 中看，生产规模由小到大依次为 STC_1、STC_2、STC_3。现在假定生产 Q_2 的产量。厂商面临三种选择：第一种是在 STC_1 曲线所代表的较小生产规模下进行生产，相应的总成本在 d 点；第二种是在 STC_2 曲线代表的中等生产规模下生产，相应的总成本在 b 点；第三种是在 STC_3 所代表的较大生产规模下，相应的总成本在 e 点。长期中所有的要素都可以调整，因此厂商可以通过对要素的调整选择最优生产规模，以最低的总成本生产每一产量水平。在 d、b、e 三点中 b 点代表的成本水平最低，所以长期中厂商在 STC_2 曲线所代表的生产规模生产 Q_2 产量，所以 b 点在 LTC 曲线上。这里 b 点是 LTC 曲线与 STC 曲线的切点，

代表着生产 Q_2 产量的最优规模和最低成本。通过对每一产量水平进行相同的分析，可以找出长期中厂商在每一产量水平上的最优生产规模和最低长期总成本，也就是可以找出无数个类似的 b（如 a、c）点，连接这些点即可得到长期总成本曲线。

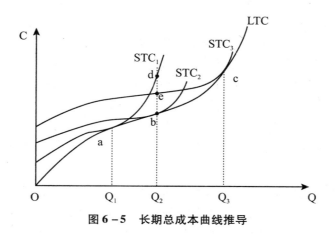

图 6-5 长期总成本曲线推导

（2）由企业的扩展线推出。因为扩展线本身就表示：对于既定的产量，使成本最小的两种生产要素最佳组合投入点的轨迹。而"两种生产要素最佳组合投入"就是一个长期的概念。于是，将产量点以及对应于产量点所得到的成本点（可以通过 W·OB 或 R·OA 算出）在坐标图上描出，即可得到长期总成本 LTC 曲线。

如图 6-6 所示。以图中 E_1 点为例进行分析。E_1 点生产的产量水平为 50 单位，所应用的要素组合为 E_1 点所代表的劳动与资本的组合，这一组合在总成本线 A_1B_1 上，所以其成本即为 A_1B_1 所表示的成本水平，假设劳动价格为 w，则 E_1 点的成本为 $W·OB_1$。将 E_1 点的产量和成本表示在图 6-6b 中，即可得到长期总成本曲线上的一点。同样的道理，找出生产扩展线上每一个产量水平的最低总成本，并将其标在图 6-6b 中，连接这些点即可得到 LTC 曲线。

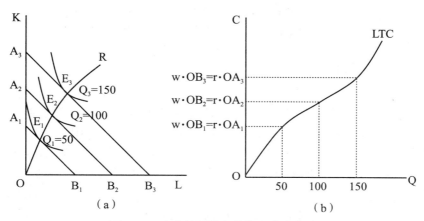

图 6-6 生产扩展线和长期总成本曲线

<u>分析案例 6 – 4</u>

LAC 逸事

长期平均成本曲线是文纳教授（J. Viner）在 1931 年发表的一篇论文中首次提出来的；长期平均成本曲线是一系列短期平均成本曲线的包络线。

据说，在准备这篇论文时，文纳教授曾请他的研究生王帮助他画一幅图，表明长期平均成本曲线通过所有短期平均成本曲线最低点，并从数学上加以证明。

王接到任务后便琢磨起来：如果长期平均成本曲线和短期平均成本曲线都呈 U 型，长期平均成本曲线除了在最低点与短期平均成本曲线最低点相切外，其他点都不可能与短期平均成本最低点相切，但碍于面子，她没有将自己的这一想法及时告知导师。

直到 1950 年，文纳教授才醒悟过来，并不无遗憾地说：早知如此，我就不会交给杰出的王这样在经济上不合理、在技术上不可能的任务。

由此可见，LTC 曲线表示厂商在长期内进行生产的最优生产规模和最低总成本。

因此，LTC 相切于与某一产量对应的最小的 STC 曲线，在切点之外，STC 都高于 STC。LTC 从原点开始，因此不含固定成本。LTC 曲线先递减上升，到一定点后以递增增长率上升。

二、长期平均成本函数与长期平均成本曲线

长期平均成本 LAC 表示厂商在长期内按产量平均计算的最低总成本。

1. 长期平均成本曲线推导

（1）根据长期总成本曲线的推导。长期平均成本是指厂商在长期内按产量平均计算的最低成本，LAC 曲线是 SAC 曲线的包络线。公式为：

$$LAC = \frac{LTC}{Q}$$

从上式可以看出，LAC 是 LTC 曲线连接相应点与原点连线的斜率。因此，把长期总成本曲线上每一点的长期总成本值除以相应的产量，便得到每一产量点上的长期平均成本值。再把每一产量和相应的长期平均成本值描绘在平面坐标图中，即可得长期平均成本曲线。

（2）由无数条短期平均成本曲线的包络线画出。假设经济社会有一订单 Q_1。假设经济社会可供选择的生产规模有 n 个厂商，他们是 $SAC_1 \cdots\cdots SAC_n$（可设计为 Q_1 垂线上的 n 条曲线）。假设所有厂商都来生产该订单。短期内由于至少有一种生产要素不能调整，任一厂商的生产规模都不可能达到与该订单相匹配的最优状态。长期内，任一厂商都可以调整自己的全部生产要素，都可以达到与该订单最为匹配的最优生产规模——SAC_1。于是，厂商选择 SAC_1 进行生产，此时的成本 OC_1 是生产 Q_1 产量的最低成本。同理，如果生产 Q_2 产量，可供厂商选择的生产规模中，因为 SAC_2 的成本较低，所以厂商会选择 SAC_2 曲线进行生产，其成本为 OC_2。如果生产 Q_3，则厂商会选择 SAC_3 曲线所代表的生产规模进行生产。有时某一产出水平可以用两种生产规模中的任一种进行生产，而产生相同的平均成本。例如，生产 Q_1' 的产量水平，即可选用 SAC_1 曲线所代表的较小生产规模进行生产，也

可选用 SAC_2 曲线所代表的中等生产规模进行生产，两种生产规模产生相同的生产成本。厂商究竟选哪一种生产规模进行生产，要看长期中产品的销售量是扩张还是收缩。如果产品销售量可能扩张，则应选用 SAC_2 所代表的生产规模；如果产品销售量收缩，则应选用 SAC_1 所代表的生产规模。将与 Q_1、Q_2、Q_3 三个产量点对应的点连接起来所形成的曲线，就是 LAC 曲线，如图 6 − 7 所示。

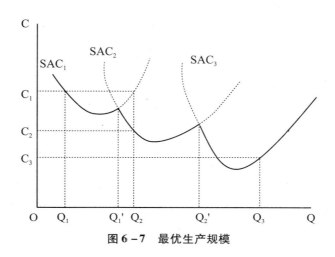

图 6 − 7　最优生产规模

该分析中，常假定存在无数个可供厂商选择的生产规模，从而有无数条 SAC 曲线，于是便得到如图 6 − 8 所示的长期平均成本曲线，LAC 曲线是无数条 SAC 曲线的包络线。在每一个产量水平上，都有一个 LAC 与 SAC 的切点，切点对应的平均成本就是生产相应产量水平的最低平均成本，SAC 曲线所代表的生产规模则是生产该产量的最优生产规模。

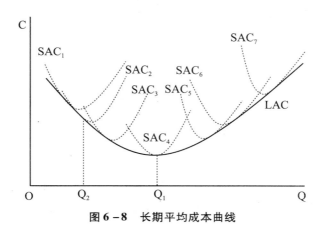

图 6 − 8　长期平均成本曲线

LAC 曲线相切于与某一产量对应的最小的 SAC 曲线，在切点之外，SAC 高于 LAC。LAC 曲线最低点与某一特定 SAC 曲线最低点相切，其余之点，LAC 并不切于 SAC 最低点。而是 LAC 最低点左侧，相切于 SAC 最低点左侧；LAC 最低点右侧，相切于 SAC 最低点右侧。

从前述内容可知，短期内，生产规模不能变动，因而厂商要做到在既定的生产规模下使平均成本降到最低。而长期决策则要在相应的产量下使成本最低，如图 6 – 8 中的 Q_2 产量水平。虽然从短期看用小的生产规模达到了 SAC_1 的最低点，但是它们仍高于生产这一产出水平的长期平均成本。尽管用 SAC_2 生产这一产量的平均成本不是在 SAC_2 曲线的最低点，但这是生产 Q_2 产量水平的长期最低平均成本。这是因为短期内厂商仍然受到固定投入的限制，不可能使生产要素的组合比例调整到长期最低水平。只有在长期中，厂商才可能对所有投入要素进行调整，从而使它们的组合达到最优，从而达到长期平均成本最低点，因此，在其他条件相同的情况下，短期成本要高于长期成本。

2. 影响长期平均成本曲线变化的因素

（1）规模经济与规模不经济。规模经济是指由于生产规模扩大而导致长期平均成本下降的情况。规模不经济是指由于企业规模扩大使得管理无效而导致长期成本上升的情况。

（2）外在经济与外在不经济。外在经济是由于厂商的生产活动所依赖的外界环境改善而产生的。外在不经济是指企业生产所依赖的外界环境日益恶化。

（3）学习效应。学习效应是指在长期的生产过程中，企业的工人、技术人员、经理人员等可以积累起产品生产、产品的技术设计以及管理人员方面的经验，从而导致长期平均成本的下降。

（4）范围经济。范围经济是指在相同的投入下，由一个单一的企业生产联产品比多个不同的企业分别生产这些联产品中每一个单一产品的产出水平要高。因为这种方式可以通过使多种产品共同分享生产设备或其他投入物而获得产出或成本方面的好处。

三、长期边际成本函数和曲线长期边际成本曲线

1. 长期边际成本的定义

长期边际成本（LMC）是指长期中增加一单位产量所增加的最低总成本。公式为：

$$LMC = \frac{\Delta LTC}{\Delta Q}$$

当 $\Delta Q \rightarrow 0$ 时，

$$LMC = \lim_{\Delta Q \to 0} \frac{\Delta LTC}{\Delta Q} = \frac{dLTC}{dQ}$$

2. 长期边际成本曲线的推导

方法一：由长期总成本曲线求导、描点得出。从上式中可以看出 LMC 是 LTC 曲线上相应点的斜率。因此可以从 LTC 曲线推导出 LMC 曲线。

方法二：由短期边际成本曲线求出（见图 6 – 9）。

因为长期总成本曲线是短期总成本曲线的包络线，对应于某一产量点，包络线上的长期总成本曲线与短期总成本曲线切点上斜率相等，即 LMC = SMC。

将每一产量点上对应的 SMC 计算出来，再用一条平滑的曲线连起来，便得到一条光滑的曲线，即为长期边际成本曲线。

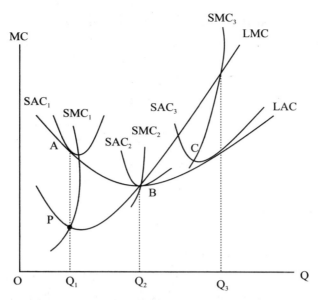

图 6-9　长期边际成本曲线与短期边际成本曲线

3. 长期边际成本曲线的形状

长期边际成本曲线呈 U 型，它与长期平均成本曲线相交于长期平均成本曲线的最低点。

分析案例 6-5

汽车生产企业的短期成本与长期成本

对许多企业来说，总成本如何分为固定成本和变动成本取决于所考察的时间长度。当汽车供不应求，在短期内汽车生产企业不能调整汽车工厂的数量和规模。为了满足市场需求，采取了增加现有工人的劳动时间或多雇佣工人、多购进生产汽车所需的原材料，这些成本都是短期中的变动成本。从长远考虑，汽车生产企业无论是上马新的流水线，还是与别的汽车企业合资，都属于长期变动成本。因此，从长期来看，企业的所有成本都是可以变动的。

第五节　收益与利润最大化

厂商从事生产活动的目的在于获取最大的利润，由于利润等于收益与成本之差，因此，要想研究利润最大化，只分析成本是不够的，还必须研究收益。

一、总收益、平均收益和边际收益

收益是指厂商销售产品所得到的收入。也就是说，收益是产品价格与产品销售量的乘积，它包含产品成本与厂商的利润。

收益可以分为总收益、平均收益和边际收益三种。

总收益简写为 TR，是指厂商销售一定量的产品所得到的全部收入。

平均收益简写为 AR，是指厂商销售每一单位产品所得到的收入。

边际收益简写为 MR，是指厂商销售每增加一单位产品所增加的总收入。

总收益、平均收益和边际收益的关系可以用下面三个式子表示：

$$TR = P \cdot Q$$

$$AR = \frac{TR}{Q}$$

$$MR = \frac{\Delta TR}{\Delta Q}$$

二、利润最大化原则

我们知道，利润等于总收益减总成本，即：

$$\pi(Q) = TR(Q) - TC(Q)$$

其中 π 为利润，TR 为总收益，TC 为总成本。成本包括显成本与隐成本。由于收益与成本都是产出的函数，即 TR = R(Q)，TC = C(Q)，所以利润也是产出的函数，即 π = π(Q)。就 π(Q) = TR(Q) − TC(Q) 式的利润函数对产出求一阶导数，并令该导数值等于 0，可以得到利润最大化的必要条件。

由　　　　　　　　　　$$\frac{d\pi}{dQ} = \frac{dTR}{dQ} - \frac{dTC}{dQ} = 0$$

得到　MR = MC。

其中 MR = dTR/dQ，为某产量点的边际收益；MC = dTC/dQ，为某产量点的边际成本，即厂商达到利润最大化的必要条件是生产推进到边际成本等于边际收益的产量点。

如果 MR > MC，那么，这时再增加生产一个单位的产品所增加的收益将大于生产这个产品所带来的成本，因而厂商增加生产这个产品有利于利润的增加。也就是说，在这种情况下厂商还没有实现利润最大化，要继续增加产量。但在产量增加的过程中，由于边际收益递减规律的作用，边际收益会减少，而同时边际成本却会增加，直到两者相等为止，厂商才不再继续增加产量。

如果 MR < MC，那么，这时再增加生产一个单位的产品所增加的收益将小于生产这个产品所带来的成本，因而厂商增加生产这个产品不利于利润的增加。也就是说，在这种情况下厂商应该减少产量。在产量减少的过程中，由于边际收益递减规律的作用，边际收益会增加，而同时边际成本却会减少，直到两者相等为止，厂商才不再继续减少产量。

因此，只有在 MR = MC 时，厂商才既不增加产量，也不减少产量，把能够获得的利润全部得到了，从而实现了利润最大化。

三、利润最大化的理解

在 MR = MC 的均衡点上，厂商可能是盈余的，也可能是亏损的。如果是盈利的，这时的利润就是相对最大利润；如果是亏损的，这时的亏损就是相对最小亏损。不管是盈还是亏，在 MR＝MC 点上，厂商都处在收益曲线和成本曲线所能产生的最好的结果之中。

也可用表 6－2 说明利润最大化的原则是边际收益等于边际成本。

表 6－2　　　　　　　　　边际收益等于边际成本示例

产量	总收益	总成本	边际收益	边际成本	超额利润
0	0	50	0	—	－ 50
1	300	400	300	350	－ 500
2	575	575	275	175	0
3	825	700	250	125	125
4	1050	835	225	135	215
5	1250	985	200	150	265
6	1425	1160	175	175	265
7	1575	1370	150	210	205
8	1700	1700	125	330	0
9	1800	2180	100	480	－ 380

从表 6－2 中可以看到，在第 5 项、第 6 项单位产量之间利润量最大（265），这时，边际成本恰好等于边际收益。可见，边际成本（MC）等于边际收益（MR）时的产量，也是实现最大利润原则的产量。低于第 5 项、第 6 项单位的产量时，边际收益大于边际成本。这说明增加一个产品所获得的收益比为此消耗的成本要大，还有潜在的利润没有得到，因此厂商将会继续扩大生产。但如果产量高于第 5 项、第 6 项单位时，边际收益小于边际成本，即最后增加的一个产品所获得的收益不如为生产这一产品消耗的成本大，说明厂商得不偿失，于是厂商便会缩减生产，直到生产到第 5 项、第 6 项单位的产量时为止，这时边际收益和边际成本相等，利润最大。

然而，现实中的市场条件是不同的。在不同的市场条件下，收益变动的规律不同，厂商对最大利润的追求就会受到不同市场条件的限制。

<u>分析案例 6－6</u>

存话费送实物目的是让利给消费者吗？

移动通信行业经常会在节假日举办一些让利活动。中国移动的一些营业网点在节日期间就有大幅度让利活动举办。某地区的中国移动营业网点春节期间开展了存话费送食物活动。存 100 元话费送一桶食用油，存 200 元送两桶，存 300 元送三桶，存 500 元送一条蚕丝被。

中国移动这样做真的是要把利润让给消费者吗？其实不然，从短期考察，移动通信行业的固定成本包括建设基站的建筑及设备支出等，变动成本包括运行的一些服务和技术支出等。移动通信行业是一个固定成本占总成本比例非常大的行业，一旦它的各个基站建成，即使不开展任何业务，它的固定成本支出这一笔巨大投入也是不能够减少的。变动成本在总成本中所占比例较小，因而，边际成本较小甚至接近于 0，在这种情况下，增加业务流量不会导致成本大幅度增加（边际成本），却可迅速获得收益的增加，相对于让利活动所带来的收益与利润的大幅增长而言，一些小小的促销手段所花的费用是微不足道的，移动通信行业的短期经营决策主要看它的变动成本以及边际成本的大小，它不断推出新业务，并采取各种优惠措施推广新业务与它的变动成本占总成本比例小，边际成本较小有关，而不是它悲悯天下，让利于消费者。

本 章 小 结

任何经济活动都要计算成本和收益。在一定时期内，厂商生产经营的成本，一部分是固定的，另一部分是可变的，其中有些会反映到会计账册上来，属显成本或会计成本，有些属于厂商自有生产要素的消耗，是隐成本。厂商生产中实际支出的成本还必须符合机会成本的原则。机会成本概念的提出，从经济资源稀缺的角度拓宽和深化了对消耗在一定生产活动中的经济资源成本的理解。以机会成本来估算生产中的各种成本，有助于资源的合理配置。

成本还可分为短期成本和长期成本。短期成本有 STC、TFC、TVC、ATC、AFC、AVC、MC 共七个变量。长期成本有 LTC、LAC、LMC 共三个变量。从产量变动与成本变动的相互关系中认识各种成本的变动规律及相互关系，熟悉十种成本概念，各自曲线的形状，推导及关系。

收益是厂商销售产品所得到的收入，它可以分为总收益、平均收益和边际收益。收益减去成本后的余额为利润。利润最大化的原则是边际收益等于边际成本。成本—收益分析是进行经济决策的重要方法。

实践与应用

一、复习与思考

1. 你的叔叔正在考虑开一家五金店。他计算租仓库和买库存货物每年要花费 50 万元（从银行借款）。此外，他要辞去他每年 5 万元的会计师工作。你叔叔经营一年五金店的经济成本是多少？如果他认为一年可以卖出 51 万元的营业额，他应该开这个店吗？并解释。

2. 企业打算扩大生产，其可供选择的筹资方法有两种：一是利用利率为 10% 的银行借款，二是利用企业利润。该企业的经理认为应该选择后者，理由是不用付息因而比较便宜，你认为他的话有道理吗？

3. 某出版社将要出版一本售价为 10 元的书。出版该书的固定成本为 5000 元，每本书的成本为 5 元。那么，出版社的收支平衡点在哪里？

4. 考虑下表中三个不同企业的长期总成本，这里的每个企业是处于规模经济还是规模不经济呢？为什么？

产量	1	2	3	4	5	6	7
企业 A	60	70	80	90	100	110	120
企业 B	11	24	39	56	75	96	119
企业 C	21	34	49	66	85	106	129

5. 波音 747 是一种载客量较大的飞机。1975 年，该种飞机航行距离不同、载客量不同情况下的成本（单位：美分/人·英里）如下表：

载客量	里程（英里）	
	1200	2500
250	4.3	3.4
300	3.8	3.0
350	3.5	2.7

（1）当载客量为 250～300 人时，航程为 1200 英里的航班多载一名乘客的边际成本是多少？

（2）当载客量为 300 人，航程为 1200～2500 英里时，多航行一英里的边际成本是多少？

（3）1975 年，航程为 2500 英里的经济舱票价为 156.6 美元。如果载客量为 300 人，是否可收回营运成本？

二、综合案例

案例内容：

改革开放不久，国人的收入明显增加，冰箱、彩电和洗衣机替代自行车、缝纫机和收音机成为人们家庭生活中追求的新"三大件"。当时的电视机是黑白的，后来彩电才进入了为数不多的家庭。可无论是黑白电视机还是彩色电视机，由于日本的品牌质量好，在市场上几乎占据了绝对的优势，人们茶余饭后津津乐道的是日立、东芝、索尼、JVC、三洋、松下等品牌。当时中国经济还处于极度的短缺中，电视机在"票证时代"还是一种奢侈品，人们需要凭关系、走后门才能买到，一个家庭拥有一台日本原装进口的 14 寸电视机是件令人羡慕的事。

1978 年国家开始批准引进彩电生产线后，中国电视机行业开始迅猛发展。据统计，到 1985 年，全国共引进了 113 条彩电装配生产线，几乎遍布于全国各省；彩电企业也遍地开花，到 20 世纪 90 年代中期，全国的彩电企业超过了 200 家。在这般迅猛发展的浪潮中，涌现了长虹、TCL、康佳、创维、海尔等为国人所熟识的品牌。

1996 年 3 月 26 日，长虹挑起行业内的第一次大规模价格战，电视机行业从此全面洗牌。据国家信息中心的统计，20 世纪 90 年代中后期，有竞争力的彩电品牌有五六十个，价格战的冲击使得许多企业退出市场，2006 年，TCL、长虹、康佳、创维、海信、海尔和厦华七大品牌占据了我国市场约 75% 的份额，彩电寡头垄断的市场结构特征越来越明显。

问题讨论：

规模经济如何降低成本？

理论提示：

规模经济与规模不经济、适度规模。

第七章 市场结构理论

导入案例

某旅游景点入场券采取差别价格政策，国内游客的入场票价为 100 元，国外游客的入场券为 200 元。请你用经济理论分析：（1）为什么采用差别价格？（2）在怎样的条件下，实行这种策略才能有效？

前面我们分析了厂商行为，并论述了生产函数和成本函数，说明了厂商利润最大化原则。但厂商能否获取最大利润，还要看市场情况。在不同的市场条件下，厂商所面对的需求曲线不同，从而使厂商均衡的条件也不同。经济学根据厂商数目的多寡、产品差别程度和资源流动的难易程度等因素，将市场区分为四种类型，即完全竞争、完全垄断、垄断竞争和寡头垄断。在这一章里，我们将具体分析前三种市场条件下厂商如何决定实现利润最大化目标的均衡点，即厂商怎样根据不同的市场结构决定其实现利润最大的价格和产量；并介绍几种寡头垄断模型。

第一节　完全竞争市场

完全竞争也称纯粹竞争，指的是一种不存在丝毫垄断因素，竞争可以充分展开，市场机制在资源配置方面的作用不受任何阻碍和干扰的市场结构。

一、完全竞争市场的特征

在一般人心目中，竞争总让人想起商场上你死我活的斗争，每家厂商做出决策时，都要考虑自己的行为会如何引起竞争对手的反应和对策。然而，在经济学模型中，完全竞争的定义却与通常意义上的竞争相差甚远。在一个完全竞争的行业中，每家厂商都失去了"个性"，并且不必考虑自己的行为对整个市场带来什么影响，因为每一家厂商在市场中所占份额都是微不足道的。更确切地说，经济学意义上的完全竞争市场必须符合以下四个条件：

一是有大量的买者和卖者。在市场的买方和卖方两边都必须有大量的参与者，从而任何一名买者和卖者都不会在市场上占有显著的份额，都无法通过自己的买、卖行为来影响总产量或市场价格。也就是说，完全竞争市场上每个人都是价格接受者，即厂商将市场看作是与自己的产量无关的既定产量，所以每个厂商都面临一条纵截距为市场价格 P 的水平需求曲线。事实上，完全竞争并不一定要求数目庞大的厂商队伍，只要厂商数目较多，且行为相互独立，价格接受者的假设是基本成立的。

　　二是资源完全自由流动。当外部条件（如产品价格）发生变化时，行业发生相应的调整往往会带来部分资源自由进入或退出该行业。当行业扩张时，新的劳动力、土地、能源、资金等会流入该行业；而当行业收缩时，原行业内的部分资源又会流出该行业另觅出路。一个完全竞争的市场要求资源进入或退出该行业时没有人为和自然的壁垒。人为的壁垒包括政府要求的进入某一行业的执照和特许、某种产品或生产工艺的专利或技术诀窍以及劳工工会等；自然壁垒则包括行业的规模经济因素、自然条件等。

　　三是同质产品。在完全竞争市场上，所有厂商都生产同一种品质完全相同的产品，在消费者眼中，不管购买哪家厂商的产品都是没有差异的。所以，整个行业的总产量就等于单个厂商产品量的相加。产品的同质性是市场统一价格的前提。如果甲生产的面粉与乙生产的面粉被认为是完全同质、可充分替代的，那么甲不可能定价比乙高，否则他会一袋面粉也卖不出去。

　　四是生产者和消费者都拥有充分信息。在完全竞争市场上，所有与该产品有关的信息都是完全公开的，生产者和消费者可据此做出正确的决策。对生产者来说，有关信息包括产品的生产方法（生产函数）、投入要素的价格以及产品的价格等；对消费者来说，有关信息则包括他们自己的偏好、收入以及产品的价格等，此外，消费者同时也是生产要素的提供者，他们必须知道自己提供的要素会得到多少报酬。

　　上面四个假设看上去是十分苛刻严格，可能没有一个行业完全满足这些条件（也许只有一些标准化产品市场，如初级产品、农产品比较接近完全竞争），但完全竞争模型仍不失为微观经济理论中最关键的部分。即使许多现实情况多多少少偏离了完全竞争的假设前提，但对完全竞争模型的有效解释性和预测性并没有太大的影响。

二、完全竞争厂商的短期均衡

1. 需求曲线与收益规律

　　厂商的短期均衡与厂商面对的需求曲线有直接的关系。按照完全竞争市场的假定，市场买卖双方有大量的参与者，因此，市场的需求曲线与供给曲线应该反映众多的消费者和众多的供给者的行为，如图 7 - 1a 所示。图 7 - 1a 中的需求曲线向右下倾斜，供给曲线向右上倾斜，符合我们所讨论的需求规律和供给规律，市场价格为 P，由两条曲线的交点 E 决定。但是，单个厂商所面对的需求曲线与市场需求曲线不同。作为行业中的一家厂商，在某一价格下，它可以卖出的产品数量应该等于行业总供给减去别的厂商的供给量，由于完全竞争市场中有大量相同的厂商，因此每一个厂商所卖出的产品数量在行业总需求中只占极小部分。由于单个厂商的产量在总产量中的比重极其微小，不足以影响市场价格，因此它所面对的需求曲线是一条水平线，如图 7 - 1b 所示。图中厂商面对的需求曲线的高度就是市场价格 P_e 的高度，需求曲线与横轴平行，表明单个厂商产量 Q 的变动不会对市场价格造成影响，也就是说，完全竞争厂商是价格的接受者。

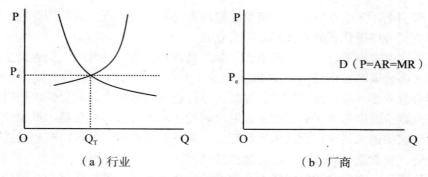

（a）行业　　　　　　　　（b）厂商

图7-1　完全竞争市场行业和厂商的需求曲线

由于完全竞争厂商是价格 P（P 为常数）的接受者，总收益为 TR = P·Q，因此，其边际收益 MR = dTR/dQ = P。

厂商的边际收益等于市场价格，表明产量的变动与价格无关。而价格 P 是单位产品带来的收益，所以，价格 P 也是平均收益 AR，即 AR = TR/Q = P。

因此，可以得出完全竞争条件下，P = AR = MR，这是完全竞争市场的一个特例。

2. 短期均衡的三种情况

短期中厂商可以通过产量的调整来实现利润最大化，但这并不意味着厂商就一定可以获得正的超额利润。事实上，厂商是否盈利将取决于市场价格与厂商平均成本的相对关系，这会发生三种可能性。

（1）有超额利润的短期均衡。如果市场价格高于厂商平均成本，此时厂商在短期可以获得超额利润，如图7-2所示。在图中，厂商的边际成本 MC 与市场价格 P_e 的交点 E 高于平均成本 AC，相应的利润最大化产量为 Q_e。厂商从每一单位产品上获得的平均收益为产品价格 P_e，而每一单位产品平均付出为平均成本 AC，因而每单位产品可获得利润为 $P_e - AC$，即 E 点到 F 点的距离，那么从产量 Q_e 中获得的总利润为 $(P_e - AC) \cdot Qe$，在图中表现为

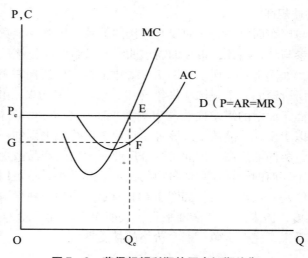

图7-2　获得超额利润的厂商短期均衡

矩形面积 GP$_e$EF。注意，厂商是价格的接受者，它不能改变既定价格，它所能做的只是调整自己的产量直至 P = MC。

（2）盈亏平衡的短期均衡。厂商获得超额利润，是由于它的边际成本曲线 MC 与价格曲线交于平均成本曲线上方。如果市场价格下降或厂商的平均成本曲线上移，正好使 P$_e$ 与 MC 曲线交于 AC 曲线的最低点，那么厂商就无法获得超额利润，将处于盈亏平衡的状态，如图 7 - 3 所示。图中 P$_e$ 与 MC 曲线交于 AC 曲线的最低点 G，均衡产量为 Q$_e$，此时厂商的平均收益 P$_e$ 正好等于平均成本 AC，因此厂商的超额利润为零。

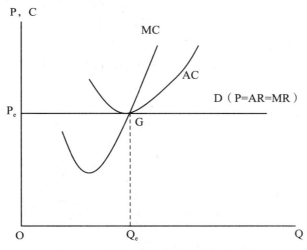

图 7 - 3　超额利润为零的厂商短期均衡

（3）短期亏损最小化。如果厂商的平均成本过高，或者市场价格过低，完全竞争厂商可能在短期内无法盈利，而是面临亏损，那么厂商该作何对策呢？这种情况又要分两种。

在图 7 - 4 中，由于市场价格 P$_e$ 在平均成本曲线 AC 最低点的下方，无论厂商如何调整产量亏损都在所难免。但是，按照利润最大化的准则 P = MC，即产量为 Q$_e$ 时，价格要

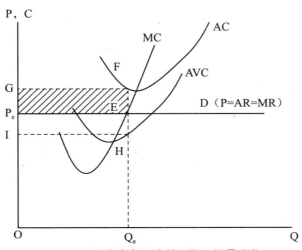

图 7 - 4　完全竞争厂商的短期亏损最小化

比平均可变成本高，说明在此价格下，厂商不仅可以收回全部可变成本，还可收回部分固定成本（AC 曲线与 AVC 曲线之间的垂直距离为平均固定成本 AFC），因为固定成本是预先支付的，所以，即使亏损，厂商生产比不生产（完全损失固定成本）损失要小一些。所以，我们要从广义的角度来理解短期内的利润最大化，利润最大化也包括亏损最小化。厂商此时将产量调整到 Q_e 就可以使亏损最小，亏损值为图中阴影部分面积。请比较一下，如果不生产，那么亏损为全部固定成本，即图中矩形 IGFH 的面积。如果厂商选择其他的产量决策，必将使亏损更大，因此 P＝MC 也是厂商亏损最小化原则。

但是，另一种情况是，市场价格可能是 P_H，即恰好等于厂商平均可变成本的最低点，由于 MC 曲线经过 AVC 曲线的最低点，所以在最小亏损点 Q_H，厂商的收益也仅够弥补可变成本，与停产没有什么差别，如图 7－6 所示。所以等于平均可变成本的价格为"停止营业点"，即图中的 H 点，这意味着，当市场价格低于 P_H 时，厂商连可变成本也收不回，宁可停产歇业。

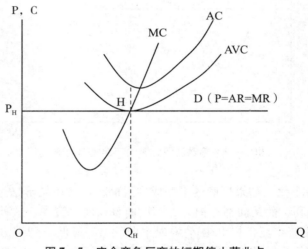

图 7－5　完全竞争厂商的短期停止营业点

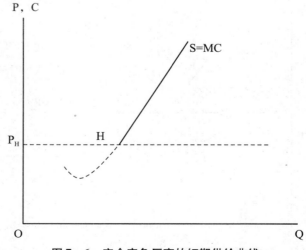

图 7－6　完全竞争厂商的短期供给曲线

3. 供给曲线

从上面的分析中，我们也可以看出，MC 曲线代表了任一价格水平与厂商利润最大化产量的组合，按照定义，它就是厂商在短期的供给曲线，代表了在一定价格水平下厂商所愿意提供的产品的数量。但是并非全部的 MC 曲线都是供给曲线，当价格低于停止营业点 H 时，厂商退出生产，所以在短期内，完全竞争厂商的供给曲线就是厂商的边际成本曲线位于平均可变成本曲线最低点以上的部分，即图 7-7 中的 MC 曲线处于 H 点上方的实线部分。更严格地说，厂商的短期供给曲线是一个二阶段分段函数，一段是 MC 曲线位于 AVC 曲线最低点上方的部分 S，另一段是图中的纵坐标低于 P_H 的那一部分 OP_H，它表明当价格低于 P_H 时，厂商的供给量为零。

分析了完全竞争厂商的短期均衡，再来推导整个行业的短期均衡就十分简单。将市场中所有厂商的短期供给曲线按水平方向进行加总（行业总供给等于单个厂商供给之和），就可以得到完全竞争市场的短期供给曲线，如图 7-1a 中 S 曲线。而从需求来看，虽然单个厂商面临一条水平的需求曲线，而整个行业则面临向右倾斜的需求曲线 D。在图中，我们看到行业需求曲线和供给曲线的交点 E 决定了均衡价格 P_e 和均衡产量 Q_e，Q_e 是由行业内所有厂商共同完成的。

三、完全竞争厂商的长期均衡

经济学中的长期，是指在这段时期内，各厂商能够调整他的生产规模，厂商能够进入或退出某一行业。因此，一个行业在长期中可通过两种方式进行调整：一是行业中厂商数量变动，二是原有厂商经营规模变动。

1. 行业中厂商数量变动

假定某行业有经济利润，就会吸引新厂商进入，于是该行业供给增加，在需求没有变化的情况下，产品价格会下跌，一直跌到经济利润消失时厂商停止进入。反之，若某行业产品价格使厂商经营有亏损，则厂商会退出行业，该行业供给就减少，在需求不变情况下，产品价格会上升，直到不亏损时厂商停止退出。因此，厂商进入或退出的结果必然是厂商只能获得正常利润而经济利润为零，即产品价格等于平均成本。

2. 厂商经营规模的变动

假如厂商扩大规模可降低成本并获得经济利润，厂商就会扩大规模。当所有厂商都这样做时，行业供给就会扩大，在市场需求不变时，产品价格会下降，直到经济利润消失时，厂商变动规模的行动才会停止。这时候，产品价格也等于长期平均成本。厂商收缩规模的情况，同样如此。

可见，在一个完全竞争市场上，长期均衡就是既无经济利润又无亏损的状态。这时，再没有厂商进入或退出该行业，再没有厂商扩大或收缩经营规模。

分析案例 7-1

为什么廉价航班的餐点收费，而豪华酒店上网要收费？

过去，所有的航空公司都会提供免费的机内餐点，而现在这么做的只有高价航班了。搭乘春秋航空、吉祥航空的旅客，要么自带食品登机，要么出钱购买机内盒饭。与此相对，像四季酒店这种豪华酒店，客房上网一般要收取每天 10 美元甚至更高的费用，而像汉普顿客栈这种廉价酒店，一般却是免费提供此类服务。为什么存在这一差异呢？

在一个完全竞争的市场，"没有免费的午餐"原则认为，选择额外服务的顾客应该支付额外费用。此处的逻辑是这样：倘若一家公司提供"免费"的额外服务，并试图在基本产品价中包含此笔费用，那么，竞争卖家就能通过将基本产品降价、对额外服务单独收费的方式，招揽不想使用额外服务的顾客。

当然，现实生活中并不存在完全竞争的市场。但较之豪华航班的座位市场，廉价航班的座位市场更接近完全竞争的市场；前者数量更少，提供的是更为专业化的服务。出于类似的原因，较之豪华宾馆的房间市场，廉价客栈的房间市场更接近完全竞争的市场。

这些观察似乎暗示，廉价客栈和廉价航班更可能会将额外服务单独收费。所以，"没有免费的午餐"原则可以解释，为什么廉价航班餐点收费，而豪华航班的基本票价包含餐点费。它也能解释为什么大多数航班过去提供免费餐点。因为整个航空旅行市场从前都属于奢侈市场，直到最近几年才发生了变化。但乍一看，我们所看到的酒店网络服务的定价模式，似乎并不符合"没有免费的午餐"原则。

这儿有一个说得过去的解释：这种不同的根源在于两种服务成本结构上的不同。提供餐点服务的成本，大致上随提供的餐点数量而增长。但提供网络接入服务的成本，大体上却是固定的。一旦酒店安装了无线网络，允许其他客人上网的边际成本基本上为零。

"没有免费的午餐"原则告诉我们，一种商品或服务的市场，竞争越是激烈，其价格就越是接近边际成本。既然廉价客栈的客房市场比豪华酒店的客房市场竞争更为激烈，我们可以推断出，廉价客栈的房价包含网络接入费的可能性更大。

廉价客栈或许更愿意额外收取网络接入费，但由于提供接入服务的边际成本为零，肯定会出现一些客栈以免费网络接入为宣传由头。对价格敏感的旅客说不定会被这一服务所吸引，从而迫使其他廉价客栈也遵循了这一做法。廉价航空公司并没有存在类似的压力要提供免费餐点服务，因为每一顿餐点的边际成本始终是递增的。

豪华酒店收取网络接入费，因为它们的顾客要么是很富裕，要么是旅行费用可报销，因此对价格并不敏感。然而，要是有足够多的客人开始抱怨这种做法，那么，既然提供网络接入服务的边际成本为零，一部分豪华酒店大概会在房价内包含此项服务。如果出现这种情况，其他豪华酒店很快会迫于压力而竞相效仿。

四、完全竞争行业的长期供给曲线

由于在长期行业的供给是随着厂商规模和数量的变化而不断变化的，这样就形成了长期的行业供给曲线。在长期，由于行业成本的变化情况不同，因此，可以将行业的长期供给曲线分为三种，即成本递增行业的长期供给曲线、成本递减行业的长期供给曲线和成本不变行业的长期供给曲线。

1. 成本递增行业的长期供给曲线

如果投入于某一行业的生产要素的需求量在整个社会对这种要素的需求量中占很大比重，或者这种投入的要素是专用性的，即只有这种要素才可生产这种产品，没有别的要素可替代，在这些情况下，行业产量扩大，将引起所需生产要素价格的上涨，从而单位产品平均成本将提高。

另外，如果行业产量扩大时，即使所需投入生产要素的价格没有什么变化，但发生了外部不经济情况，例如，运输产品的交通路线更拥挤了，引起运输成本上升，也会使产品成本和价格上升。或者即使发生了外部经济，但其影响不及要素价格上升的影响大，也会引起产品平均成本和价格上升。凡此种种，都会形成一条向右上倾斜的行业长期供给曲线。这种产品平均成本随产量增加而上升的行业称为成本递增行业。

2. 成本递减行业的长期供给曲线

在现实生活中，由于存在外部经济和规模经济以及技术进步，有些行业会在增加产量时使产品平均成本下降，这种行业称为成本递减行业。例如，某一行业扩大了生产规模，附近地区会建立起辅助性行业，专门供给生产工具和原材料，还可组织联合运输，使用高效率的机械和人力等，这些都会节省该行业内各企业的生产成本，提高效率。

这种情况就是外部经济。由于存在这些情况，这类行业的长期供给曲线表现为一条自左上向右下倾斜的曲线。如果外部经济效果很大，那么，即使在行业产量增加时投入要素的价格有一定程度上升，也可能出现产品的长期平均成本下降的情况，从而供给曲线仍向右下倾斜。

3. 成本不变行业的长期供给曲线

如果行业产量扩大对生产要素需求增加并不会引起要素价格上涨，或者要素需求增加引起了要素价格上涨，正好被产量扩大时取得的规模经济和外部经济影响所抵消，则产品的平均成本不会随产量扩大而上升，这样的行业就被称为成本不变的行业，其行业长期供给曲线呈现为一条水平线，其供给的价格弹性为无穷大。

第二节　完全垄断市场

完全垄断又称纯粹垄断，指一家厂商控制某种产品全部市场供给的市场结构。在完全垄断市场上竞争被垄断所取代，资源的流动难以进行，市场机制在资源配置方面的作用受到垄断的阻碍而难以发挥。

一、完全垄断的成因和需求曲线

1. 垄断的成因

厂商之所以能够成为某种产品唯一的供给者，一定有某种原因使其他厂商不能进入该市场并生产同种产品。这种控制产品供给的力量，是垄断权力的基础。导致完全垄断的原因一般有以下几个方面：（1）控制了原料来源。如果一个厂商控制了用于生产某种产品的基本原料来源，该厂商就可能成为一个垄断者。（2）规模经济。如果某种产品需要大量固定设备投资，大规模生产可以使成本大大降低，那么，一个大厂商就可能成为该行业的唯一生产者。由一个大厂商供给全部市场需求时平均成本最低，两个或两个以上厂商在该市场上经营就难以获得利润。这种情况下，该厂商就形成自然垄断。这在一些公用事业，如水电、地铁中最为普遍。（3）专利权。为促进新的创造发明，发展新产品和新技术，法律以专利的形式赋予某厂商使用某种生产技术或生产一定产品的唯一权利而成为垄断者。（4）政府赋予某种市场特权。在某种条件下，由于政府可以对某些行为和经营活动进行调节，在此条件下，个别厂商可以得到政府所给予的在一定地区生产某种物品或提供某种劳务的特权，从而该厂商成为这一行业的垄断者。

2. 垄断厂商的需求曲线和收益曲线

在完全垄断条件下，某个厂商控制了某种产品的市场供给，厂商和行业合二为一。因此，垄断厂商所面对的需求曲线就是该产品的市场需求曲线。

垄断厂商的需求曲线向右下方倾斜，斜率为负，销售量与价格按照相反的方向变化，价格随销售量的增加而下降。完全垄断厂商是价格的制定者，它可以制定其想要索取的任何价格。这一点与完全竞争厂商有很大的差别。

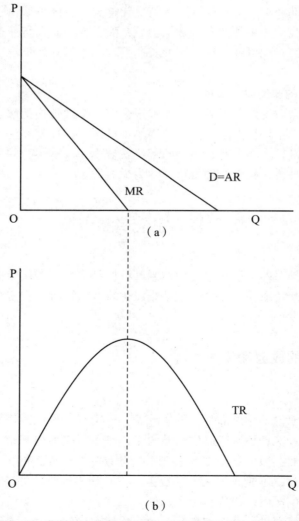

图 7-7 垄断厂商的需求曲线、边际收益曲线和总收益曲线

一般地说，厂商的卖价即平均收益都被假定为等于消费者的买价，所以平均收益曲线在任何情况下都与需求曲线重合。因此，完全垄断厂商的需求曲线也就是它的平均收益曲线。由于垄断厂商的平均收益和边际收益都随销售量的变化而变化，而且边际收益下降比平均收益下降得更快，边际收益曲线必然位于平均收益曲线的下方。

图 7－7 描述了垄断厂商的需求曲线、边际收益曲线和总收益曲线。其中图 7－7a 表示需求曲线及与之相联系的边际收益曲线。图 7－7b 表示总收益曲线。需求曲线和平均收益曲线向右下方倾斜，而且重合。MR 为边际收益曲线，向右下方倾斜，位于平均收益曲线的下方，而且比平均收益曲线陡峭。边际收益曲线可以从一条既定的需求曲线推出，也可以表示为总收益曲线上与任何产量水平相对应的点的斜率。

二、垄断厂商的短期均衡

垄断厂商可以通过调整产量和价格来实现利润最大化。与完全竞争厂商一样，垄断厂商最有利可图的产量是由需求状况和成本状况共同决定的。其利润最大化的原则为 MR = MC，这也是垄断厂商的短期均衡条件。垄断厂商虽然可能通过控制产量和价格获得利润，但并不一定总能获得利润。和完全竞争厂商一样，在短期内垄断厂商可能获得超额利润，也可能只获得正常利润，也可能蒙受亏损。

1. 获得超额利润时的短期均衡

如图 7－8 所示，当垄断厂商的价格或平均收益大于平均总成本时，厂商获得超额利润。在图 7－8b 中，垄断厂商根据边际收益等于边际成本的原则，把产量确定在 Q_1 点，从这一产量在需求曲线 D 上的对应点 A 可以确定价格为 P_1。从平均成本曲线 AC 上的对应点 B 可以确定成本轴上平均成本为 C_1。显然，由于平均收益（即价格）高于平均成本，厂商获得超额利润。从图 7－8b 中可以看出，厂商的总收益为 OP_1AQ_1，总成本为 OC_1BQ_1，超额利润为 $OP_1AQ_1 - OC_1BQ_1 = C_1P_1AB$，或者说，垄断厂商的超额利润为（$OP_1 - OC_1$）· OQ_1。

图 7－8a 是以总收益曲线 TR 和总成本曲线 TC 来表示厂商的均衡，在 Q_1 的产量水平上，TR 的切线的斜率等于 TC 曲线的切线的斜率，这意味着 MR = MC，这时，TR 与 TC 之间的垂直距离最大，或者说，总收益以最大的可能超过总成本。所以，Q_1 是使利润最大化的均衡产量。

2. 获得正常利润时的短期均衡

当价格（平均收益）等于平均成本时，厂商获得正常利润，如图 7－9b 所示。需求曲线 D 与平均成本曲线 AC 相切，垄断厂商根据 MR = MC 的原则把产量确定在 Q_2 点上，从这一产量在需求曲线 D 上的对应点 A 可以确定价格为 P_2，而这时 A 点同时又是这一产量在平均总成本曲线上的对应点，即平均收益等于平均成本，因而垄断厂商的总收益 TR 等于总成本 TC，没有超额利润，厂商处于收支相抵点，只能获得正常利润。从图 7－9a 中可发现，当产量为 Q_2 时，TR 与 TC 相切，这时 MR = MC，AR = AC，TR = TC，所以，Q_2 是使正常利润最大化的产量。

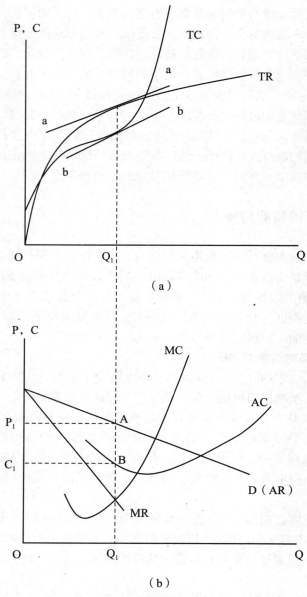

图 7 - 8　获得超额利润

3. 垄断厂商亏损时的短期均衡

当价格即平均收益小于平均总成本 AC，但大于平均可变成本 AVC 时，垄断厂商会蒙受亏损。如图 7 - 10（b）所示，为使亏损降到最低限度，垄断厂商仍根据 MR = MC 的原则，把产量定在 Q_3 的水平上。从这一产量在需求曲线 D 上的对应点 A 可以确定价格轴上的价格为 P_3，从这一产量在平均总成本曲线 AC 的对应点 B 可以确定平均成本为 C_3，平均成本 AC 大于平均收益 AR，厂商蒙受亏损。亏损额为 P_3C_3BA，它是厂商的总收益 OP_3AQ_3 与总成本 OC_3BQ_3 之差。显然，当产量小于 Q_3 时，MR > MC，每增加一单位销售量使总收益的增加大于总成本的增加，从而使亏损减少；而当产量大于 Q_3 时，MR < MC，每减少

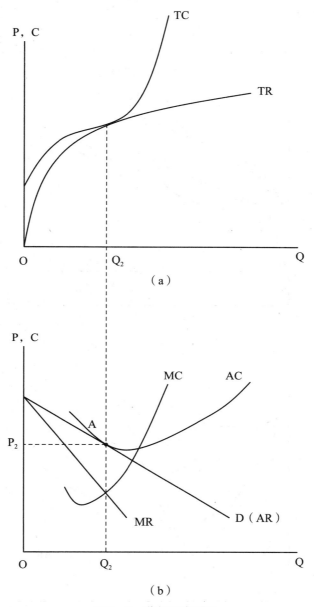

图 7－9 获得正常利润

一单位销售量可使总成本减少大于总收益的减少。所以，只有当产量为 Q_3 时，即 MR ＝ MC 时亏损额最小。图 7－10a 同样以 TC 与 TR 曲线说明了厂商在亏损状态下的短期均衡。当产量为 Q_3 时，总收益曲线 TR 与总可变成本曲线 TVC 之间的垂直距离最大，即 TR 最大可能地超过 TVC，而图中 TC 曲线与 TVC 曲线之间的垂直距离即为总固定成本，这意味着与 Q_3 产量相对应的总收益不仅补偿了全部可变成本，而且最大限度地补偿了部分固定成本，使固定成本损失减少到最低限度，所以，Q_3 是使亏损最小的均衡产量。

如果价格太低，以致使 TR ＜ TVC，垄断者将停止生产。总之，垄断厂商为了使利润最大或亏损最小，必须按照 MR ＝ MC 的原则进行生产。

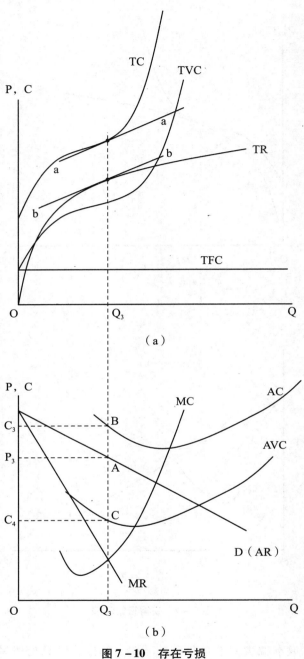

图 7 - 10　存在亏损

三、垄断厂商的长期均衡

　　垄断厂商在长期内可以调整全部生产要素的投入量即生产规模，从而实现最大的利润。同时，垄断行业排除了其他厂商进入的可能性，垄断厂商在长期内是可以保持利润的。

　　在长期中，垄断厂商根据市场需求水平，调整生产规模，使得短期成本降低到长期成本的水平。厂商根据市场需求曲线确定其平均收益曲线 AR 和边际收益曲线 MR，并根据边际成本等于边际收益的原则选择产量水平，并对应市场需求曲线确定所要的价格。

前面提到，垄断厂商在短期可能面临三种情况：赢利、收支相抵和亏损。如果短期厂商能够赢利，那么，在长期，通过扩大生产规模，垄断厂商能够获得更多利润。

在达到长期均衡时，长期边际成本等于边际收益，并与短期边际成本相等，垄断厂商的长期均衡条件为：

$$MR = LMC = SMC$$

长期平均成本曲线 LAC 与短期边际成本曲线相切。由于不存在直接的竞争对手，垄断者的经济利润可以长期保持。

最后，由于垄断厂商所面临的需求曲线就是市场的需求曲线，垄断厂商的供给量就是全行业的供给量，所以，本节所分析的垄断厂商的短期和长期均衡价格与均衡产量的决定，就是垄断市场的短期和长期的均衡价格与均衡产量的决定。

四、垄断厂商的供给曲线

供给曲线表示在每一个价格水平生产者愿意而且能够提供的产品数量。它表示产量和价格之间的一一对应的关系。在完全竞争市场下，每一个厂商都是价格的接受者，它们按照给定的市场价格，根据 P = SMC 的均衡条件来确定唯一能够带来最大利润或最小亏损的产量。由于所确定的均衡产量是唯一的，而且每一个确定的产量也只对应一个给定的价格；因此，产量和价格之间就存在一一对应的关系，这样，也就得到了完全竞争厂商的短期供给曲线，并由此可以进一步推出行业的供给曲线。

然而，垄断市场却不一样。垄断厂商作为价格的制定者，可以控制和操纵价格。垄断厂商通过对产量和价格的同时调整来实现 MR = SMC 的原则，而且，P 总是大于 MR 的。随着厂商所面临的向右下方倾斜的需求曲线的位置移动，厂商的价格和产量之间必然不再存在像完全竞争条件下的那种一一对应的关系，而是有可能出现一个价格水平对应几个不同的产量水平，或一个产量水平对应几个不同的价格水平的情形。

因此，在垄断市场下，厂商的供给曲线是不存在的。由此可以得到更一般的结论：凡是在或多或少的程度上带有垄断因素的不完全竞争市场中，或者说，凡是在单个厂商对市场价格具有一定的控制力量，相应地，单个厂商的需求曲线向右下方倾斜的市场中，是不存在具有规律性的厂商和行业的短期和长期供给曲线的。这一结论同样适用于下面两节将要分析的垄断竞争市场和寡头市场。

五、垄断者的定价原则与策略

完全垄断厂商是市场价格的制定者，垄断者为获得更大利润，会根据市场情况选取不同的定价策略确定市场价格，即差别定价。

差别定价也称价格歧视，是指垄断者在同一时间内对同一成本产品向不同购买者收取不同的价格，或是对不同成本的产品向不同的购买者收取相同的价格。

垄断厂商实行差别定价，必须具备以下的基本条件：

第一，市场的消费者具有不同的偏好，且这些不同的偏好可以被区分开。这样厂商才有可能对不同的消费者或消费群体收取不同的价格。

第二，不同的消费者群体或不同的销售市场是相互隔离的。这样就排除了中间商由低价处买进商品，转手又在高价处出售商品而从中获利的情况。

具体地，价格歧视可分为：一级价格歧视、二级价格歧视和三级价格歧视。这三种价格歧视产生的条件不同，影响也不同，其中三级价格歧视最为普遍。

1. 一级价格歧视

一级价格歧视是指垄断厂商能够对不同支付意愿的每个消费者（或每单位商品）分别收取不同的价格，又被称为完全价格歧视。此时，垄断厂商就不必担心由于向低支付意愿消费者出售商品而减少较高支付意愿消费者支付的价格。

这样的话，垄断厂商就会不断提供产品，对每一单位产品索取可以得到的最大价格，直到消费者对最后一单位产品的支付意愿等于生产的边际成本为止。这也正好是社会最优的产量。

垄断厂商实行完全价格歧视时，每一产量都将按市场支付意愿来收取价格。一级价格歧视的厂商将所有消费者剩余榨光，转化为了生产者的垄断利润。

完全价格歧视在现实中很少，因为这需要垄断的生产者对不同消费者的支付意愿了解得一清二楚。

2. 二级价格歧视

二级价格歧视又称为成批定价、分段定价或数量折扣，是指垄断厂商对某一特定的消费者，按其购买商品数量的不同制定不同的价格，以此获利的一种方法。如根据产品销量定价，对成批购买者实行优惠。在二级价格歧视下，垄断厂商剥夺了部分消费者剩余。

如图 7 - 11 所示，AB 为某电力公司面临的市场需求曲线。为了鼓励家庭多用电，当用电量为 Q_1 时，每千瓦价格为 P_1；用电量为 Q_2 时，每千瓦价格为 P_2；用电量为 Q_3 时，每千瓦价格为 P_3。

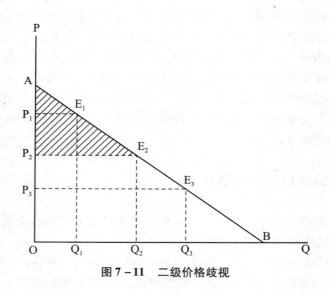

图 7 - 11　二级价格歧视

实行这样的价格歧视之后，电力公司的总收益显然超过全部按照 P_3 收费的总收益。

如果不存在价格歧视，全部按照 P_3 的价格收费，消费者剩余为图中三角形 P_3AE_3 的面积，而如果实行二级价格歧视，则垄断厂商即电力公司的总收益的增加量刚好是消费者剩余的损失量，消费者剩余减少为图示阴影面积。

由此可见，实行二级价格歧视的垄断厂商利润会增加，部分消费者剩余转化为垄断利润。此外，垄断厂商有可能达到或接近 P＝MC 的有效率的资源配置产量。

3. 三级价格歧视

三级价格歧视指垄断厂商把不同类型的购买者分割开来，形成各子市场；然后把总销量分配到各子市场出售，根据各子市场的需求价格弹性分别制定不同的销售价格。三级价格歧视在现实经济生活中最为普遍。

例如，对同一种产品，在富人区的价格高于在贫民区的价格；同样的学术刊物，图书馆购买的价格高于学生购买的价格；对于同一种商品，国内市场和国外市场的价格不一样；同一班飞机上的头等舱、公务舱和经济舱的机票价格就不一样。下面我们将具体分析三级价格歧视的做法。

假设垄断厂商拥有两个独立的市场（且只拥有这两个市场），这两个市场上的消费者需求不同。那么，厂商如何决定两个市场上的销售量和价格呢？

首先，厂商应该根据 $MR_1 = MR_2 = MC$ 的原则来确定产量和价格。其中，MR_1 和 MR_2 分别表示两个市场的边际收益，MC 表示产品的边际成本。原因在于：第一，就不同的市场而言，厂商应该使各个市场的边际收益相等。只要市场之间的收益不相等，厂商就可以通过不同市场之间的销售量的调整，把产品从边际收益较低的市场转移到边际收益较高的市场出售，以实现利润最大化。第二，厂商应该使生产的边际成本 MC 等于各市场相等的边际收益。只要二者不等，厂商就可以通过增加或减少产量来获得更大的收益，直至实现 $MR_1 = MR_2 = MC$ 的条件。

三级价格歧视要求厂商在需求价格弹性小的市场上制定较高的产品价格，在需求价格弹性大的市场上制定较低的产品价格。如果两个市场具有相同的需求弹性，则垄断厂商就不可能实现价格歧视。

分析案例 7 - 2

麦当劳的价格歧视

麦当劳连锁店一直采取向消费者发放折扣券的促销策略。他们对来麦当劳就餐顾客发放麦当劳产品的宣传品，并在宣传品上印制折扣券。为什么麦当劳不直接将产品的价格降低？回答是折扣券使麦当劳公司实行了三级差别价格。麦当劳公司知道并不是所有的顾客都愿意花时间将折扣券剪下来保存，并在下次就餐时带来。此外，剪折扣券意愿与顾客对物品支付意愿和他们对价格的敏感相关。富裕而繁忙的高收入阶层到麦当劳用餐弹性低，对折扣券的价格优惠不敏感，不可能花时间剪下折扣券并保存随时带在身上，以备下次就餐时用。而且折扣券所省下的钱他也不在乎。但低收入的家庭到麦当劳用餐弹性高，他们更可能剪下折扣券，因为他的支付意愿低，对折扣券的价格优惠比较敏感。

麦当劳连锁店通过只对这些剪下折扣券的顾客收取较低价格，吸引了一部分低收入家庭到麦当劳用餐，成功地实行了价格歧视采取了三级差别价格。并从中多赚了钱。如果直接将产品价格降低，不带折扣券的高收入阶层的高意愿消费而多得的收入就会流失。

第三节 垄断竞争市场

完全竞争市场和完全垄断市场是理论分析中两种极端的市场形态。比较现实的市场是既存在竞争因素又存在垄断因素，即介于完全竞争和完全垄断之间，竞争和垄断混合在一起的市场。根据竞争因素和垄断因素的程度，这种市场又可区分为垄断竞争市场和寡头垄断市场。前者竞争的因素多一些，是比较接近于完全竞争的市场结构，而后者垄断的因素多一些，是比较接近于完全垄断市场的市场结构。

一、垄断竞争市场的条件及形式

垄断竞争是一种商品有许多卖者且卖者商品之间有一定差别从而形成不完全竞争格局的市场结构。在现实经济生活中，垄断竞争市场是非常普遍的，它广泛出现在各种零售业、轻工业和服务业中，如彩电、洗涤剂、牙膏、饮料、快餐等。

具体地说，垄断竞争市场的条件主要有以下三点。

（1）最基本条件：同种产品之间存在差别，是同类但不同质的市场。

在这里，产品差别不仅指同一种产品在质量、构造、外观、销售服务条件等的差别，还包括商标、广告方面的差别和以消费者的想象为基础的任何虚构的差别。例如，在两家拉面馆出售的同一种拉面在实质上没有差别，但是，消费者却认为一家拉面馆的拉面比另一家的好吃。这时，即存在着虚构的产品差别。

一方面，由于市场上的每种产品之间存在着差别，因此，每个厂商对自己的产品价格都具有一定的垄断力量，从而使生产带有垄断的因素。一般来说，产品的差别越大，厂商的垄断程度就越高。另一方面，由于有差别的产品之间又是很相似的替代品，因此，市场中又具有竞争的因素。如此，便构成了垄断因素和竞争因素并存的垄断竞争市场的基本特征。例如，不同品牌的饮料、化妆品和香烟。

（2）市场中有众多的厂商生产和销售该产品。由于厂商数目众多，以至于每个厂商都认为自己的行为对市场的影响极小，而不会引起其他厂商的注意和反应，因而自己也不会受到竞争对手的任何报复性措施的影响。如理发、快餐行业等。

（3）厂商的规模比较小，进出该市场不存在太大的困难，基本属于自由进出。

由于市场不存在竞争壁垒，因此，新厂商带着同种商品进入市场，以及已有厂商在无利可图时退出市场是比较容易的。

垄断竞争市场的特点决定了垄断竞争厂商之间的竞争形式是多样的。一般来说，它们往往会采用以下三种形式来扩大商品销售量或增加利润。

（1）价格竞争。垄断竞争厂商对商品的价格有一定的控制力，它们可以通过降低价格来吸引更多的消费者。

（2）品质竞争。由于价格竞争有可能会降低垄断厂商的利润，因此大部分厂商一般不会轻易变动价格，而转向采取非价格竞争。垄断竞争厂商通过创建和维护自身商标、树立品牌、提高产品质量和服务等手段，巩固自己产品在消费者心目中的特殊地位，而达到扩大产品销售量、增加利润的目的。

（3）广告竞争。广告宣传是另外一种非价格竞争方式，是形成产品差别化的一个重要原因，垄断竞争市场最需要进行广告宣传。在完全竞争市场中，广告宣传是没有必要的，但在垄断竞争市场，对扩大销售量却起着重大的作用，它能够使得消费者的需要适应产品的差别。

二、垄断竞争厂商的需求曲线

根据垄断竞争市场的特征，一方面，由于每个厂商提供的产品在消费者看来具有差别，因而对某一厂商生产的产品，存在着一批"忠实的"消费者，他们特别偏爱这一厂商的产品。对这些消费者而言，这家厂商就具有垄断的性质。也就是说，厂商供给的产量具有一定的影响价格的能力，因而垄断竞争厂商面临着一条向右下方倾斜的需求曲线。

另一方面，垄断竞争市场区别于垄断市场。垄断竞争市场上单个厂商生产的产品不仅具有替代品，而且行业中随时都有厂商进入和退出。正因为如此，当厂商试图提高产品价格时，其损失掉的需求量必然比垄断厂商更大；相反，当垄断竞争厂商降低价格时，其争取到的需求量又必然比完全竞争厂商大。

综合以上两方面的因素，垄断厂商面临着一条向右下方倾斜的需求曲线，其相对于完全竞争厂商而言要更陡一些，即更缺乏弹性；相对于垄断厂商来讲需求曲线要更缓，即更富有弹性。

作为有差别的同类产品，对某厂商产品的需求不仅取决于该厂商的价格，还取决于其他厂商是否采取对应措施。

某一厂商降价：如果其他厂商不降价，则对该厂商产品的需求量上升多；如其他厂商也采取降价措施，则对该厂商产品的需求量不会增加很多。

d 曲线：单个厂商改变价格，其他厂商保持不变时，该厂商的需求曲线，斜率较小，又被称为主观需求曲线。

D 曲线：单个厂商改变价格，其他厂商为了保持自己的市场，跟着降价，对该厂商产品需求量的上升不会如想象得那么多。这就存在着另外一条需求曲线，又被称为客观需求曲线。

垄断竞争厂商面临的两条需求曲线的关系：

（1）当垄断竞争市场中的所有厂商都以相同的方式改变产品价格时，整个市场价格的变化会使得单个垄断竞争厂商的 d 需求曲线的位置沿着 D 需求曲线发生平移。

（2）由于 d 需求曲线表示单个垄断竞争厂商单独改变价格时所预期的产品销售量，D 需求曲线表示每个垄断竞争厂商在每个市场价格水平实际所面临的市场需求量，所以，d 需求曲线和 D 需求曲线相交意味着垄断竞争市场的供求相等状态。

（3）很显然，d 需求曲线的弹性大于 D 需求曲线，即前者较之后者更平坦一些。

三、垄断竞争厂商的均衡

1. 短期均衡

垄断竞争厂商在进行产量或价格决策时不必考虑行业内其他厂商的反应，也就是说，在短期内，厂商认为自己所面临的是一条不变的向右下方倾斜的市场需求曲线。于是，和通常一样，厂商总是根据边际收益等于边际成本的原则确定利润最大化的产量。

垄断竞争厂商短期均衡的条件是：

$$MR = SMC$$

在短期均衡的产量上，必定存在一个 d 曲线和 D 曲线的交点，它意味着市场上的供求是相等的。此时，垄断竞争厂商可能获得最大利润，利润可能为零，也可能蒙受最小亏损。

在企业亏损时，只要均衡价格大于 AVC，企业在短期内总是继续生产的；只要均衡价格小于 AVC，企业在短期内就会停产。

由于垄断竞争厂商也对自己的产品价格具有一定的影响力，因此，与垄断厂商一样，垄断竞争厂商在短期内也没有明确的供给曲线。

2. 长期均衡

在长期内，垄断竞争厂商的内外部都会进行调整。首先，从内部来看，厂商可以调整生产规模，使得厂商提供的每一个产量所花费的成本都是现行生产技术水平下的最小成本。因而，长期内厂商依据长期成本进行决策。在长期中，如果厂商面临的需求不发生变动，厂商将根据边际收益等于长期边际成本的原则决定产量，并且只有在盈利或收支相抵时才会进行生产。

其次，从外部来看，其他行业中的厂商可以自由进入该行业，而行业中已有的厂商也可以自由地退出。正是这种进入或退出使得单个垄断竞争厂商面临的状况发生变动。这是垄断竞争市场上长期与短期最重要的区别，也是其与垄断市场最重要的区别。

在长期内，如果垄断竞争厂商能够盈利，其他行业中的厂商受到利润的吸引会进入该行业，新厂商的加入提供了相替代的产品与行业中原有的厂商竞争，使原有厂商的市场份额下降，产品价格也相应下降，直到正的经济利润消失为止。反之，如果行业中的垄断竞争厂商亏损，一部分厂商便会逐渐退出，从而未退出的厂商市场份额增加，产品价格也相应上升，直到不再亏损为止。这种情形与完全竞争市场类似。

如图 7–12 所示，垄断竞争厂商长期均衡时，不但要求 MR = LMC，而且要求 P = LAC，而对于垄断厂商来说，完全有可能在价格高于平均成本的情况下实现长期均衡，因为它独占整个市场。

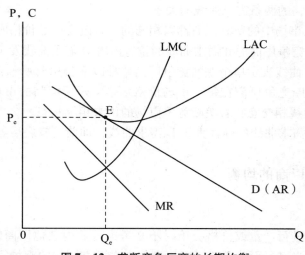

图 7–12　垄断竞争厂商的长期均衡

注意图中 E 点，它是平均收益曲线和长期成本曲线的切点，由于平均收益曲线向右下方倾斜，该点必然位于长期平均成本曲线最低点的左侧，也就是说，厂商的生产成本并未达到最低水平，从而说明垄断竞争厂商是存在闲置生产能力的。

多余的生产能力是为得到多样化的产品而必须付出的成本。在现实经济生活中，垄断竞争市场所存在的多余的生产能力，往往表现为市场里小规模的厂商数量过多。

比如，城市里分布密集的杂货店就大大超过了实际需求。因此，在垄断竞争市场中，减少厂商数量，扩大单个垄断竞争厂商的规模，可以提高经济效率和增进社会福利。

综上所述，垄断竞争厂商的长期均衡条件是：

$$MR = LMC = SMC \quad AR = LAC = SAC$$

即厂商的产量由边际收益等于长期边际成本决定，而对应于平均收益上的价格恰好等于其长期平均成本。

3. 垄断竞争市场的经济效率

从竞争或者垄断的程度来看，垄断竞争市场介于完全竞争市场和完全垄断市场之间。而从经济效率的高低来看，垄断竞争市场也是位于两者之间，其均衡产量高于完全垄断市场，但低于完全竞争市场；其均衡价格高于完全竞争市场，但低于完全垄断市场。

（1）从资源配置的效率上讲，垄断竞争市场在达到长期均衡时，价格高于边际成本，而价格高于边际成本的完全竞争市场是最具效率的。

（2）从生产能力利用的角度来讲，垄断竞争市场达到长期均衡时没有把生产平均成本推进到最低点，说明垄断竞争厂商存在着一部分的闲置的生产能力。

尽管垄断竞争市场的效率低于完全竞争市场，但是我们也应该看到，垄断竞争市场厂商产品的差别可以满足消费者多样的需求，同时也有一些经济学家认为从长期看垄断竞争市场比完全竞争市场更具有动态的效率。因为在垄断竞争市场上无论是价格竞争还是非价格竞争，竞争的激励性都有利于长期的技术进步，降低产品价格，增进社会福利。

四、非价格竞争

在垄断竞争市场上，厂商之间既存在价格竞争，也存在非价格竞争。就价格竞争而言，它虽然能使一部分厂商得到好处，但从长期看，价格竞争会导致产品价格持续下降，最终使厂商的利润消失。因此，非价格竞争便成为垄断竞争厂商普遍采取的另一种竞争方式。

在垄断竞争市场上，由于每一个厂商生产的产品都是有差别的，所以，垄断竞争厂商往往通过改进产品品质、精心设计商标和包装、改善售后服务以及广告宣传等手段，来扩大自己产品的市场销售份额，这也是非价格竞争。这也是我们经常会在各种媒体上看到大量的牙膏、洗发水、休闲食品等产品广告的原因。

产品变异就是非价格竞争的重要手段之一。产品变异指变换产品的颜色、款式、质地、做工和附带的服务等来改变原有的产品，以形成产品差别，影响市场均衡。产品变异会影响产品成本和产量，但关键要看经过变异能否形成较大的需求从而给垄断竞争厂商带来更大的超额利润。如果经过变异之后，在新的均衡条件下超额利润高于原来均衡时的超额利润，这种变异就是优化的变异。

推销活动的竞争是另一种非价格竞争的重要手段。推销活动会引起销售成本的变化。销售成本是用来增加产品需求的成本，包括广告开支、各种形式的推销活动，如送货上门、陈列样品、举办展销、散发订单之类的开支。其中以广告最为重要。

与完全竞争和完全垄断市场不同，广告对垄断竞争厂商具有十分重要的作用，它是垄断竞争厂商扩大产品销路的重要手段。广告一方面会增加产品的销量，但另一方面也会增加销售成本，因此，是否做广告以及花费多少费用做广告是垄断竞争厂商必须充分考虑的事情。

在完全竞争市场，由于每一个厂商生产的产品都是同质的，所以，厂商之间不可能存在非价格竞争。而在垄断竞争市场，短期中，每个厂商都可以在部分消费者中形成自己的垄断地位，处于完全垄断状态。

垄断竞争厂商进行非价格竞争，仍然是为了获得最大利润。进行非价格竞争是需要花费成本的。例如，改进产品性能会增加生产成本，增设售后服务网点需要增加投入，广告宣传的费用也是相当可观的。

厂商进行非价格竞争所花费的总成本必须小于由此所增加的总收益，否则，厂商是不会进行非价格竞争的。很显然，边际收益等于边际成本的利润最大化原则，对于非价格竞争仍然是适用的。

第四节　寡头市场

一、寡头市场的特征及分类

1. 寡头市场的特征

寡头市场又称寡头垄断市场，是指只有少数几家厂商控制某种商品的绝大部分乃至整个市场的一种市场结构。我们所熟悉的寡头厂商包括：中石油与中石化、中国移动与中国联通等。与其他市场组织形式相比，寡头市场通常具有以下特征：

第一，厂商数目极少，因此，每一家厂商都占有较大的市场份额。

第二，厂商生产的产品既可同质，也可有差别，由此分为无差别寡头垄断市场和有差别寡头垄断市场。厂商之间存在的激烈竞争可以是价格竞争，也可以是产量竞争。

第三，厂商之间相互依存，各个厂商的决策会相互影响，每一个厂商的价格和产量变动都会影响其对手的销售量和利润水平。因而每家厂商做出决策之前都必须考虑这一决策会对其对手产生什么样的影响。这就产生了厂商行为的不确定性，从而使得厂商的决策面临着很大的困难，也使得寡头垄断厂商的均衡产量和价格很难有确定的解。

第四，存在进入的障碍，其他厂商无法顺利进入。行业存在规模经济；相互勾结，构筑进入壁垒；采用收购、兼并一些小企业等形式来减少厂商的数目；政府的产业政策所致（厂商数目较稳定）。

2. 寡头市场的成因

形成寡头市场的原因主要有：首先是规模经济，在有些行业中，除非一个厂商的产量在整个市场中占较大的比重，否则它不可能取得较低的成本，其结果，在这样的行业中，厂商的数目将变得非常少；其次，行业中几家企业对自然资源的控制或者拥有受法律保护的专利权；最后，政府的扶持和支持，比如中国的电信业。由此可见，寡头市场的成因与完全垄断市场的成因是很相似的，只是程度上有所差别而已。

3. 寡头垄断市场的分类

寡头行业可按不同方式分类：

（1）根据寡头垄断行业的厂商数目，可分为双头垄断（一个行业由两个厂商组成）、三头垄断（一个行业由三个厂商组成）和多头垄断。

（2）根据产品特征，可分为纯粹寡头行业和差别寡头行业。在纯粹寡头行业中，厂商生产的产品是没有差异的，如钢铁、石油和水泥等；在差别寡头行业中，厂商生产的产品是有差别的，如汽车、计算机等。

（3）从行为方式上，寡头可分为独立行动寡头和勾结性寡头。前者指同一行业内各个厂商彼此独立，互不合谋；后者指同一行业内的厂商相互勾结，联合行动。

前面提到寡头厂商之间的竞争可以是产量竞争，也可以是价格竞争。下面我们介绍几个典型的寡头模型来分析寡头厂商的行为。

在寡头市场中，单个厂商的产量变化将明显影响整个市场上的产量，从而影响市场价格。由于市场价格是由全部厂商的产量决定的，在不知道其他厂商产量的情况下，单个厂商就无法确定他所面临的价格与其产量的关系。

当一个厂商增加产量时，市场价格如何变化取决于其他厂商的行为。要想确定市场价格如何变化，必须假定其他厂商的行为。可是，关于其他厂商的行为，可选择的假设有多个，不同的假设给出不同的结论。所以，西方经济学家关于寡头的分析模型众多。

这些模型可以分为两大类：一类是非勾结性寡头垄断模型，其中最主要的是古诺模型、斯威齐模型、斯泰克伯格模型和伯特兰德模型；另一类是勾结性寡头垄断模型，其中最主要的是卡特尔和价格领导模型。

二、非勾结性寡头垄断模型

1. 古诺模型

古诺模型，又称古诺双寡头模型或双寡头模型、双头垄断理论或双头模型，是一个只有两个寡头厂商的简单模型。该模型假定一种产品市场只有两个卖者，并且相互间没有任何勾结行为，但相互间都知道对方将怎样行动，从而各自确定最优的产量来实现利润最大化。

古诺模型是早期的寡头模型，它是由法国经济学家古诺于 1838 年提出的，是纳什均衡应用的最早版本。古诺模型通常被作为寡头理论分析的出发点，其结论可以很容易地推广到三个或三个以上的寡头厂商的情况中去。

该模型有以下基本假定：

（1）有两个相同的矿泉在一起，一个为 A 厂商占有，一个为 B 厂商占有。

（2）两个矿泉是自流井，因此厂商生产矿泉水的成本为零。

（3）两个厂商面对相同的线性市场需求曲线，并采取相同的市场价格。

（4）两个厂商都是在已知对方产量的情况下，各自确定能给自己带来最大利润的产量，即每一个厂商都是消极地以自己的产量去适应对方已确定的产量。

（5）两个厂商独立进行决策，不存在勾结行为。

（6）两个厂商同时做出决策。

古诺均衡解：只要一个厂商变动产量，另一个厂商也必须跟着变动自己的产量。市场均衡意味着两家厂商都没有变动产量的意愿。两厂商均衡的产量都是市场容量的 1/3，两个寡头厂商的总产量实际只有市场总容量的 2/3。剩余的 1/3 的市场容量是寡头垄断的市场所无法满足的，因而可以看作是寡头垄断给社会所造成的损失。推论：

寡头厂商提供的产量＝市场容量×1/（厂商数目＋1）

2. 斯威齐模型

斯威齐模型是美国经济学家保罗·斯威齐于 1939 年提出的用以说明一些寡头市场价格刚性现象的寡头模型。价格刚性表明当需求或成本发生适度变动或两者都发生适度变动时，价格却保持不变。

斯威齐断言，寡头厂商推测其他厂商对自己价格的态度是：跟跌不跟涨，即预期自己降价时，其他厂商也会采取同样的降价行为，以免他们丧失自己的市场；而自己涨价时，其他厂商却不跟着涨价，以夺取客户。因此，寡头垄断厂商的需求曲线是弯折的需求曲线。

3. 斯泰克伯格模型

斯泰克伯格模型是德国经济学家海里希·冯·斯泰克伯格在 20 世纪 30 年代创立的。该模型是一种先动优势模型，即首先行动者在竞争中取得优势。

前面我们都是假定两个寡头厂商是同时做出产量决策的。现在我们来看一下，如果其中一个厂商能先决定产量会发生什么情况，即先决策的厂商是否有利？

结论是有利。理由是首先宣布就造成了一种既成事实——不管你的竞争者怎么做，你的产量都是大的。为了使利润最大化，你的竞争者只能将你的产量视为既定，并为自己确定一个低产量水平（如果你的竞争者生产一个大的产量水平，这就会将价格压低，你们双方都会亏损）。

古诺模型和斯泰克伯格模型是寡头垄断行为的不同代表，哪种模型更适宜一些，取决于不同的产业。对于一个由大致相似的厂商构成，没有哪个厂商具有较强的经营优势或领导地位的行业，古诺模型也许要适用一些。有些行业是由一个在推出新产品或定价方面领头的大厂商主导的，大型计算机市场就是一个例子——其中 IBM 就是领导者，此时斯泰克伯格模型可能更符合实际。

4. 伯特兰德模型

伯特兰德模型是由法国经济学家约瑟夫·伯特兰德于 1883 年建立的。同古诺模型一样，各厂商生产同一种产品。但现在它们进行的是价格竞争，而非产量竞争，这会对结果产生很大影响。

现在假设这两个厂商是通过同时选择价格而不是产量进行竞争。因为产品是同质的，所以消费者只会从价格最低的卖方那里购买。因此，如果两个厂商定不同的价格，价格较低的厂商将供给整个市场而价格较高的厂商将什么都卖不出去。如果两个厂商定价相同，则消费者对于从哪个厂商购买是无差异的，所以我们可以假定此时两个厂商各供给市场的一半。

与古诺模型相比较，不难发现，从产量竞争到价格竞争的变化使得结果相去甚远。在古诺均衡中，两厂商均能得到利润，而伯特兰德均衡解却使两厂商只能赚到零利润。

伯特兰德模型并不是十分完备的。一方面，在现实生活中，生产同质产品的厂商之间更多是通过产量竞争，而非价格竞争。另一方面，即使各厂商之间进行价格竞争并用模型分析选择相同价格，但未必就能分到一半的市场份额。尽管如此，伯特兰德模型表明了一个寡头垄断的均衡结果是如何决定，取决于厂商对策略变量的选择是产量还是价格。

三、勾结性寡头垄断模型

前面我们介绍了非勾结性寡头垄断模型的几种主要模型，下面我们将接着分析一些公开和不公开勾结的行为模型。

1. 卡特尔模型

卡特尔是指寡头厂商正式公开地相互勾结，采取协议形式共同确定价格、产量、市场划分等而形成的合作组织。由于卡特尔可以像一个完全垄断企业那样行事，有些国家制定了反托拉斯法，来反对这种公开的勾结行为。

卡特尔制定统一价格的原则是使整个卡特尔的利润最大化，因此，必须使边际成本等于边际收益，即 MC = MR。为此，卡特尔要根据有关资料确定在每一可能的价格水平上对该行业产品的需求量，以确定卡特尔的需求曲线，从中计算出边际收益曲线。同时，将各厂商的边际成本曲线水平加总形成卡特尔的边际成本曲线。从而，根据两者的交点确定卡特尔的利润最大化的产量和价格。

如图 7 – 13 所示，D 是卡特尔的需求曲线，MR 和 MC 分别是从各厂商的边际收益曲线和边际成本曲线求出的卡特尔的边际收益和边际成本曲线。MR 和 MC 的交点确定了卡特尔的总产量 Q_e 和统一价格 P_e。

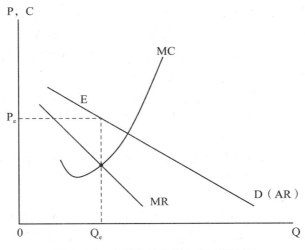

图 7 – 13　卡特尔的价格和产量的决定

卡特尔的价格和产量的决定同完全垄断厂商的价格和产量的决定是完全一样的。实际上，也可以将卡特尔看成一个完全垄断厂商。

卡特尔确定了总产量之后，会按照事先达成的协议向各个成员分配产量配额。由于各个成员的经济实力不完全相同，因此，获得产量配额的机会也不均等。正是因为卡特尔内部成员之间的产量分配受到各厂商地位、生产能力、销售规模等的影响，并且，卡特尔的各成员还可以通过广告、信用、服务等非价格竞争手段拓宽销路、增加产量。

成员单独违背合同，偷偷扩产独享扩产好处会导致卡特尔的不稳定性。因此，卡特尔本身是不稳固的。

在现实生活中，成功的卡特尔并不多见。原因之一是在大多数国家，卡特尔都是违法的。即使没有法律限制，要建立成功的卡特尔，还必须具备如下条件：

（1）市场需求缺乏弹性。只有在市场需求缺乏弹性的情况下，限制产量才能有效地提高价格，从而增加利润。

（2）只有少数厂商。厂商们就产量配额和价格的谈判是有成本的，厂商个数太多，谈判和组织成本就会太高，甚至无法达成协议。

（3）整个行业中有愿意担当发起人的大厂商。大厂商从成功卡特尔中得到的利益最大，从而愿意担当发起人，而且，大厂商一般来说也比较有号召力。

（4）存在进入这个行业的障碍。当现有厂商联合起来限制产量和提高价格后，如果其他厂商可以轻易进入这个行业，那么，卡特尔就不可能成功。所以，一个行业要建立成功的卡特尔，必须有进入这个行业的障碍。这些障碍可以是天然的，也可以是人为的。

（5）必须能够有效地监督和惩罚违背协议者。当卡特尔有效地提高价格后，价格会远远高于单个厂商的边际成本。这时，单个厂商会有强烈的作弊动机，即突破产量配额。如果没有有效的监督和惩罚手段，所有厂商都会突破产量配额，最终导致卡特尔名存实亡。

对于成功的卡特尔，上述条件缺一不可。这就可以解释，为什么现实中成功的卡特尔很少。在上述条件中，尤其难以做到的是防止其他厂商进入、有效监督和惩罚作弊者。所以，在没有任何暴力的纯粹自由市场中，几乎不可能有成功的卡特尔。这也意味着，现实中，每个成功的卡特尔背后都有某种形式的暴力（包括强制和威胁暴力）。

2. 价格领导模型

在某些寡头领导市场，一家大厂商拥有总销售量的主要份额，而其他较小的厂商供给市场的其余部分。此时大厂商可能会领先制定价格，其他小厂商则把该价格当做市场给定的，并据此安排生产。这就是价格领导模型。

在该模型中，领导厂商可以根据利润最大化的原则来制定价格和产量，而跟随厂商则与完全竞争市场中的厂商一样，被动地接受领导厂商制定的价格，安排自己的利润最大化产量。

在本模型中，领导厂商和小厂商的规模相差较大是一个重要的前提。如果厂商规模类似，就不会有厂商被动接受其他厂商制定的价格，其结果就有可能类似于前面所介绍的伯特兰德模型的结果。

第五节　各种市场类型的比较

通过以上分析，可以发现在不同类型的市场上，厂商面对的需求曲线不同，它们的产品产量和价格决策也不相同，最终导致不同市场结构中厂商的经济效率不同。

一、对完全竞争市场经济效率的评价

经济学家认为市场结构的竞争程度越高，经济效率就越高；反之，垄断程度越高，经济效率越低。所以经济效率最高的是完全竞争的市场结构。因为按照经济学家的分析，各种资源或生产要素要发挥最大效率的条件是企业必须达到这样的产量水平：使自己的成本达到平均成本曲线的最低点；同时使边际成本等于价格（即 $P = MC = AC$ 最低点）。只有完全竞争的市场结构能同时满足这两个条件。

$P = AC$ 最低点，说明企业在既定的技术水平下已经最充分地利用各种生产资源，因而生产效率达到最高。资源的最充分利用既有利于生产者，也有利于经济社会。

$P = MC$，说明从社会资源合理分配的角度看，企业的产量水平也处于最优。因为价格代表社会对企业每一件多生产的产品的价值评价，边际成本则代表多生产一件产品所需追加的资源的价值。如果企业生产某种产品，其产量水平处于 $P > MC$ 的情况，表明生产出来的产品的价值大于所投入资源的价值，说明企业的产量水平不是最优，因为这时如果企业增加产量，还能进一步增加社会的总财富。反之，若企业生产某种产品，产量水平处于 $P < MC$ 的情况，表明生产出来的产品价值小于投入资源的价值，这时企业若减少产量，反而可以进一步增加社会的总财富。所以只有当 $P = MC$ 时，企业的产量水平从整个社会资源的合理分配角度看是最优的，能为社会提供最大的财富。

因此，按照经济学的理论，在完全竞争条件下，只要企业追求最大利润，从长期看，不仅能使企业生产效率达到最高，而且资源的配置也是最优的。这是市场机制这只"看不见的手"作用的结果。

从理论上看，完全竞争的市场的确是一种理想的市场结构，但上述结论是建立在一系列严峻的假设条件基础上，如完备的信息、产品同质等，这些假设条件在现实生活中难以得到满足，因而完全竞争的市场结构在现实经济生活中是根本不存在的。

二、对垄断市场经济效率的评价

垄断市场被认为是经济效率最低的市场。完全垄断企业的弊端主要表现在：一是生产不足，因为在垄断企业里，当企业达到利润最大的产量时，$P > MC$，即社会对企业所生产的产品价值的评价要高于所投入资源的价值。因而从社会资源合理分配的角度看，说明该企业生产的产品产量不足，应增加产量，才能更好地满足消费者的需要。二是效率不高，垄断企业不能用最低的平均成本进行生产，这就不能最有效地利用生产要素，造成了生产资源的浪费。三是分配不公平，垄断企业能保持垄断利润，是以牺牲全社会消费者的利益为代价的，是对消费者的剥夺。四是垄断也阻碍了技术进步。

但一些学者持不同观点，认为许多小企业被兼并为垄断企业以后，实行大规模经营，可以降低成本，提高经济效率，这有利于消费者。此外，垄断企业资金雄厚，可以从事革新生产技术的长期研究。总的来说，多数学者认为垄断弊大于利。

由于垄断企业有弊病，就需要政府的干预。政府的干预措施主要有：一是对垄断企业课以重税，目的是将企业的超额利润抽走，使分配公平些。二是制定和执行反垄断法，尽量增加市场的竞争性，减少垄断性。三是政府对自然垄断企业进行管辖。有些企业，如电力公司、自来水公司等公用事业企业，规模经济性很显著，对于这类企业，政府不实行反垄断法，而是准许其实行垄断，但由政府直接控制其价格。其目的是：不让它们有超额利润，并促使他们增加产量使消费者能得到由规模经济性带来的低成本的好处。

三、对垄断竞争市场经济效率的评价

垄断竞争市场的经济效率低于完全竞争市场，但高于垄断和寡头垄断的市场。从长期看，垄断竞争企业的经济利润趋于零，只获得正常利润，经济学家认为这是这种市场模式的优点，说明它的分配是公正的。但从效率上看，经济学家认为它存在着弊病。一是垄断竞争企业达到长期均衡性时，P > LMC，意味着多生产一单位产品的边际社会收益大于它的边际社会成本，因而从社会资源合理分配的角度看，企业生产不足。二是垄断竞争企业在均衡时，虽然 P = LAC，企业只能获得正常利润，但企业并没有在长期平均成本曲线的最低点上进行生产，这说明它的生产能力没有得到充分利用，生产效率没有达到最高。三是垄断竞争企业进行的某些非价格竞争一定程度上是对资源的浪费。和完全竞争企业相比，垄断竞争企业产量较低而价格较高。但和垄断企业相比，垄断竞争企业的产量较高，价格较低，利润也较低。

对于垄断竞争企业中存在过剩的生产能力而造成资源配置的低效，经济学家有不同看法，有人认为这未必是一种弊病。因为，一是如果要求把所有企业的生产能力都充分利用起来，都在成本最低处生产，就必然要关掉一批企业。二是过剩的生产能力的大小取决于企业需求曲线的弹性，若企业之间生产的产品替代程度高，企业的需求曲线就富有弹性，那么过剩的生产能力就会相对较小。但对于消费者来说，可能会欢迎因垄断竞争条件而造成的产品差别，因为这样消费者就能在品种繁多的替代产品中任意挑选，满足自己的特殊偏好，所以他们可能十分愿意为垄断竞争条件下的低经济效率付出代价。因此如果不是单纯从成本角度看问题，而是从消费者福利的角度看问题，垄断竞争企业的低生产效率并不能算是一种弊病。此外在非价格竞争中，垄断竞争企业必须提高技术、改进产品，因而垄断竞争企业比完全竞争企业更有利于创新。

四、对寡头垄断市场经济效率的评价

寡头垄断市场被认为是经济效率仅仅高于完全垄断的市场结构。它的低经济效率主要表现在：一是低产量，同时价格高于边际成本，因而从社会角度来讲，意味着寡头垄断企业生产不足和资源分配的低效。由于资源不能得到最有效的利用，消费者不能得到最大的满足，因此社会福利受到损失。二是寡头垄断企业的产量一般比完全竞争企业低，价格却比完全竞争企业高，因而利润也比完全竞争企业多。同时由于行业壁垒的存在，使寡头垄断市场的企业可以长时期得到经济利润，这意味着社会分配的不公平。三是寡头垄断企业过度制造产品差别和广告等非价格竞争，造成了资源的浪费。

但一些经济学家认为寡头垄断企业有它的优势。主要体现在：一是规模经济性，和小规模企业相比，大企业可以以较低的单位成本进行生产。这也是一些国家鼓励、刺激企业合并成为少数寡头的主要原因。二是寡头垄断企业有研究开发的动力，而且有研究开发的实力，因而有助于研究开发。美国经济学家约翰·肯尼恩·加尔布雷恩认为：只有大规模的公司和企业才能承担风险、支付产品的研究与开发费用、制订宏大的战略计划。不过也有人认为并没有充分的证据表明大企业所使用的生产技术和开发的产品一定是最先进的。

市场类型是反映竞争程度不同的市场状态。不同类型的市场有不同的运行方式，市场交易主体也有不同的行为特点，企业对价格和产量的确定方式也各不相同，可以用表7-1来对市场结构进行简单的总结。

表 7-1　　　　　　　　　　　市场结构比较

类型	企业数目	产品差别程度	对价格的控制程度	进入或退出行业的难易程度	售卖方式	现实中近似的例子
完全竞争	众多	完全无差别	完全不能控制	非常容易	市场交易	某些农产品
完全垄断	一个	没有合适替代品的独特产品	可以在很大程度上进行控制	非常困难	进行广告宣传和加强服务	公用事业、电力电话
垄断竞争	很多	有一定差别	一定程度的控制	比较容易	广告宣传、质量竞争、管理价格	香烟业、纺织业
寡头垄断	很少	有一定差别或完全无差别	较大程度的控制	比较困难	广告宣传、质量竞争、管理价格	汽车、钢材

第六节　博弈与决策

在厂商之间高度依存的市场中，厂商个数很少，明确地知道自己的竞争对手是谁。每一个厂商都必须选择一种策略，厂商在决定采取某一行动之前必须对同行其他厂商可能的反应有自己的估计，并相应地制定下一步的行动。这样看来，一个厂商好像是与其他厂商玩游戏（如下棋、打扑克等），所以经济学家用博弈论的方法来研究相互依存的厂商之间的竞争与合作。

在博弈论分析中，一场"游戏"或对局，有几个对局者（厂商或消费者），每个对局者从自身的利益出发，按照一定的规则选择自己的策略，但他最后得到的报酬——利润或效用却是所有对局者采取的策略共同作用的结果。

一、囚犯的困境

我们从博弈论中一个著名的例子来开始我们的讨论。这个例子通常被称为囚犯的困境。假设两个犯罪嫌疑人 A 和 B 因作案被逮捕，检察官将他们分别关在两间牢房里进行审讯。检察官对 A 说，"我们实行的是'坦白从宽，抗拒从严'的政策，如果你们两个人都不坦白，你们都将被判刑 2 年；如果你坦白了而他不坦白，那么你将只被判 1 年，他将被判 8 年；如果他坦白了而你不坦白，那么你判 8 年，他判 1 年；如果你们两个都坦白，你们都将被从轻宣判"。当然，检察官对 B 说的话也是完全一样的。但实际上，如果两个人都坦白，却会因涉及更多的罪案而都被判刑 5 年。

现在，对 A 和 B 来说，他们面临怎样的选择呢？博弈论采用报酬矩阵的方法来描述这种对局，它列出所有对局者采取各种不同策略的各种不同组合以及各自相应的报酬。这是一种简化的情况，即只有两个对局者，每个对局者都只有两种策略可供选择。囚犯 A 和 B 的报酬矩阵如表 7 - 2 所示：

表 7 - 2 囚犯的困境

		囚犯 B	
		坦白	不坦白
囚犯 A	坦白	−5，−5	−1，−8
	不坦白	−8，−1	−2，−2

在本例中，两个对局者 A 和 B 都可选择坦白和不坦白两种策略，他们所有选择的不同组合可能得到四种结局。我们可将这四种结局依次表示为（坦白，坦白）；（坦白，不坦白）；（不坦白，坦白）和（不坦白，不坦白），括号中前后两种策略分别为对局者 A 和 B 所选择的策略。矩阵中的数字表明在不同选择下他们各自的报酬，前一列数字是对局者 A 的报酬，后一列数字则是对局者 B 的报酬。在本例中，囚犯得到的是惩罚，因而他们的报酬是负的。

分析一下上述矩阵，可以发现囚犯 A 和 B 都面临一种两难境地。如果他们都听从检察官的劝告而坦白的话，他们将都被判入狱 5 年；如果他们都选择不坦白的策略，即使他们曾经订立攻守同盟，在背靠背地被审讯的情况下，同伙人还是可信任的吗？此时他们都将面临同伙人背叛的风险，也就是面临被判 8 年的风险。特别是，如果检察官说："他已经坦白了你还不坦白吗？"这两个囚犯谁还能守口如瓶吗？

在这样一个对局中，最可能出现的是什么结局呢？显然是两人都坦白，即（坦白，坦白）的结局。我们可以通过比较他们各自的策略来证实这一点，而这涉及博弈论中的上策与上策均衡的概念。

二、上策与上策均衡

在市场竞争中，有许多情况与囚犯的困境是完全类似的，其中十分典型的是价格竞争的策略选择。假设一个市场中仅有 A、B 两家厂商，每家厂商可采取的定价策略都是 10 元或 15 元，我们可用下面的报酬矩阵来说明每种策略组合的结果。在矩阵里每一对数字中，前一数字表示厂商 A 可获得的利润（万元），后一数字表示厂商 B 能获得的利润（见表 7-3）。

表 7-3　　　　　　　　　　　　　　　　　价格竞争的策略选择

		厂商 B	
		十元	十五元
厂商 A	十元	100，80	180，30
	十五元	50，170	150，120

比较一下表 7-3 与表 7-2，可以发现它们的结构是十分相似的。如果两家厂商都采取低价竞争的策略，他们的利润状况都将远逊于共同实施高价策略的结局。但如果厂商 A 和 B 能够充分了解这一矩阵所示的各种结果，并能采取相互合作的态度，那么，他们将同时定价于 15 元并获得更高的利润。这种两难境况与因犯的困境是一样的。合作能够产生更高利润，但只要任何一方（如厂商 A）采取不合作的态度（定价 10 元），它就可能获得对它更有利的结果，而另一方（厂商 B）则会受损（即此时 A 可盈利 180 万元，而 B 则仅获利 30 万元）。

实际上，无论对厂商 A 还是厂商 B 来说，低价的策略都是他们的上策。所谓上策是指这样一种策略，即不管对手采取什么策略，这种策略都是最优的。从表 7-3 所显示的情况来看，厂商 A 的上策无疑就是定价 10 元的策略。因为无论厂商 B 采取什么策略，厂商 A 都能获取比定价 15 元更多的利润。如果厂商 B 定价 10 元，厂商 A 定价 10 元能够获利 100 万元，而定价 15 元只能获得 50 万元的利润；如果厂商 B 定价 15 元，厂商 A 定价 10 元可获利 180 万元，而定价 15 元却只能获利 150 万元。同样地，厂商 B 的上策也是定价 10 元的策略。

当对局者在所有策略中存在一个上策的时候，这个上策就是他们最优的策略。因此，上述对局有一个最容易出现的结局，即（10 元，10 元），此时厂商 A 获得利润 100 万元，厂商 B 获得利润 80 万元。在"因犯的困境"这个例子中，两个因犯的上策都是坦白，因此最容易出现的结局也就是两人都被判 5 年。

上述结局构成了一种博弈均衡状态，当对局者选择的都是上策的时候，这种均衡叫做上策均衡。这里的均衡概念与我们在前几节中所讨论的均衡概念有所不同。在以前各节中，我们分析了完全竞争、垄断和垄断竞争等市场结构中最终实际的均衡状态，我们都假定厂商是追求最大利润的，而且厂商在均衡状态也实现了最大利润。此外，在那几种厂商均衡模型中，厂商只有一种利润最大策略可供选择。但在博弈论中，所谓均衡是指一种稳定的结局，当这种结局出现的时候，所有的对局者都不想再改变他们所选择的策略。上策均衡是博弈均衡的一种特殊状态。

三、纳什均衡

在上述的对局中，各个对局者都存在一个上策。但在现实中大量存在着没有上策的情况，此时是否还存在对局的均衡状态呢？回答是肯定的。接下来我们就考察一种十分重要的均衡状态——纳什均衡，它以著名经济学家纳什的名字来命名。纳什均衡的著名案例是性别之战。

一对情侣准备在周末晚上一起出去，男的喜欢听音乐会，但女的比较喜欢看电影。当然，两个人都不愿意分开活动。不同的选择给他们带来的满足如表 7-4 所示。

表 7-4 性别之战

		女	
		音乐会	电影
男	音乐会	2, 1	0, 0
	电影	-1, -1	1, 2

从上述报酬矩阵中可以看到，分开将使他们两人得不到任何满足，只要在一起，不管是看电影还是听音乐会，两人都会得到一定的满足。但音乐会将使男的得到更大满足，看电影则使女的得到更大满足。

在这样一个对局中，男的女的都没有上策。实际上，他们的最优策略依赖于对方的选择，一旦对方选定了某一项活动，另一个人选择同样的活动就是最好的策略。因此，如果男的已经买好了音乐会的门票，女的当然就不再反对；反之，如果女的已经买好了电影票，男的也就会与她一起去看电影。

那么，在这个对局中是否存在均衡状态呢？显然，两人都去看电影，即（电影，电影）是一种均衡状态。因为在这种状态下，双方都不想再改变他们的策略。类似地，（音乐会，音乐会）也是一种均衡状态。因此，在这个对局中，同时出现了两个均衡状态。

我们把这种均衡称为纳什均衡。简单地说，纳什均衡是指在对手的策略既定的情况下，各个对局者所选择的策略都是最好的。在性别之战这个例子中，存在两个均衡状态，这两个均衡状态都是纳什均衡。

在市场竞争中，同样存在与性别之战类似的情况。公共技术标准的争夺就是一个典型的例子。20 世纪 90 年代初，日本厂商在高清晰度电视（HDTV）的发展方面居于领先地位。高清晰度电视技术将极大地改善电视图像的质量，并将成为未来的互动式电视传播方式的基础。但高清晰度电视的发展面临一个重大的战略问题，即如何确定世界范围的技术标准？日本厂商已经有了他们的标准，这种标准被称为 MUSE，而欧洲厂商也在开发他们自己的技术标准。假定这两类厂商的技术标准的策略选择将使他们得到如表 7-5 所示的报酬矩阵。

表 7-5 高清晰度电视技术标准的争夺

		欧洲厂商	
		日本标准	欧洲标准
日本厂商	日本标准	100, 50	30, 20
	欧洲标准	0, 0	60, 90

由表 7－5 可见，对日本厂商来说，如果日本厂商和欧洲厂商都采用日本标准，他将获得最大报酬；类似地，对欧洲厂商来说，他的最大报酬要求双方都采取欧洲标准。由此可见，协调对双方都非常重要，如果他们各自采用自己的标准，他们的收益都将远远低于采用同一种标准的情况。

在这一对局中，我们也可以找到两个纳什均衡点，即（日本标准，日本标准），或者（欧洲标准，欧洲标准）。也就是说，一旦一方选定了某种标准，另一方的最好策略就是采用与对方同样的技术标准。但问题是，双方对于采用何种技术标准的意见是完全对立的。或许我们会期望，两个纳什均衡中总有一个会成为最终的结局，但实际情况是，日本与欧洲至今并未达成有关 HDTV 技术标准的协议，他们仍在各自发展自己的标准。

美国的态度使这一问题进一步复杂化。美国联邦通讯委员会决定，美国的 HDTV 信号必须与美国现存的电视机相兼容。因此，美国厂商也在发展他们自己的技术标准，而这一标准既不同于日本的技术标准，也不同于欧洲的技术标准。世界上最终能否实行一个统一的高清晰度电视技术标准，还是像电视机和录像机那样同时存在几十个制式被不同的国家采用，目前仍难以断言。毕竟厂商之间的竞争不同于恋人之间偏好的差异，纳什均衡不一定是最可能出现的结局。

我们再归结一下上策均衡与纳什均衡的概念，可以用最简洁的语言表述如下：上策均衡是指不管你选择什么策略，我所选择的是最好的；不管我选择什么策略，你所选择的是最好的。纳什均衡是指给定你的策略，我所选择的是最好的；给定我的策略，你所选择的是最好的。

不难看出，上策均衡是纳什均衡的一种特殊情况，但纳什均衡却不一定是上策均衡。

四、威胁与承诺

1. 阻止市场进入的威胁

威胁与承诺是博弈论中的一个重要论题，它可以用来分析市场竞争中的一种重要现象。我们仍以市场进入的情形为例来分析这种现象。"小镇上的折扣店"是市场进入中的一种较为特殊的现象，在更一般的情况下，一个市场中不一定只能容纳一家厂商。此时市场进入的博弈具有略微不同的特性。

假定在一个市场中，已经有了一个经营厂商，它是这个市场中的垄断者。现在有另一家厂商作为潜在的竞争者，试图进入这个市场。对垄断者来说，如果他想要保持其垄断地位，就会设法阻止潜在竞争者的进入。在这个博弈中，潜在竞争者有两种策略可以选择，即进入或不进入；垄断者也有两种策略，或者与进入者打一场商战，或者就默许他的进入。这个博弈的报酬矩阵如表 7－6 所示。

表 7－6   阻止市场进入的博弈

		垄断者	
		商战	默许
潜在进入者	进入	−200，600	900，1100
	不进入	0，3000	0，3000

在这个博弈中，策略的选择有着确定的顺序。首先要由潜在进入者做出进入市场或不进入市场的选择，然后再由垄断者来决定是默许他的进入还是与进入者进行一场商战。当然，潜在进入者在做出决策的时候必须要考虑垄断者的反应。

我们假定潜在进入者进入市场需要花费进入成本 200 万元。对进入者来说，如果选择进入市场的策略，那么，当垄断者默许的时候，他可以与垄断者分享市场，从而获取 900 万元的净利润；但如果垄断者选择商战的策略，垄断者利用其已在市场中的优势仍可获得 600 万元的利润，而进入者不仅无法获利，而且由于付出了 200 万元的进入成本，反而要亏损。

当潜在进入者选择不进入市场的策略的时候，实际上只有一种结局，因此这里可能出现的结局只有三种。对潜在进入者来说，最有利的结局当然是（进入，默许）。当然进入者会考虑垄断者可能采取何种对策。如果进入者了解这个报酬矩阵的话，他会发现，当他进入市场之后，垄断者可能采取的是默许的对策，因为此时垄断者的利润尽管将大幅度降低，但比起商战结局的 600 万元利润来说，默许可获得的利润更多，达 1100 万元。因此，潜在进入者将选择进入的策略。于是这个博弈最可能的结果是（进入，默许）。注意，对垄断者来说，"默许"是一个上策，但对潜在进入者来说却没有上策，因而这不是一个上策均衡，但却是一个纳什均衡。

对垄断者来说，这一结局不是他所愿意看到的。因此，垄断者的自然反应是试图阻止潜在进入者的进入。问题是，垄断者如何才能阻止其他厂商的市场进入呢？

一种可能的策略是，垄断者对潜在进入者进行威胁。垄断者可以通过某种信息渠道向潜在进入者传递信息："如果你进入市场，我将采取商战的策略。"但在如表 7–6 的报酬矩阵的情况下，垄断者的威胁是不可信的。事实上，如果垄断者是理性的，潜在进入者也相信这一点的话，一旦进入，垄断者并不会选择商战的策略，而只会默许他的进入。因此声明并不能达到阻止进入的目的，进入者仍然会进入市场。这种威胁被称为空头威胁。

2. 承诺与可信性

在空头威胁无效的情况下，垄断者是否就无计可施呢？由此引出博弈论中的一个重要概念——"承诺"。所谓承诺，是指对局者所采取的某种行动，这种行动使其威胁成为一种令人可信的威胁。那么，一种威胁在什么条件下会变得令人可信呢？一般是当对局者在不实行这种威胁会遭受更大损失的时候。

与承诺行动相比，空头威胁无法有效阻止市场进入的主要原因是，它是不需要任何成本的。发表声明是容易的，仅仅宣称将要做什么或者标榜自己是说一不二的人都缺乏实质性的涵义。因此，只有当对局者采取了某种行动，而且这种行动需要较高的成本，才会使威胁变得可信。

垄断者的商战与垄断者的生产成本有关。商战的形式通常就是低价竞争，那么，如果垄断者实行低价竞争的商战策略，将需要垄断者具有足够的生产能力来应付市场上大幅度扩大的需求。事实上，如果垄断者仅仅依靠短期的加班加点来提高产量，其生产成本会相当高，使得其低价竞争的策略很难长期维持。因此，垄断者阻止进入的一种重要承诺就是通过投资来形成一部分剩余的生产能力。这部分生产能力在没有其他厂商进入市场的时候是多余的，但在进入发生时则成为其低价竞争的有力武器。

当然，生产能力的扩大需要额外的投入，我们假定垄断者需要投资 800 万元来实行这个承诺。这一投资将改变博弈的报酬矩阵，新的报酬矩阵如表 7 - 7 所示。

表 7 - 7 　　　　　　　　　　　　实行承诺后的阻止市场进入博弈

		垄断者	
		商战	默许
潜在进入者	进入	- 200, 600	900, 300
	不进入	0, 2200	0, 2200

在实施了承诺行动之后，垄断者的上策不再是默许，而变成了商战。

承诺能够阻止市场进入的关键在于其可信性。扩大投资需要花费较大的代价，但在某些情况下，只要承诺是可信的，其代价也可能相当小。例如，IBM 公司曾经承诺，对一些刚刚推向市场的新型电脑将在二、三年后以很低的价格销售。这看起来似乎不可思议，因为既然二、三年后会降价，许多人就可能推迟购买，这将降低 IBM 的销量。但实际上，IBM 公司这样做是为了阻止其他计算机公司模仿它的产品。电脑市场上存在大量的仿造者，它们往往紧跟在 IBM 公司之后推出仿造品，价格还比 IBM 计算机低 10% ~ 30%。然而，当 IBM 公司做出这样的承诺之后，对那些仿造者来说，仿造 IBM 的产品就变得无利可图，因为等他们仿造出这种产品并推向市场的时候，IBM 将很快或已经降低了售价，对 IBM 来说，做出这一承诺并不需要花费太大的成本，因为这种价格降低的趋势是必然的。

可信的承诺确实能够阻止市场的进入，但承诺同时也给厂商自身的行为带来一定的限制。这种通过限制自己的行为来获得竞争优势的做法被称为厂商的"策略性行动"。一位经济学家对此做出了较明确的解释："策略性行动就是某人通过影响其他人对自己的行为的预期，来促使其他人选择对自己有利的策略，是某人通过限制自己的行为来限制其对局者的选择"。

威胁与承诺并不仅仅发生在市场进入与阻止市场进入的竞争中，我们在现实中还可发现许多类似的例子。

3. 研究与开发策略

新产品的研究与开发（R&D）是厂商在市场竞争中保持其有利地位的非常重要手段。我们曾在垄断竞争市场的分析中指出，如果垄断竞争者能够不断推出新产品，不断获得一些短期的超额利润，那么他就可能成为长期中的超额利润获得者。因此，在垄断竞争市场中，厂商可能抱有研究与开发的强烈动机。有些经济学家认为，在寡头垄断市场中，由于厂商具有相当强的垄断势力，他们可能不愿意在研究与开发活动中投入较多的资金，从而将不利于发明与创新，不利于长期的经济发展。但这种说法未必符合实际情况。在不少行业中，产品的改进和创新可能是寡占者之间竞争的主要手段，因而研究与开发活动的策略就成为他们的关键策略。

在美国的一次性尿布市场中，有两家厂商占据了大多数的市场份额，宝洁公司（P&G）约占领 50% ~ 60%，另一家厂商金伯利—克拉克公司约占据 30%。这是一个巨大的市场，每年的销售额可达约 40 亿美元，但其他公司仍很难进入这个市场。在这个市场中，竞争的主要方面在于一次性尿布的生产成本，而成本的降低主要依靠不断地进行研究与开发，其制造过程的微小的技术改善或成本的微小的降低就可能造就有力的竞争优势。因此，宝洁公司和金伯利—克拉克公司为保持他们的垄断势力，不得不将大量的资金用于研究与开发活动之中。表 7 – 8 是这两家公司之间研究与开发竞争的报酬矩阵。

表 7 – 8　　　　　　　　　　　　研究与开发活动的博弈　　　　　　　　　单位：万美元

		金伯利—克拉克	
		R&D	无 R&D
宝洁	R&D	2000，1000	4000，– 1000
	无 R&D	– 1000，3000	3000，2000

可以看到，如果宝洁公司和金伯利—克拉克公司均不在研究与开发活动中投入资金，他们可分别获得 3000 万美元和 2000 万美元的利润。但问题是，如果一家公司进行 R&D 而另一家公司不进行 R&D，前者就将大大增加利润，而后者就将面临亏损。事实上，对这两家公司来说，R&D 都是上策，因此这个博弈将达成一个上策均衡，即（R&D，R&D），两家公司都只能赚取较少的利润。

这又是一个"囚犯的困境"。但在这样一个博弈中，即使是无限次的对局，也很难达成相互合作的结果。关键在于，通过研究与开发活动来取得成本方面的优势往往需要较长的周期，如果其中的一家公司不在 R&D 方面投入资金，等到发现自己被对方欺骗才开始其研究与开发活动来实施"以牙还牙"的策略就太晚了。

实际上，大量的研究与开发的投入也成为这个市场进入壁垒的主要因素之一。对一个进入者来说，如果想要在这个市场中夺得较大的市场份额，就必须从一开始就开展研究与开发活动，并在进入市场之后继续不断地投入。与宝洁公司及金伯利—克拉克公司相比，新进入的公司无论在生产经验、技术水平、品牌知名度等方面均处于不利境地，因此，这个市场的进入壁垒是非常高的。

从本章的分析中容易看到，博弈论竞争模式确实可以反映寡占者之间相互依存的强烈特征，在两家厂商"对局"的情况下，它可以考虑到各种竞争策略所可能产生的各种结果，并分析竞争最可能出现的均衡结局。如果有多家厂商参与竞争，那么情况将更趋复杂，分析的难度也随之增加。此外，从"囚犯的困境"案例中可看到，对局者之间的合作或不合作（串谋或非串谋）也会产生不同的结果。我们的分析主要为非合作的竞争，而博弈论也可以用来分析厂商之间合作竞争的一些情况。

本 章 小 结

本章介绍了完全竞争市场、完全垄断市场、垄断竞争市场和寡头垄断市场四种市场结构的厂商均衡模型。在前三种市场结构中，厂商都是按照边际收益等于边际成本的原则实现利润最大化，但在不同市场条件下有不同的表现形式和实现方式。在完全竞争市场中，边际收益等于平均收益，收益曲线为一条水平直线，而在不完全竞争条件下，收益曲线则向右下方倾斜；且在不同市场结构中，都有短期均衡与长期均衡之分。由于收益和成本之间的相对关系，厂商均衡又可能表现为有超额利润、收支相抵和有亏损存在这三种形态。但寡头垄断市场上的厂商均衡有其特殊性。博弈论是分析寡头垄断市场的一个重要的工具。在寡头垄断市场中，厂商个数很少，各厂商之间高度依存，明确地知道自己的竞争对手是谁。每一个厂商都必须选择一种策略，厂商在决定采取某一行动之前必须对同行其他厂商可能的反应有自己的估计，并相应地制定下一步的行动。所以经济学家用博弈论的方法来研究相互依存的厂商之间的竞争与合作。

实践与应用

一、复习与思考

1. 为什么竞争的厂商不愿意为产品做广告而花费任何金钱？

2. 为什么利润最大化原则 MC = MR 在完全竞争条件下可表达为 MC = P？

3. 小王的剪草中心是利润最大化的完全竞争性企业。他每剪一块草坪 27 元。他每天的总成本是 280 元，其中 30 元是固定成本。他一天剪 10 块草坪。你对他的短期停止营业决策和长期退出决策能说点什么呢？

4. 1969 年政府起诉 IBM 公司垄断了电脑市场。政府认为，在美国销售的绝大部分电脑主机都是 IBM 生产的。IBM 认为，由其生产组装的各种类型电脑在市场上占很小一部分。根据这种事实，你认为政府是否应该控诉 IBM 公司违反了反托拉斯法？并解释之。

5. 垄断厂商一定能保证获得超额利润吗？如果在最优产量处亏损，它在短期内会继续生产吗？在长期内又会怎样？

6. 为什么垄断厂商实行二级价格差别比实行一级价格差别容易些？

二、综合案例

案例内容 1：

1. 假定两家企业 A 与 B 之间就做广告与不做广告展开博弈，它们的报酬矩阵如下所示（利润单位：百万元）：

		企业 B	
		做广告	不做广告
企业 A	做广告	100，100	300，0
	不做广告	0，300	200，200

问题讨论：

（1）这是不是一个"囚犯的困境"？

（2）如果该对局只进行一次，其纳什均衡是什么？

理论提示：

占优策略均衡、纳什均衡。

案例内容 2：

假定企业 A 和企业 B 都是组合音响的制造商，它们都可以生产中档产品或高档产品，不同选择下企业获利的报酬矩阵如下（利润单位：万元）：

		企业 B	
		中档	高档
企业 A	中档	500，500	1000，800
	高档	800，1000	400，400

问题讨论：

（1）这两个企业有没有占优策略均衡？

（2）该博弈有没有纳什均衡？有几个？请指出。

理论提示：

占优策略均衡、纳什均衡。

第八章 分配理论

导入案例

"说真的,当我看到一夜走红的明星收入高于十年寒窗苦的教授许多倍时,也难免有不平衡的'酸葡萄'之感。但从经济学的理性来看,明星的高收入是市场决定的。市场决定的高收入就是物有所值的。"你同意梁小民教授的观点吗?为什么?

分配理论就是生产要素价格理论,解决为谁生产的问题,即生产出来的产品按什么原则分配给社会各成员。生产要素包括:劳动、资本、土地和企业家才能。各种生产要素所获得的报酬,即工资、利息、地租、利润,就是生产要素的价格。生产要素的需求与供给决定了生产要素的价格。本章从生产要素价格的决定入手,然后介绍工资、利息、地租和利润理论,最后,运用基尼系数来说明收入分配状况。

通过本章学习,我们将了解为什么不同的生产要素所有者会获得不同份额的社会产品?为什么不同的劳动者获得的工资不一样?为什么不同的土地所有者获得的地租也不一致?

第一节 生产要素价格的决定

分析生产要素的价格决定,要从生产要素的需求和供给两方面进行考察,也要从产品市场与要素市场的关系中说明。要素市场与产品市场是两种相互独立又相互联系的市场,它们都有完全竞争和不完全竞争两种情况,本节仅阐述在产品市场完全竞争和要素市场完全竞争条件下生产要素价格的决定。

和产品市场一样,完全竞争的要素市场的特点是:生产要素供求双方人数很多,谁都不能影响生产要素的价格;生产要素都是同质的,没有差别;生产要素供求双方都具有完全的信息;生产要素可以充分自由流动,等等。微观经济学根据这些假设条件分析和说明要素价格的决定。

一、生产要素的需求

1. 生产要素需求的性质

产品市场的需求和生产要素市场的需求具有不同性质。产品市场的需求是直接需求,这种需求来自消费者。消费者购买产品是为了直接满足自己的需要。与此不同,生产要素市场的需求是引致需求或派生需求，这种需求来自厂商。厂商购买生产要素不是为了满足自己的需要，而是为了生产物品以满足消费者的需求，实现利润最大化。消费者对产品的直接需求，引致或派生了厂商对生产要素的需求。例如，消费者需要汽车，这种直接需求引致汽车厂商购买生产要素去生产汽车。

生产要素的需求也是一种联合的需求或相互依存的需求。就是说，任何生产行为所需要的都不是一种生产要素，而是多种生产要素，各种生产要素之间是互补的。如果只增加一种生产要素而不增加另一种生产要素，就会出现边际收益递减现象，而且，在一定范围内，各种生产要素也可以互相代替。生产要素相互之间的这种关系说明它们之间的需求是相关的。

2. 影响生产要素需求的因素

（1）市场对产品的需求及产品的价格。这两个因素影响产品的生产与厂商的利润，从而也就影响生产要素的需求。一般而言，市场对某种产品的需求越大，该产品的价格越高，则生产这种产品所用的各种生产要素的数量也就越大，反之，对生产要素的需求也就减少。

（2）生产技术状况。生产的技术决定了对某种生产要素需求的大小。如果技术是资本密集型的，则对资本的需求大；如果技术是劳动密集型的，则对劳动的需求大。

（3）生产要素的价格。各种生产要素之间有一定程度的替代性，如何进行替代在一定范围内取决于各种生产要素本身的价格。厂商一般要用价格低的生产要素替代价格高的生产要素，从而生产要素的价格本身对其需求就有重要的影响。

二、厂商使用生产要素的原则

微观经济学认为，厂商为了使利润最大化，在使用生产要素时必须遵循边际产品价值等于边际要素成本的原则。

从产量方面看，总产量是使用一定数量的生产要素所生产的物质产品的总和。每增加一个单位要素的使用所引起的物质产品总量的增量叫做边际物质产品，简称为边际产品或边际产量。边际物质产品同边际收益相乘得到边际收益产品（MRP），边际物质产品同价格相乘得到边际产品价值（VMP）。在完全竞争条件下，由于边际收益和平均收益等于产品的价格，所以边际收益产品等于边际产品价值，即当 $MR = AR = P$ 时，$MRP = VMP$。边际收益产品或边际产品价值表示每增加一个单位的生产要素给厂商带来的收益。

从成本方面看，总成本是使用一定数量的生产要素所支出的全部成本，平均要素成本是按使用的要素数量平均计算的成本，边际要素成本（MFC）是增加一个单位要素的使用所引起的总成本增量。在完全竞争市场条件下，生产要素的买者和卖者都不能影响要素的价格，所以厂商购买每一个单位要素所花的成本和增加一个单位要素所引起的全部要素成本的增加量始终相等，也就是边际要素成本（MFC）等于平均要素成本（AFC），并且它们都等于要素的价格。

只要边际收益产品或边际产品价值大于边际要素成本，每增加雇佣或购买一单位生产要素给厂商所带来的收益就会大于这个生产要素给厂商所带来的成本。因此，厂商会雇佣或购买更多的生产要素，一直到边际产品价值等于边际要素成本时为止。反之，如果边际产品价值小于边际要素成本，厂商就会减少生产要素的使用量。厂商为了获得最大利润，必须遵循边际产品价值等于边际要素成本（MRP = VMP = MFC）的原则，即厂商每增加一个单位生产要素的使用所得到的收益等于它所付出的成本的原则。

三、厂商的生产要素需求曲线

我们仍用一种可变要素的情况来说明厂商对要素的需求曲线。假设在完全竞争条件下厂商生产时使用一种生产要素：劳动。在这里，总成本只由购买劳动的可变成本构成。由于产品市场和要素市场都被假设为是完全竞争市场，所以产品价格和要素价格都是既定的，产品价格不随销售量的变化而变化，要素价格也不随使用量的变化而变化。另外，要素的边际物质产品和边际收益产品是要素使用量的函数，随要素使用量的变化而变化。由于边际收益递减规律的作用，所以要素的边际物质产品和边际收益产品或边际产品价值都要递减。

现在用表 8 – 1 表示只用一种可变要素时的厂商的要素需求表。表中产品价格和要素价格是既定的常量，其中，产品价格等于边际收益。因此，价格乘以边际物质产品得到的边际产品价值，等于边际收益乘以边际物质产品所得到的边际收益产品。表中数字表明，边际产品价值和边际收益产品虽然相等但都是递减的。

表 8 – 1　　　　　　　　　　只用一种可变要素时厂商的要素需求

要素数量	边际物质产品	产品价格	边际产品价值	要素价格
1	10	10	100	100
2	9	10	90	90
3	8	10	80	80
4	7	10	70	70
5	6	10	60	60
6	5	10	50	50
7	4	10	40	40
8	3	10	30	30
9	2	10	20	20
10	1	10	10	10

在使用一种可变投入或可变要素的情况下，厂商的要素需求曲线就是这种要素的边际产品价值曲线或边际收益产品曲线，如图 8 – 1 所示。

图中向右下方倾斜的曲线 VMP = MRP = d，表示完全重合的边际产品价值曲线和边际收益产品曲线，就是厂商的要素需求曲线。厂商的要素需求曲线表示厂商对要素的需求量和要素价格之间的数量关系。当要素价格已知时，通过要素价格在要素需求曲线上的对应点就可以确定厂商的要素需求量。因为，每一个对应点都意味着厂商的边际收益产品或边际产品价值等于边际要素成本，即符合上面所说的厂商最大利润原则。在表 8 – 1 中，当生产要素的价格为 40 时，厂商的要素需求量为 7。如果生产要素的价格为 50，那么，厂商的要素需求量为 6。以此类推，表 8 - 1 的第 1 和第 4 列表示厂商的要素需求曲线。厂商的要素需求曲线向右下方倾斜，斜率为负。

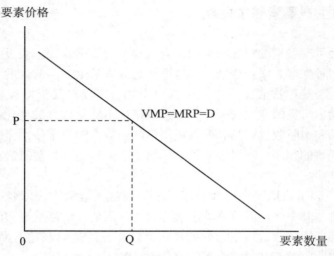

图 8 - 1   使用一种可变要素时厂商的要素需求曲线

四、生产要素供给曲线

从供给方面看，生产要素的供给价格是指生产要素的所有者为提供一定量的某种要素所愿意接受的价格。一般说来，如果生产要素是由某厂商生产出来的资本品，如机器设备、原料、厂房等，其供给价格和供给量主要与生产和再生产该生产要素的成本有关，如果生产要素不是由厂商根据盈利原则生产出来的，如劳动、土地及货币资本等，其供给价格和供给量主要由它们在某一时期的存量、供给者的自身偏好、机会成本等因素决定。

在要素市场完全竞争条件下，单个厂商面临的生产要素供给曲线是平均要素成本（AFC）曲线，也是边际要素成本（MFC）曲线。单个卖者和买者的生产要素供给量和需求量的变化不会影响生产要素价格，因而生产要素的供给量对于单个厂商具有完全弹性，需求弹性系数为无穷大。这就是说，生产要素的供给曲线是一条水平线。在这种情况下，平均要素成本（AFC）和边际要素成本（MFC）相等。

如前所述，在完全竞争的要素市场上，厂商的平均要素成本等于边际要素成本，而平均要素成本就是要素价格，所以边际要素成本、平均要素成本和要素价格三者完全相等。表 8 - 2 是单个厂商面临的要素供给表。

在表中，总要素成本等于要素价格乘以要素数量，平均要素成本等于总要素成本除以要素数量，边际要素成本是增加一个单位的要素使用量所引起的总要素成本增量。表中的数字表明，边际要素成本（MFC）等于平均要素成本（AFC），等于要素价格，三者都是同一已知常数。

表8-2   单个厂商面临的要素供给表

要素数量	要素价格	总要素成本	平均要素成本	边际要素成本
1	40	40	40	40
2	40	80	40	40
3	40	120	40	40
4	40	160	40	40
5	40	200	40	40
6	40	240	40	40

现在用图8-2表示边际要素成本曲线和平均要素成本曲线。图中水平的曲线 MFC = AFC = P，表示和平均要素成本曲线完全重合的、恰好等于要素价格的边际要素成本曲线，就是厂商面临的要素供给曲线。厂商面临的要素供给曲线表示既定的要素价格和要素供给量之间的数量关系。厂商面临的水平状的要素供给曲线表示，按照既定的要素价格，厂商可以购买到它所需要的任何数量的要素。

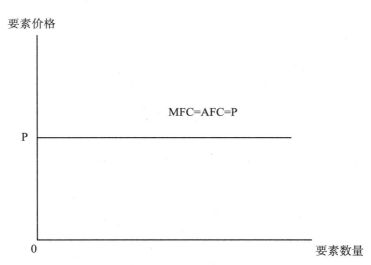

图8-2　厂商面临的要素供给曲线

五、厂商的要素需求和供给的均衡

生产要素的需求和供给的均衡分为厂商的均衡和市场的均衡。对于厂商来说，生产要素的需求曲线是生产要素的边际收益产品曲线（MRP 或与它在完全竞争的情况下相等的边际产品价值曲线 VMP），生产要素的供给曲线是边际要素成本曲线（MFC 或在完全竞争情况下和它相等的平均要素成本曲线 AFC）。因此，均衡条件是：MRP = VMP = MFC = AFC，即边际收益产品或边际产品价值等于边际要素成本或平均要素成本。

当边际产品价值等于边际要素成本时，总收益和总成本的差额即利润达到最大值。因此，厂商的要素需求和供给的均衡是利润最大的均衡，如图8-3所示。

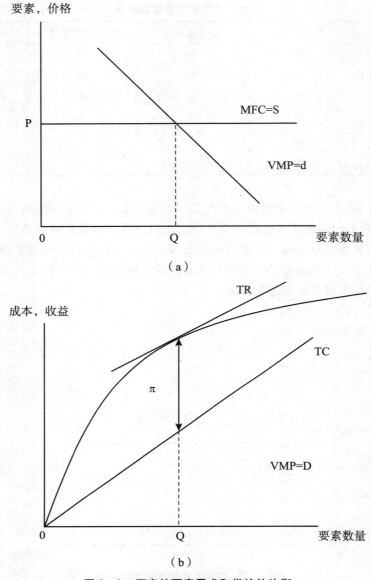

图 8 – 3 厂商的要素需求和供给的均衡

图 8 – 3a 表示厂商的要素需求和供给的均衡。其中，向下倾斜曲线 VMP = D 是图 8 – 1 中厂商的要素需求曲线，水平的曲线 MFC = S 是厂商面临的要素供给曲线，二者的交点是厂商的均衡点。在这个均衡点上，要素价格和要素使用量分别为 P 和 Q。如果生产要素的边际产品价值 VMP 高于要素价格 P，即边际要素成本 MFC，厂商就会增加要素的使用量。相反，如果要素的边际产品价值低于要素价格即边际要素成本，厂商就会减少要素的使用量。在完全竞争条件下，厂商购买生产要素一直到生产要素的边际产品价值等于边际成本为止。

图 8 – 3b 表示，当厂商对要素的需求与要素的供给达到均衡时，利润就达到最大。图中因为假设固定成本为零，所以总成本即总可变成本从原点开始。利润等于总收益减总成

本，即利润 = TR – TC。当 VMP 和 MFC 的交点决定的产量为 Q 时，总收益曲线 TR 和总成本曲线 TC 的垂直距离 π 达到最大，即利润达到最大。图中最优的要素使用量对应于 TC 曲线的平行线同 TR 曲线相切的切点。

第二节　工　资　理　论

一、工资的性质与种类

工资是劳动者所提供的劳务的报酬，也是劳动这种生产要素的价格。从不同的角度可以把工资分为不同的种类：从计算方式分，可以分为按劳动时间计算的计时工资与按劳动成果计算的计价工资；从支付手段来分，可以分为以货币支付的货币工资和以实物支付的实物工资；从购买力来分，可以分为按货币单位衡量的名义工资与按实际购买力来衡量的实际工资。本节我们只分析货币工资的决定与变动。

二、完全竞争市场上工资的决定

1. 劳动的需求

一位研究管理的专家到青岛海尔公司调查，海尔的一位负责人告诉他"很多国外的留学生想到海尔工作，一见面就提出工资待遇、住房标准，对此，海尔的回答是请证明你能给公司带来的利润能够超过公司支付给你的工资。只有在一个能够准确反映员工贡献的企业中，员工的积极性才能被充分调动起来，而也只有这样的企业才能够在市场竞争中生存和发展。"海尔这位负责人关于"员工的报酬应当与他的贡献相对应"的评论，涉及经济学关于厂商劳动需求决定的一个基本原理，厂商依据劳动边际产品确定工资。

厂商对劳动的需求取决于各种因素，但最主要的是劳动的边际生产力。劳动的边际生产力也称边际生产率；是指在其他条件不变的情况下，增加一单位劳动所增加的产量。厂商在购买劳动时要使劳动的边际成本（即工资）等于劳动的边际产品。如果劳动的边际产品大于工资，劳动的需求就会增加，如果劳动的边际产品小于工资，劳动的需求就会减少。由于劳动的边际生产力是递减的，因此，劳动的需求曲线是一条向右下方倾斜的曲线，表明劳动的需求量与工资呈反方向变动。可用图 8 – 4 来说明。

在图 8 – 4 中，横轴 OL 代表劳动的需求量，纵轴 OW 代表工资水平，D 为劳动的需求曲线，说明劳动的边际产品价值（VMP）随着工人数量增加而减少。由于厂商使用劳动数量决定于工资等于边际产品价值，在工资为 W_1 时，对工人需求量为 L_1，而在工资为 W_2 时，对工人需求量为 L_2，因而劳动边际产品价值曲线就是厂商对劳动的需求曲线。

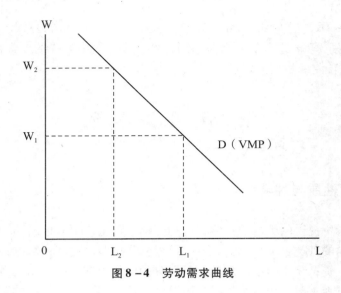

图 8 - 4   劳动需求曲线

2. 劳动的供给

劳动供给决策可以看作是在闲暇与消费（收入）之间的一种特殊选择行为。一方面，增加劳动供给即从事更多工作可得到更多收入，从而增加现期和未来消费可能性；另一方面，获得这一利益需要付出代价，那就是要放弃闲暇。这样可以把工作多长时间看成是在享受闲暇与获得收入（增加消费）之间的一种选择。

劳动的供给有自己的特殊规律。一般来说，当工资增加时劳动会增加，但工资增加到一定程度后如果再继续增加，劳动不但不会增加，反而会减少。因为工资的提高对劳动供给有两种效应：替代效应和收入效应。替代效应指的是，工资越高，对牺牲闲暇的补偿越大，劳动者就越愿意增加劳动以替代闲暇。换一个说法，工资提高时，闲暇即不工作的成本提高，即闲暇的损失增大，所以劳动者愿意用工作替代闲暇。收入效应指的是，工资越高，在减少工作时数时仍然可以维持相当高的生活水平的情况下，劳动者越感到有能力保持和享用更多的闲暇，也就是越感到有能力少工作而不是多工作。换一个说法，工资提高时，劳动者的生活好了，就越来越需要闲暇。当替代效应大于收入效应时，劳动供给量随劳动价格的提高而增加，劳动供给曲线向右上方倾斜，斜率为正值；当替代效应小于收入效应时，劳动供给量随劳动价格的提高而减少，供给曲线向左上方弯曲，斜率为负值。两种力量的作用形成了如图 8 - 5 所示的劳动供给曲线。

3. 劳动市场的均衡和工资的决定

把劳动需求曲线与劳动供给曲线结合起来，置于一个图形中，便可以得到劳动市场的均衡点。如图 8 - 6 所示，在 E 点劳动市场需求等于劳动市场供给，所以 E 点为劳动市场的均衡点。这个均衡点决定的均衡劳动价格为 W_0，均衡就业量为 L_0。均衡劳动价格就是劳动需求量和供给量相等时的工资。这就是说，工资是由劳动市场的供求关系决定的。

经济学不仅用上述方法一般地说明工资的决定，而且用这一方法解释工资的行业差异和职业差异。

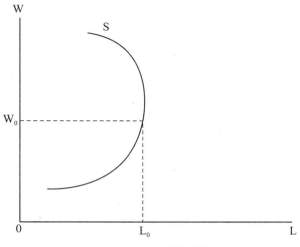

图 8 – 5　劳动供给曲线

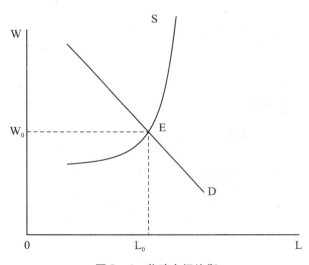

图 8 – 6　劳动市场均衡

三、不完全竞争市场上工资的决定

不完全竞争是指劳动市场上存在着不同程度的垄断。这种垄断有两种情况：一种是劳动者对劳动的垄断，即劳动者组成工会，垄断了劳动的供给；另一种是厂商对劳动购买的垄断。这两种情况的结合就是双边垄断，即卖方与买方都有一定的垄断。在不完全竞争的市场上，工资可能高于或低于劳动的边际生产力。这里我们主要分析工会的存在对工资决定的影响。

在西方国家，工资水平的差异可能来自劳动市场中的垄断，工会是劳动市场上卖方垄断的主要形式。它是由一群工人组成的，借以增强工人市场力量的组织。凭借集体的力量，工会可以对工人的工作条件和工资施加更大的影响。工会主要有两种类型：一种是技术工会，指一批具有相同技艺但由多家不同行业的企业的工人组成的组织，如木工联盟、电工联盟等；另一种是产业工会，即同一行业或企业中不同工种的工人结成的组织，如汽车工人联盟等。在现代社会中，工会已经是劳动市场活动中一个不可分割的部分，对劳动市场具有很大的影响。

工会影响工资的方式主要有三种：

1. 增加对劳动的需求

在劳动供给不变的条件下，通过增加对劳动需求的方法来提高工资，不但会使工资增加，而且可以增加就业，这种方法对工资与就业的影响可用图8－7来说明。

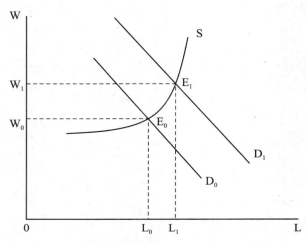

图8－7　劳动需求增加的工资决定

在图8－7中，劳动的需求曲线原来为D_0，这时D_0与S相交于E_0，决定了工资水平为W_0，就业水平为L_0。劳动需求增加后，劳动的需求曲线由D_0移动到D_1，这时D_1与S相交于E_1，决定了工资水平为W_1，就业水平为L_1。W_1大于W_0，说明工资上升了，L_1大于L_0说明就业水平提高了。

工会增加厂商对劳动需求的方法最主要的是增加市场对产品的需求，因为劳动需求是由产品需求派生而来的。增加对产品的需求主要是增加出口，限制进口，实行保护贸易政策。在增加对产品需求这一点上，工会与企业是共同的。在很多国家，工会往往是关税保护主义的热烈鼓吹者，他们希望以此减少外国产品对本国产品的竞争，从而降低本国产品的需求弹性，并进而降低本国劳动的需求弹性。比较著名的例子是美国汽车工人联盟对限制外国汽车进口法案的大力支持。为了通过增加最终产品的需求来增加对会员劳动的需求，一些工会组织还常常要求消费者只消费其会员生产的产品，例如美国服装工会就一直呼吁人们购买其会员的产品。

2. 减少劳动的供给

在劳动需求不变的条件下，通过减少劳动的供给同样也可以提高工资，但这种情况会使就业减少。这种方法对工资与就业的影响可以用图8－8来说明。

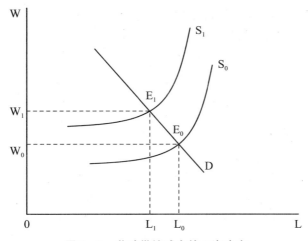

图 8 - 8　劳动供给减少的工资决定

在图 8 - 8 中，劳动的供给曲线原来为 S_0，这时 S_0 与 D 相交于 E_0，决定了工资水平为 W_0，就业水平为 L_0。劳动的供给减少后，劳动的供给曲线由 S_0 移动到 S_1，这时 S_1 与 D 相交于 E_1，决定了工资水平为 W_1，就业水平为 L_1，W_1 大于 W_0 说明工资上升，L_1 小于 L_0 说明就业水平下降。

工会减少劳动供给的方法主要有：限制非工会会员受雇，迫使政府通过强制退休、禁止使用童工、限制移民、减少工作时间的法律等，或者在某些行业中延长就业前的学习和培训时期，提高培训费用和就业的技术要求难度。

3. 最低工资法

工会迫使政府通过立法规定最低工资，这样，在劳动的供给大于需求时也可以使工资维持在一定的水平上。这种方法对工资与就业的影响可以用图 8 - 9 来说明。

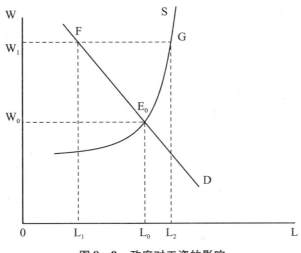

图 8 - 9　政府对工资的影响

在图 8 - 9 中，劳动的需求曲线 D 与供给曲线 S 相交于 E_0，决定了工资水平为 W_0，就

业水平为 L_0。最低工资法规定的最低工资为 W_1，W_1 高于 W_0，这样使工资维持比较高的水平。在这种工资水平下，劳动的需求量为 L_1，劳动的供给量为 L_2，这就有可能出现失业。

规定雇主支付给工人最低工资总是争论的来源。支持者把最低工资作为帮助工作的穷人而政府又不用花钱的一种方法，批评者把最低工资看成是对它想帮助的人的一种伤害。

我们可以用供求工具说明最低工资。对那些技能水平低和经验不足的工人来说，高的最低工资迫使工资高于供求平衡的水平。因此它提高了企业的劳动成本，并减少了这些企业需求的劳动量，结果是受最低工资影响的这些工人集团的高失业。虽然那些仍然就业的工人从较高工资中受益，但那些原本在较低工资时能就业的工人状况变坏了。

这些影响的大小关键取决于需求弹性。支持高水平最低工资的人认为，不熟练劳动的需求是较为缺乏弹性的，因此，高水平最低工资对减少就业是微不足道的。批评最低工资的人认为，劳动需求较为富有弹性，特别是在企业可以更充分地调整就业与生产的长期中更是如此。所以，高水平最低工资作为帮助穷人的一种政策并没有完全达到目标。

四、影响均衡工资的因素

不同行业的劳动市场存在不同的工资水平，在职业自由选择的前提下，工人和工作的特点都会影响劳动供给、劳动需求和均衡工资。

1. 补偿性工资差别

当一个工人决定是否接受某个工作时，工资仅仅是这个工人考虑的许多因素之一。某些工作轻松、有趣又安全，另一些工作艰苦、枯燥又危险。按这些非货币特性来判断，工作越好，在任何一种既定工资时愿意从事这种工作的人就越多。换句话说，那些轻松、有趣又安全的工作的劳动供给大于那些艰苦、枯燥又危险的工作的劳动供给。因此，"好"工作往往比"坏"工作的均衡工资低。例如，设想你在一个海滨城镇可以得到的工作有两种。你可以接受一份做海滨入场证检查员的工作，也可以接受做一名清洁工的工作。海滨入场证检查员可以整天悠闲地沿着海滩散步，并检查一下旅游者是否带了进入海滨的许可证。清洁工要在黎明前起来开着卡车收垃圾。你想做哪一种工作呢？如果工资相同的话，大多数人喜欢做入场证检查员。为了让人们当清洁工，当地向清洁工提供的工资必定要高于入场证检查员。

补偿性工资差别就是指为抵消不同工作的非货币特性而产生的工资差别。补偿性工资差别在经济中普遍存在。下面举几个例子：煤矿工人得到的工资高于其他有相似教育水平的工人。他们的高工资用来补偿采煤的枯燥和危险性以及煤矿工人所具有的长期健康问题。工人中夜班工人的工资也高于同类白班工人，高工资补偿他们不得不夜里工作而白天睡觉，大多数人都不喜欢这种生活方式。

2. 人力资本

人力资本是对人的教育和在职培训投资的积累。最重要的人力资本类型是教育。与所有资本形式一样，教育代表为了提高未来生产率而在某一时点的资源支出。但是，与其他资本形式的投资不同，一种教育投资是与一个特定的人相联系的，这种联系使教育成为人力资本。

人力资本较多的工人平均收入高于人力资本少的工人。例如，美国大学毕业生的收入比高中毕业的工人高65%。这种巨大差额在世界上许多国家都得到证明。在发展中国家这种差距往往更大，在那些国家受过教育的工人供给稀缺。

从供给和需求的角度来说明为什么教育提高工资是容易的。企业（劳动需求者）愿意向教育水平高的工人支付更高的工资，因为受教育程度高的工人有着较高的边际生产率。工人（劳动供给者）只有在受教育的费用能得到回报时才愿意支付受教育的成本。实际上，受教育程度高的工人与受教育程度低的工人之间的工资差别可以作为对受教育成本的补偿性差别。

分析案例 8-1

明星这种生产要素的高价格和高收入是由其供求关系决定的。在这种要素供给极为短缺时，决定明星价格的主要因素还是公众和企业的支付愿望与支付能力。一种生产要素的价格（或这种要素所有者的收入）是否合理取决于它的决定机制。如果这种高收入由政府人为决定，无论多少都不合理（如政府给钱让北大、清华教授增加工资就不合理）；如果这种高收入是市场决定的，无论多少都合理。这是我们判断一种收入是否合理的标准。

明星的高收入公正吗？公正是平等的竞争过程的参与权。如果每一个想成为明星的人都可以从事演艺业，并参与和其他做明星梦的人的竞争，结果只有极少数人成了高收入明星，就没什么不公正的。如果社会用种种手段限制人们进入演艺业，做明星梦的人之间没有平等竞争权，才会不公正。市场经济中明星们是竞争出来的，他们成功了，这就实现了公正。

明星的高收入有利于效率吗？作为一种激励制度，明星的高收入的确刺激了演艺业的效率。演艺业的效率就是充分利用资源，为社会提供更好更多的演出。高收入引起高效率的原因在于：第一，使更多的人渴望成为明星，其中必有少数成功者。明星的增加会使演艺事业繁荣。第二，明星受高收入的激励，到处去表演。这就给公众带来更多享受，给企业带来更多收入。第三，在竞争中，不断产生高水平的明星，明星的演艺水平不断提高。这些都繁荣了演艺事业。这就是效率的提高。

明星的高收入对社会也是有利的。他们不仅给人们带来更多更高的艺术享受，而且还会拉动经济增长。一场精彩的体育表演或电影会给多少人带来就业机会？又会拉动相关部门的多大增长？演艺业的活动被称为娱乐经济，它的产值已成为GDP的重要一部分。没有明星，会有娱乐经济的繁荣吗？明星们得到了高收入，也为社会做出了贡献，有什么不合理的？

（资料来源：梁小民：《我说》，社会科学文献出版社2003年版）

3. 能力、努力和机遇

对于所有职业的工人，天赋能力都是重要的。由于先天遗传和后天培养，人们的体力与脑力都不一样。一些人强壮，另一些人瘦弱。一些人聪明，另一些人差一点。一些人在社会场合中是外向的，另一些人是内向的。这些个人特征影响着工人的生产率，因此在决定他们赚得的收入中起着作用。如甲级足球队运动员的收入高于乙级足球队运动员，可以确定，高工资并不是补偿性工资差别。在甲级队踢球并不是一件不如在乙级队踢球愉快的工作。在很大程度上，甲级队球员收入更高是因为他们有更大的天赋能力。

与能力密切相关的是努力。一些人工作勤奋，另一些人懒散。看到那些工作勤奋的人生产率更高和工资更高我们并不奇怪。在某种程度上，企业直接按人们生产多少支付报酬。例如，销售人员通常是按他们完成销售额的百分比得到报酬。

在工资的决定中机遇也起着重要作用。如果一个人进入电子学校学习如何修理真空管电视机，以后发现由于晶体管电器的发明，这种技能已经过时了，与其他受过教育年限相似的人相比，他赚到工资低，这就是由于机遇的原因。

分析案例 8 - 2

人力资本、天赋能力及义务教育

上学是由于提高了生产率而增加了工资呢，还是仅仅由于高能力的人往往更能上学因而表面上似乎提高了生产率而增加了工资呢？这个问题对判断教育的各种理论和评价可供选择的教育政策都是重要的。

如果经济学家可以像实验科学家那样进行受控制的试验，回答这个问题就容易多了。我们可以从学龄人口中选择一些试验对象，然后随机地把他们分为不同集团。我们可以要求每个集团有不同的上学时间。通过比较各集团教育程度差别和以后的工资差别，我们就可以说明教育实际上是不是提高了生产率。由于各集团是随机选择的，我们可以确信，工资差别不是由于天赋能力的差别。

虽然进行这种试验看来是困难的，但美国的法律正巧提供了十分类似的自然试验。法律要求所有美国学生上学，但各州的法律差别也很大。一些州允许学生在 16 岁时退学，而另一些州要求一直上学到 17 岁或 18 岁。此外，法律也一直在变动。例如，在 1970 ～ 1980 年，怀俄明州把就学年龄从 17 岁降到 16 岁，而华盛顿州把就学年龄从 16 岁提高到 18 岁。这种不同州和不同时期的情况差异提供了研究义务教育的资料。

即使在一个州内，义务教育法对不同人也有不同影响。学生在不同年龄开始上学，这取决于他们出生在一年的哪个月。但只要达到最低法定年龄，所有学生都可以退学，并不要求他们上完一学年。因此，那些开始上学年龄较小的人比开始上学年龄较大的人上学时间要多一点。一个州内学生之间的这种不同也提供了研究义务教育影响的一种方法。

由于每个学生接受义务教育的时间长短取决于他所居住的州和出生月份，而不取决于天赋能力，所以，把教育提高生产率的影响和能力信号影响分开是可以的。根据美国劳动经济学家安格瑞斯特和克鲁格的研究，那些上完更多学的学生以后赚到的收入比那些上学短的学生高得多。这种发现表明，正如人力资本理论所说明的那样，教育提高了工人的生产率。

虽然确定义务教育的收益是有用的，但它本身并没有告诉我们，这些法律是否可取。政策判断要求更全面的成本与收益分析。至少我们需要比较正规教育的收益与机会成本——学生退学可以赚到的工资。此外，要求学生在学校上学还会对社会其他方面有外部效应。一方面，义务教育会减少犯罪率，因为退学的年轻人是进行犯罪的高危险群体。另一方面，那些仅仅由于法律要求而不得不待在学校的年轻人会干扰那些更有心接受教育的其他学生的学习。

第三节 利息理论

一、资本与利率

所谓资本主要是指用作生产工具的资本品，如厂房、机器、设备以及原材料等。它与劳动、土地等原始生产要素不同，属于中间生产要素，就是说，资本品是由劳动和土地生产出来的，然后利用它生产消费品。资本也包括货币，有了货币就可能买到资本品。微观经济学中的利息理论，主要探讨货币资本。

利息是以货币表示的使用资本的报酬，即资本这种生产要素的价格。利息与工资计算的方式不同，它不是用货币的绝对量来表示，而是用利息率来表示。利息率是指利息在每一单位时间内（如一年内）在货币资本中所占的比率。例如，货币资本为 10000 元，利息为一年 1000 元，则年利息率为 10%。这 10% 就是货币资本在一年内提供生产性服务的报酬，即这一定量货币资本的价格。

二、资本的需求与供给

1. 资本的需求

一般来说，对货币资金的需求来自以下三个方面：厂商进行投资，需要大量的可贷资金；家庭超过当期收入从事购买，特别是耐用消费品的购买，也需要信贷资金；政府为了增加公共投资和平衡财政收支，经常以公债的方式向民间借款。在三方当中，厂商是信贷资金的主要需求者，主要原因是：资本品的更新，当资本品已经达到物理寿命（已经磨损）或经济寿命（已经过时）时，必须进行更新；资本品的扩充，当产品需求增加时，需要扩大资本设备的总量；技术进步的需要，当新技术出现时，厂商会提前更新设备，以便改进产品质量或降低成本。可见，资本的需求主要是厂商投资的需求。

厂商借入资本进行投资，目的在于追求利润。一项投资是否可行，取决于投资成本与其预期收入的比较。为了更精确地衡量投资带来的收益，需要分析资本的净生产率。资本的净生产率是指对资本项目进行投资而获得的按百分比计算的年收益。例如，一笔 10000 元的资本，一年带来的净收益为 1000 元，则资本净生产率为 10%。资本净生产率也称为资本的内在收益率，它表示了厂商对资本的需求情况。假定有四项投资，预计资本的净生产率分别为 10%、8%、6%、4%，如果必须支付的利息率是 7%，则前两项投资可以选择；如果必须支付的利息率是 5%，则只有第四项投资不能选择。可见，资本的内在收益率与利息率的差额越大，即收益率越是高于利息率，纯利润就越大，厂商也就越愿意投资。反之，收益率与利息率的差额越小，即收益率越接近于利息率，纯利润就越小，厂商也就越不愿意投资。厂商对资本的需求与净生产率的高低呈同方向变化，与利息率的高低呈反方向变化，从而资本的需求曲线是一条向右下方倾斜的曲线。

2. 资本的供给

资本的供给是资本的所有者在各个不同的利息率水平上愿意而且能够提供的资本数

量，它是由家庭的储蓄决策决定的。消费者提供给厂商的资本是他们的收入中去掉消费后的剩余部分，也就是消费者的储蓄。家庭的储蓄决策主要受两个因素的影响：一是当前收入和预期将来收入；二是利息率。

如果一个家庭的当前收入相对于预期将来收入要低的话，其储蓄愿望通常较低甚至是负储蓄；而如果当前收入相对于预期将来收入高，那么该家庭就会倾向于大量储蓄。当前收入与预期将来收入的高低与家庭的生命周期有关。年轻的家庭在收入方面的典型特征是当前收入较低，预期收入较高，而年长的工作家庭通常是当前收入高于预期将来收入。这种收入格局的结果是，年轻人往往倾囊而出，很少储蓄，甚至通过消费信贷"超前消费"；中老年人则积极储蓄和积累资产，以保障退休后的生活。

利息率是当前消费相对于将来消费的机会成本。若利息率是一年10%，则当前消费100元相当于下一年110元的消费。这样一来，将100元在今年消费掉相对于明年再消费就损失了10元。而将100元储蓄到明年再消费就可以消费110元，相对于今年消费多出10元。在其他条件不变的情况下，利息率越高，家庭储蓄就越多，资本的供给也就越多。

在高利率下，人们强烈地倾向于减少消费，增加储蓄，以充分利用高利率带来的收益。反之，利息率越低，人们将更加倾向于多消费、少储蓄，资本的供给也就越少。可见，利息率与储蓄呈同方向变动，从而资本的供给曲线是一条向右上方倾斜的曲线。

三、均衡利率及其功能

1. 利息率的决定

利息率是由资本的需求与供给双方共同决定的，可用图 8-10 来说明利息率的决定。

在图 8-10 中，横轴 OK 代表资本量，纵轴 Or 代表利息率，D 为资本的需求曲线，S 为资本的供给曲线，这两条曲线相交于 E 点，决定了均衡的市场利率为 r_0，均衡的资本数量为 K_0。

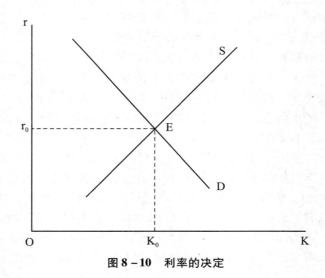

图 8-10　利率的决定

2. 利率的功能

首先，假如其他条件不变，利率能够调节消费、储蓄和投资的水平。利率的提高，可以减少消费，增加储蓄，并使货币不致窖藏起来，以便用于投资。利率的下降将促使厂商提高投资水平，因而提高就业率。其次，利率也是资本分配的手段，它可以使资本得到最有效的利用。如果社会的利息率水平是既定的，那么人们就会把资本用于获得利润率最高的部门，利润率高的部门也就是资本能最好地发挥其作用的部门。此外，企业在支付利息的情况下就要更节约、更有效地利用资本。最后，当一个社会出现通货膨胀时，提高利息率可以压抑对可贷资金的需求，刺激可贷资金的供给，从而制止通货膨胀。

四、差别利率

均衡利率的形成不等于现实生活中的利率都会处在一个水平上，当然，资本按其本性，不管投向哪一个行业，都要求得到一个正常的或平均的资金回报率，这就是市场利率水平。市场利率代表任何一笔投资的机会成本，因此，不同行业中的利率应有趋同趋势，这种趋势是通过资本的自由流动来实现的，但是，不仅各行各业的贷款，甚至同一行业中的每一笔贷款，利率都可能出现差异。形成差别利率的因素较多，但主要决定于风险。利率高低同债务人信用程度和贷款期限直接有关。

债务人信用级别高，违约的可能性就小。估计债务人可按期偿还本金和利息，因而利率相应会低些。相反，如果债务人信用程度差，违约风险大，则利率就会高些。因为风险需要补偿，否则债权人不愿意发放贷款。为什么企业债券的利率要高于公债利率，原因是企业倒闭破产的可能性比政府要大得多，因而企业债券风险比公债大得多。同样，有银行作担保或有实物作担保的贷款利率要比没有这种担保的利率要低一些。

贷款期限也会影响利率。一般说来，长期贷款利率比短期贷款利率要高些，因为贷款期限越长，债务人偿债能力变化的可能性也就越大，即贷款机会成本变化可能性越大。例如，甲给乙贷款按当前情况利率定为6%，可是，也许一定时期以后，或者是由于资金市场上供求关系发生变化，或者是由于其他因素的变化，市场利率上升了，这样，债权人就明显吃亏了。期限越长，风险也越大，所以期限长的贷款要求的利率会相对高一些。

需要说明的是，上述利率一般是指消除了通货膨胀因素的真实利率即实际利率。真实利率大体等于名义利率减去通货膨胀率。假定名义利率为10%，通货膨胀率是6%，则实际利率是4%。

第四节　地 租 理 论

一、土地的供求与地租的决定

经济学上讲的土地，不仅指地面，也指地下、空中、海洋等一切生产中使用的自然资源。一般来说，它具有永久性（不可毁灭）、固定性（不可移动）、不变性（不可增减）。

地租是使用土地的报酬，也就是土地这种生产要素的价格，它也可以理解为使用这些自然资源的租金。地租由土地的需求与供给决定。

和其他生产要素一样，对土地的需求取决于土地的边际生产力。由于边际生产力递减规律，所以土地的需求曲线也是一条向右下方倾斜的曲线。土地是一种不可再生的自然资源，它的数量不会由于人们的使用而减少，也不会由于人们的保护而增多。但土地如果用于不同的用途，就会有不同的边际产出，如一块土地如果用来种植玉米，其边际生产力就较低，而如果用来建工厂，其边际生产力就会大大提高。

从整个社会的角度来讲，土地存量基本上是固定的，所以土地的供给曲线是一条垂直线，也就是说，土地的供给量不会因任何人的决策而改变。人们可以改变他自身所拥有的土地数量，也可以改变他所处的地理位置，但无法改变任何一种特定的土地类型的数量或位置。这意味着一片特定的土地供给都是完全无弹性的。例如，不论租金多少，一个城市的任何一个地段的土地供给都是一个固定的数字，土地的供给量不会由于租金的多少而改变。

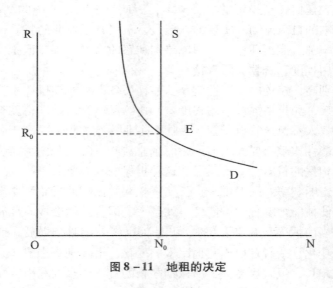

图 8－11　地租的决定

图 8－11 说明了土地市场的均衡与地租的决定。在图中，横轴 ON 代表土地量，纵轴 OR 代表地租。土地供给曲线 S 是一条与横轴垂直的线，表示无论价格如何变化，土地供给的数量固定不变；而需求曲线 D 向右下方倾斜，表示随着土地使用量的增加，其边际产出递减。两条曲线的交点 E 决定了社会均衡地租为 R_0。如果地租高于 R_0，厂商共同需求的土地数量会少于供给量，土地所有者不能把土地全部租出，这样就不得不降低出租土地的价格，逐渐使地租回复到 R_0。如果地租处于 R_0 以下，厂商对土地的需求量大于供给量，一部分厂商租不到土地，这样他们会相继提高租用土地的价格，使地租上升到 R_0。

随着经济的发展，对土地的需求不断增加，而土地的供给不能增加，这样，地租就有不断上升的趋势。

二、级差地租的形成与决定

以上关于地租决定的讨论实际上假设所有的土地都是同质的，即不考虑不同土地在肥沃程度、地理位置等方面的差别。但实际上，土地肥沃程度与地理位置的差别是相当大的，而且这种差别对地租的形成也有相当重要的影响。由于土地在肥沃程度和地理位置等方面的差别而引起的地租在经济学上称为级差地租。

我们可以用表8-3说明级差地租的形成与决定。

表8-3 　　　　　　　　　级差地租的形成与决定

土地	产量	价格	总产值	生产成本	级差地租
A	200	2	400	200	200
B	180	2	360	200	160
C	150	2	300	200	100
D	100	2	200	200	0
E	80	2	160	200	-40

表8-3中，A、B、C、D、E是五块肥沃程度不同的土地。在使用的其他生产要素相同，从而支出的生产成本相同的情况下，各块土地的产量不相同。在市场上，农产品的市场价格是相同的，从而各块土地的总产值（即总收益）就不相同。这样，A、B、C三块土地由于条件好、产量高，就分别产生了200、160和100的地租，这种地租就是级差地租。D块土地没有级差地租，被称为"边际土地"。E块土地连生产成本也无法弥补，不会被利用。由此可以看出，级差地租是由于土地肥沃程度（或地理位置）的不同而引起的。

随着经济发展、人口增加，农产品价格上升，级差地租也会增加。可用表8-4来说明这一点：

表8-4 　　　　　　　　　级差地租的变化

土地	产量	价格	总产值	生产成本	级差地租
A	200	2.5	500	200	300
B	180	2.5	450	200	250
C	150	2.5	375	200	175
D	100	2.5	250	200	50
E	80	2.5	200	200	0

在表8-4中可以看出，当价格上升到2.5元时，A、B、C三块土地的级差地租分别增加到300、250、175，D块土地有了级差地租50，而E块土地收支相抵，成为可以利用的边际土地。可见，随着经济的发展，级差地租也在增加。

三、准地租与经济租

1. 准地租

准地租又称准租金或准租，是英国经济学家马歇尔提出的一个概念。准地租指固定资产在短期内所得到的收入，因其性质类似地租，而被马歇尔称为准地租。在短期内，固定资产是不变的，与土地的供给相似。不论这种固定资产是否取得收入，都不会影响其供给。只要产品的销售价格能够补偿平均可变成本，就可以利用这些固定资产进行生产。在这种情况下，产品价格超过其平均可变成本的余额，代表固定资产的收入。这种收入是由于产品价格超过弥补其可变平均成本的余额而产生的，其性质类似地租。可用图 8 – 12 来说明准地租。

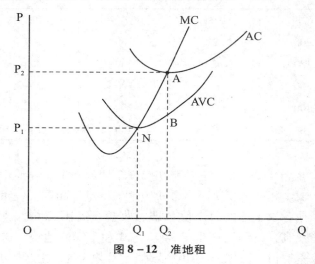

图 8 – 12　准地租

在图 8 – 12 中，如果价格为 OP_1，产量为 OQ_1，则收益只能弥补平均可变成本，这时不存在准地租。如果价格上升为 OP_2，产量为 OQ_2，这时，收益除了弥补平均可变成本外尚有剩余，剩余部分（即图上 NBA 部分面积）就是准地租。

这里要注意的是，准地租只在短期内存在。在长期内固定资产也是可变的，固定资产的收入就是折旧费及其利息收入。这样，也就不存在准地租了。

2. 经济租

如果生产要素的所有者所得到的实际收入高于他们所希望得到的收入，则超过的这部分收入就被称为经济租。这种经济租类似消费者剩余，所以也称为生产者剩余。

例如，劳动市场上有 A、B 两类工人各 100 人。A 类工人素质高，所要求的工资为 200 元，B 类工人素质低，所要求的工资为 150 元。如果某种工作 A、B 两类工人都可以担任，那么，厂商在雇佣工人时，当然先雇佣 B 类工人。但在 B 类工人不够时，也不得不雇佣 A 类工人。假设某厂商需要工人 200 人，他就必须雇佣 A、B 两类工人。在这种情况下，厂商必须按 A 类工人的要求支付 200 元的工资，这样，B 类工人所得到收入就超过了他们的要求。B 类工人所得到的高于 150 元的 50 元收入就是经济租，其他生产要素所有者也可以得到这种经济租。可用图 8 – 13 来说明经济租。

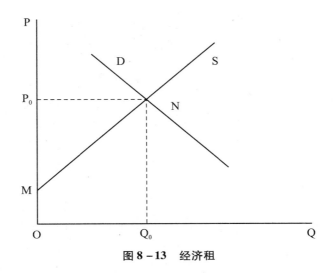

图 8 – 13　经济租

在图 8 – 13 中，供给曲线表示了每增加一单位供给所要求的价格，市场价格为 OP_0，在此以下的各单位生产要素都得到了经济租，经济租总额就是图中三角形 MNP_0 部分的面积。

准地租与经济租是不一样的，准地租仅在短期内存在，而经济租在长期中也存在。

四、地租与地价

与其他资产一样，土地也具有市场价格。地租是使用土地的报酬，租借者仅有使用权，地价则是购买土地的市场价格，购买者具有所有权。一般来说，地价与地租成正比，与市场利率成反比。设地价为 P，地租为 R，利息率为 r，则：

$$P = \frac{R}{r}$$

例如，假定当前的利息率为 5%，每公顷土地每年收入地租 600 元，那么，每公顷土地的售价为：

$$\frac{600}{5\%} = 12000 \text{（元）}$$

每公顷土地的售价为 12000 元，这 12000 元就是 1 公顷土地的预期地租报酬的资本化现值，600 元地租就是这 12000 元所代表的货币资本值的报酬。

第五节　利 润 理 论

一、经济利润和正常利润

在经济学中，利润和收益不是一个概念。利润可看作是经济活动的收益与成本之间的差额。俗话说，做任何事都要权衡利弊得失，这里的利和得都指收益，弊和失则指成本。得不偿失，就是无利可图。假如生产一批产品，得到的销售收益是 10 万元，支出的成本是 9 万元，则 1 万元就是利润。在 9 万元的成本中，不但包括原材料、能源费用支出、工资成本支出、折旧费等，还包括使用资金所用利息、使用土地所用租金、所缴纳的间接税（如营业税），以及企业高级管理人员的薪金等一切为企业经营所需要的开支。当把利润看作是收益超过成本的余额时，这个利润一般称经济利润或超额利润，而不是指正常利润。正常利润包含在成本中，成本包括显性成本与隐含成本。收益超过显性成本的部分，称会计利润，收益超过显性成本和隐含成本之和的部分，称经济利润。隐含成本是企业家运用自有生产要素应获得的报酬。企业家之所以要把这些要素用来办企业，就是希望能获得一个最起码的利润。这种最起码的利润称为正常利润。它是企业家经营企业的结果，是对企业家才能的报酬，是吸引企业家进入一个行业所必须支付的最低报酬。如果实际利润超过了正常利润，就是经济利润。经济利润为零的话，并不等于没有正常利润。在前面的例子中，假定销售收益是 10 万元，显性成本支出是 6 万元，则会计利润是 4 万元，若隐含成本和正常利润共 3 万元，则经济利润为 1 万元。

二、利润的来源

1. 正常利润的来源

正常利润是企业家才能的价格，也是企业家才能这种生产要素所得到的收入。它包括在成本之中，其性质与工资相类似，也是由企业家才能的需求与供给所决定的。

企业家才能是生产好坏的关键，是使劳动、资本与土地结合在一起生产出更多产品的决定性因素，所以，对企业家才能的需求是很大的。企业家才能的供给是很少的，并不是每个人都具有企业家的天赋，能受到良好的教育。只有那些有胆识、有能力，又受过良好教育的人才具有企业家才能。所以，培养企业家才能所耗费的成本是很高的。企业家才能的需求与供给的特点，决定了企业家才能的收入——正常利润必然是很高的。可以说，正常利润是一种特殊的工资，其特殊性就在于其数额远远高于一般劳动所得的工资。

因为正常利润包括在成本之中，而且往往是作为一种隐含成本，所以，收支相抵就是获得了正常利润。在完全竞争条件下，利润最大化实际上就是获得正常利润。超过正常利润以上的那一部分利润在完全竞争条件下并不存在。

2. 经济利润的来源

经济利润是指超过正常利润的那部分利润，又称为纯粹利润或超额利润。在完全竞争条件下，在静态社会里，不会有这种利润产生。只有在动态的社会中和不完全竞争条件下，才会产生这种利润。动态的社会涉及创新和风险，不完全竞争就是存在垄断。对纯利润或经济利润的起源，经济学家有不同的解释，下面介绍几种不同的说法：

（1）经济利润是承担风险的报酬。风险是指从事某项事业时失败的可能性。由于未来具有不确定性，人们对未来的预测有可能发生错误，风险的存在是普遍的。在生产中，由于供求关系难以预料的变动，并因为不是所有的风险都可以用保险的方法来加以弥补。这样，从事具有风险的生产就应该以超额利润的形式得到补偿。企业家在经营活动中，会遇到许多事先难以预料的不确定情况。如在企业内部组织管理上，可能出现各种摩擦，如合伙人之间的矛盾、上下级关系的协调、劳资冲突、设备陈旧、质量不稳定等。在市场上，企业家面临多种不确定因素，如消费者嗜好的变动、经济周期性变动、新产品的竞争和银行等组织的关系协调、原材料短缺、动力不足等。此外，还有许多其他的随机因素会给企业家带来风险，如战争、政局变动、政策的改变、技术进步、自然灾害等。由于众多风险存在，没有正常利润进行补偿，企业家便不会进行生产组织活动。企业家必须承担一定的风险，经济利润就是对企业家承担风险的报酬。

（2）经济利润是创新的结果。美国经济学家熊彼特提出了一套创新理论，他认为超额利润是企业家创新活动的结果。所谓创新是指对原有均衡的突破，建立一种"新的生产函数"，形成生产要素的新配置。以下这些情况可以看作是创新：第一，提供新产品；第二，发明了新技术和新工艺；第三，开辟新的市场；第四，控制原材料的新来源；第五，建立新的组织形式。这五种形式的创新都可以产生超额利润。引进一种新产品可以使这种产品的价格高于其成本，从而产生超额利润；采用一种新的方法和新的企业组织形式，都可以提高生产效率降低成本，由于成本低于同类产品的成本，就获得了超额利润；开辟一个新市场同样也可以通过提高价格而获得超额利润。由于创新活动提高了劳动生产率，提供了新的投资机会，刺激了经济不断增长，产品的生产成本就能不断下降，销售收益不断增长，形成收益超过成本的一个余额，即超额利润，这个超额利润由于其他生产者竞争而消失。但是，在一个动态社会里，人们的创新活动是没有止境的，所以社会上也就总有超额利润存在。

创新是社会进步的动力，因此，由创新所获得的超额利润是合理的，是社会进步必须付出的代价，也是社会对创新者的奖励。

（3）经济利润是垄断的产物。由于市场的不完全性，能使一部分生产者获得经济利润。由垄断而产生的超额利润，又称为垄断利润。垄断的形式可以分为两种：卖方垄断与买方垄断。卖方垄断也称垄断或专卖，指对某种产品出售权的垄断。垄断者可以抬高销售价格，以损害消费者的利益而获得超额利润；甚至某个生产者只要垄断了某种专有生产技术、专利或具有声誉较好的商标，他就能使自己赚得经济利润。厂商理论中分析的垄断竞争的短期均衡、完全垄断的短期与长期均衡，以及寡头垄断的超额利润就是这种情况。买方垄断也称专买，指对某种产品或生产要素购买权的垄断。在这种情况下，垄断者可以压低收购价格，以损害生产者或生产要素供给者的利益而获得超额利润。垄断所引起的超额利润是垄断者对消费者、生产者或生产要素供给者的剥削，是不合理的。这种超额利润也是市场竞争不完全的结果。

垄断利润还可以来自企业对技术的垄断。如获得法律保护和专利权，或者对技术诀窍进行保密，它属于寻租行为。但是它有一定的积极意义，一方面，垄断利润提供了技术进步的动力和物质条件，有利于技术进步；另一方面，高质量的或有差异的产品满足了消费者的各种需求，增进了社会福利。

三、利润在经济中的作用

经济学家认为，利润是社会进步的动力。这是因为：第一，正常利润作为企业家才能的报酬，鼓励企业家更好地管理企业，提高经济效益。正常利润的基本功能是鼓励企业家进行风险投资，这是市场经济国家求得经济增长的必要条件。若一个国家对正常利润持否定态度，企业家才能便会受到压抑和人才可能外流，国民经济增长速度便会放慢。第二，由创新而产生的超额利润鼓励企业家大胆创新，这种创新有利于社会进步。第三，由风险而产生的超额利润鼓励企业家勇于承担风险，从事有利于经济发展的风险事业。第四，追求利润的目的使企业按社会的需要进行生产，努力降低成本，有效地利用资源，从而在整体上符合社会的利益。第五，整个社会以利润来引导投资，使投资与资源的配置符合社会的需求。

第六节　收入分配差距

前面各节所讲的是个人收入分配问题，即产品按什么原则分配给个人。那么，从社会角度看，这种分配原则会引起什么问题呢？社会收入分配主要是收入分配是否平等的问题。本节主要介绍衡量社会收入分配平等程度的标准。

一、贫富差别的表现

贫富差别是全球性问题。世界银行在2000年《世界发展报告》中指出："世界仍然深深处于富饶的贫困之中。世界60亿人口中，28亿人（几乎一半）每天生活费低于2美元，12亿人每天生活费低于1美元。""在东亚地区，每天生活费用低于1美元的贫困人口在1987～1998年从4.2亿减少到2.8亿，然而，在拉丁美洲、南亚、次撒哈拉非洲，穷人数目增加了。在欧洲和中亚向市场经济转型国家，每天生活费用低于1美元的贫困人口增加了20倍。"

不同国家和地区之间存在贫富差别，同一个国家中的人们也存在着贫富差别。据2000年8月6日的《国际金融报》报道，在美国居住着约720万名百万富翁，同时又有约5500万人生活在官方公布的贫困线上，即一个4口之家年收入不足1.4万美元。美国大公司总经理的年收入高达7500万美元。请前总统老布什讲演一次约60分钟，酬金是2.5万美元，请前国务卿亨利·基辛格演讲一次约90分钟，酬金是4万美元。体育界明星年收入百万至上千万美元以上不乏其人。但一般的简单体力劳动者收入就很低。例如，以年收入看，建筑工人为2.6万美元，奶牛场工人为1.5万美元，电车售票员为0.8万美元，街道清洁工为0.9万美元，打字员为0.6万美元。

美国在20世纪90年代起迈向新经济过程中，经济持续增长，社会财富不断增加，但工人的货币工资增加很少。经济增长的成果主要流进了高收入阶层的口袋。据美国政策研究所在1999年公布的一份报告显示，1965年，一般总裁的收入大约是普通产业工人的20倍，到1989年达到56倍，1997年达到116倍。目前，占总人口1%的最富有的高收入阶层控制了美国39%的家庭财富，美国社会贫富差别扩大了。

二、收入分配不平等的衡量

为了全面地观察一个社会收入分配的不平等程度，并进行国家之间或跨时期比较，经济学家利用一种特殊设计的图形来更为直观地显示收入分配信息，并在此基础上用一个数字表达分配不平等程度。这一图形称为洛伦茨曲线，数字称作基尼系数。由于这一方法直观简明，并且对不同的国家或地区具有可比性，因而在分析收入分配问题时被广泛采用。

洛伦茨曲线是美国统计学家洛伦茨提出的，是用来衡量社会收入分配（或财产分配）平等程度的曲线。这条曲线是这样画出的：将一国总人口按收入由低到高排队分成若干组，其累计百分比放在坐标的横轴上，各组得到的收入在总收入中的累计百分比，放在纵轴上。然后，找出这两个累计百分比的一一对应关系点并连接起来，就得到这一曲线。如果把社会上的人口分为五个等级，各占人口的20%，按他们在国民收入中所占份额的大小如表8-5所示。

表8-5　　　　　　　　　　　　　　收入分配资料

级别	占人口的百分比	合计	占收入的百分比	合计
1	20	20	6	6
2	20	40	12	18
3	20	60	17	35
4	20	80	24	59
5	20	100	41	100

根据表8-5可以做出图8-14。

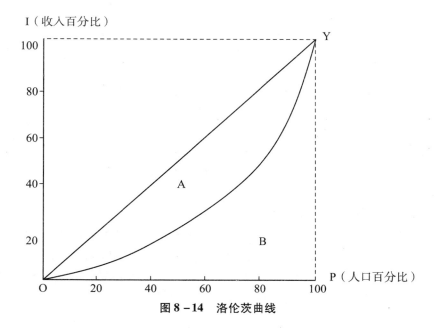

图8-14　洛伦茨曲线

在图8-14中，OY为45°线，在这条线上，每20%的人口得到20%的收入，表明收入分配绝对平等，称为绝对平等线。OPY表示收入绝对不平等，是绝对不平等线。根据上表所作的反映实际收入分配状况的洛伦茨曲线介于这两条线之间。洛伦茨曲线与 OY 越接近，收入分配越平等。洛伦茨曲线与 OPY 越接近，收入分配越不平等。如果把收入改为财产，洛伦茨曲线反映的是财产分配的平等程度。

如果我们把图 8 - 14 中洛伦茨曲线与绝对平等线之间的面积用 A 来表示，则 A 为"不平等面积"，把洛伦茨曲线与绝对不平等线之间的面积用 B 来表示，则 A + B 为"完全不平等面积"。不平等面积与完全不平等面积之比，称为基尼系数。这是衡量一个国家居民贫富差距的标准。如果用 G 代表基尼系数，则：

$$G = \frac{A}{A + B}$$

当 A = 0 时，基尼系数等于零，这时收入绝对平等。当 B = 0 时，基尼系数等于 1，这时收入绝对不平等。实际基尼系数总是大于零而小于 1。基尼系数越小，收入分配越平均；基尼系数越大，收入分配越不平均。按国际上通用的标准，基尼系数小于 0.2 表示绝对平均，0.2 ~ 0.3 表示比较平均，0.3 ~ 0.4 表示基本合理，0.4 ~ 0.5 表示差距较大，0.5 以上表示收入差距悬殊。依据世界银行提供的 20 世纪 90 年代中后期不同年份各国的基尼系数值，最高的为 0.629（塞拉利昂），最低的为 0.195（斯洛伐克），平均值为 0.390，中国为 0.403，在国际比较中大体处于中等水平。

需要说明的是，对于我国的基尼系数，国内有关研究则得出了与上述世界银行报告的不同结果。例如，依据社会科学院经济研究所课题组调查计算，1995 年我国收入分配基尼系数为 0.445；依据南开大学经济研究所调查计算，包括非法和正常收入在内，1994 ~ 1997 年全国基尼系数已经高达 0.50 以上。

三、平等与效率：一个永恒的矛盾

经济学家认为，收入分配有三种标准：第一个是贡献标准，即按社会成员的贡献分配国民收入。这也就是我们在分配理论中介绍过的按生产要素的价格进行分配。这种分配标准能保证经济效率，但由于各成员的能力、机遇的差别，又会引起收入分配的不平等。第二个是需要标准，即按社会成员对生活必需品的需要分配国民收入。第三个是平等标准，即按公平的准则来分配国民收入。后两个标准有利于收入分配的平等化，但不利于经济效率的提高。有利于经济效率则会不利于平等，有利于平等则会损失经济效率，这就是经济学中所说的平等与效率的矛盾。

收入分配要有利于经济效率的提高，则要按贡献来分配，这样，有利于鼓励每个成员充分发挥自己的能力，在竞争中取胜。经济效率的高低则体现在经济增长的速度上。收入分配的平等可以用三种标准来衡量。一是劳动分配率，即劳动收入在国民收入中所占的比例；二是洛伦茨曲线与基尼系数；三是工资的差异率。收入分配的平等体现为劳动收入在国民收入中所占比例较大，洛伦茨曲线更接近于收入绝对平等线和基尼系数小，以及工资差异率低。

平等与效率哪一个优先是经济学家们一直争论不休的问题。在市场经济中，分配原则是效率优先的。市场经济本身没有自发实现平等的机制。因此，收入分配不公问题要通过政策来解决。

分析案例 8 - 3

世界各国的收入不平等

与其他国家相比，中国的收入分配不平等状况有多大呢？这个问题是令人感兴趣的，但要回答它是困难的，并不是世界上每个国家都用同样的方法收集数据；例如，一些国家收集个人收入数据，而另一些国家收集家庭收入数据。因此，一个国家的数据可能与另一个国家的数据并没有严格的可比性，当我们发现两国之间的收入差别时，我们无法确定这是反映了经济中的真实的差别呢，还是仅仅体现了收集资料方法的差别。

国别	最低 1/5	第二个 1/5	中间 1/5	第四个 1/5	最高 1/5
日本	8.7	13.2	17.5	23.1	37.5
韩国	7.4	12.3	16.3	21.8	42.2
中国	6.4	11.0	16.4	24.4	41.8
美国	4.7	11.0	17.4	25.0	41.9
英国	4.6	10.0	16.8	24.3	44.3
墨西哥	4.1	7.8	12.3	19.9	55.9
巴西	2.1	4.9	8.9	16.8	67.5

记住上面的提示，再来看上表，该表比较了中国和其他 6 个国家的收入分配。这些国家的排序从最平等到最不平等。该表的最上端是日本，最富的 1/5 人的收入只是最穷的 1/5 人的 4 倍左右。该表的最下端是巴西，最富的 1/5 人的收入是最穷的 1/5 人的 30 多倍。虽然所有国家都有相当大的收入不平等，但各国的不平等程度并不一样。

当各国根据不平等排序时，中国大约排在中间偏上。中国最穷的 1/5 人赚到了总收入的 6.4% ，相比之下日本为 8.7% ，巴西为 2.1% 。

本 章 小 结

对生产要素的需求是派生需求，它产生于用这些要素生产商品与劳务的企业。竞争性的、利润最大化的企业使用每一种要素的原则是使要素的边际产品价值等于边际要素成本，即最后一单位投入所增加的收益等于它们带来的成本。生产要素的需求和供给决定了生产要素的价格和使用量。

劳动的需求和供给决定了劳动市场的均衡与工资水平。一般来讲，造成劳动市场工资水平差异的重要原因是人们接受教育程度的高低，但劳动市场的垄断因素也会对工资水平产生影响。

资本的需求和供给决定了资本市场的均衡与市场利率。资本的需求取决于厂商的投资决策，资本的供给取决于个人的储蓄决策。资本市场风险的差别决定了实际利率存在差异。

土地的需求和供给决定了地租，但土地的肥沃程度和位置的差异又使地租存在级差性。利润包括正常利润和经济利润。正常利润是企业家才能的报酬，经济利润是超过正常利润的那部分利润，它是承担风险的报酬，是创新的结果，是垄断的产物。

收入的分配不是完全平等的，而是存在差距。衡量收入分配不平等的有用工具是洛伦茨曲线和基尼系数。

实践与应用

一、复习与思考

1. 某人接受培训来增加人力资本，会使他以后每年增加 1000 元收入，而接受培训的费用为 12000 元，年利率不变为 10%，如果从经济收益看，他应该参加培训吗？为什么？

2. "劣等地上永远不会有级差地租"这句话对吗？

3. 一厂商生产某种商品，其单价为 10 元，月产量为 100 单位，每单位产品的平均可变成本为 5 元，平均不变成本为 4 元。试求其准租金和经济利润。两者相等吗？

二、综合案例

案例内容：

据世界银行 1994 年、1996 年、1999 年《世界发展报告》的数据，可得中国五等分法的贫富差距情况表：

年份	最低的 20%	第二个 20%	第三个 20%	第四个 20%	第五个 20%
1990	6.4	11.0	16.4	24.4	41.8
1992	6.2	10.5	15.8	23.6	43.9
1995	5.5	9.8	14.9	22.3	47.5

问题讨论：

（1）请依据上表作出中国在 1990 年、1992 年、1995 年的洛伦茨曲线。

（2）若用基尼系数分析，这三年的基尼系数的变化情况是怎样的？请依据前面的洛伦茨曲线给以必要的说明。

理论提示：

洛伦茨曲线、基尼系数。

第九章　市场失灵与微观经济政策

导入案例

　　废弃的电池污染环境，具有负外部性。生产单位电池的社会成本加上污染的治理成本构成了总成本。电池给消费者带来的价值大于生产它的社会成本，因此，电池最适当的数量，即最优的数量，小于均衡数量。这时市场表现为无效率。面对这种负外部性，我们并非束手无策，既可私人解决，也可设立针对外部性的公共政策。你知道如何解决吗？

　　以上各章的分析表明，市场机制具有诸多神奇的功能，它可以调节产品的供给和需求，可以调节生产要素的供给和需求并决定要素的收入分配，能使资源达到有效配置。正是市场机制这种无可替代的作用使得重视资源有效配置与经济发展的国家不断建立和扩大市场，以便充分发挥市场机制的功能。但是，在经济运行过程中，市场机制的调节作用在有些情况下是行不通的，在很多场合不能导致资源的有效配置，这种情况被称为市场失灵。市场失灵需要政府运用微观经济政策加以弥补。

　　市场失灵的表现是多方面的，本章主要讨论市场失灵的四种情况，即垄断、外部性、公共产品、收入分配以及相应的微观经济政策。

第一节　市场效率与市场失灵

一、市场效率

　　在市场经济中，生产什么、如何生产和为谁生产的问题主要是由一种竞争的价格机制来决定的。消费者、生产者和要素所有者拥有充分的自由选择权，他们从各自的经济利益出发，分散地个别地进行经济决策，并通过市场交换和竞争达到他们各自的目的、调整他们的行为。

　　与资源配置的其他方法相比，市场配置资源的效率主要表现在：第一，得到法律确认和国家保护的私有财产权极大地刺激了人们为积累财富而从事社会经济活动的热情，这种热情在限制或剥夺个人财产权利的传统社会中几乎是不存在的。第二，以交换和盈利为目的的市场经济活动打破了传统社会的世袭分工制度，促进了社会的专业化分工和劳动生产率的提高，推动了社会的进步和文明的发展。第三，市场经济中的价格机制用一种简单而又清楚的信号指导人们的行为，使十分复杂的经济关系简单化，降低了信息处理成本，提高了资源配置的效率。第四，无数个分散决策的经济人之间相互竞争使创新活动源源不断，造就了一种十分灵活的制度体系，从而使得市场经济可以在很短的时间内创造出远远超过以往一切社会总和的生产力。

配置资源的市场机制通常与亚当·斯密提出的"看不见的手"相联系。在市场经济中，没有人命令谁该生产什么、如何生产和为谁生产，人人追求的只是自身的经济利益，每个人只是根据市场上的价格信号决定自己的行为。然而，市场机制却像一只"看不见的手"，协调着千千万万人们的生产和消费。亚当·斯密生动地描绘说："我们能享用可口的晚餐，并非由于肉摊主、酒贩子或面包师的仁慈善意，而是由于这些人对自身利益的关心。我们求助于的不是他们的良心，而是他们的自利之心，我们从来不必去对他们诉说我们的生活需要，而只需讲交易给他们带来的好处。"因此，亚当·斯密认为，最能满足人类生活需求的经济体制，就是让人们自由劳动、自由交换的市场体制。在市场体制下，分工能够发展，消费能够最有效地得到满足，生产效率能最快地得到提高。人们只要追求个人的经济利益，就可以在市场机制这只"看不见的手"的引导下，增进整个社会的福利。

二、市场失灵

市场配置资源是有效率的，但要达到资源最优配置还有赖于若干重要的市场条件，如完全信息、完全竞争、规模报酬不变、生产和消费没有外部影响、交易费用忽略不计和经济人完全理性等。这些条件在现实中是难以成立的，因此，市场机制本身并不是万能的，而是存在市场失灵的情况。市场失灵主要有下面几种表现形式：

1. 垄断

只有在完全竞争的条件下，"看不见的手"才能充分发挥作用，然而有一些现实因素使某些行业无法达到完全竞争的市场结构。市场垄断是企业规模不断扩大的必然结果。企业规模扩大是由以下因素促成的：（1）技术进步；（2）市场扩大；（3）企业为获得内部规模经济与外部规模经济而进行横向与纵向的合并。由此看来，垄断似乎具有经济上的必然性。在纯粹垄断的情况下，单一卖主可以通过提高产品价格和把产量限制在竞争条件下可能达到的水平以下来选择最有利的价格。垄断导致了较高的价格、较低的产量和垄断者额外的利润。虽然垄断具有经济上的必然性，但就其抑制竞争与降低社会经济福利而言，它同时又具有经济上的不合理性。这种矛盾迫使人们寻求国家干预，以防止市场经济中的自发力量（垄断）最终破坏市场经济这种具有较高效率的资源配置方式。

2. 公共产品问题

自20世纪60年代起，越来越多的经济学家发现，市场之所以会失灵，还在于它不能有效地提供社会正常活动所必不可少的公共产品。公共产品过于缺乏会损害经济运行的效率，甚至使整个社会经济无法正常运行。因此，向社会提供公共产品的任务只能由政府来承担，这已成为第二次世界大战后政府干预经济活动的一个极为重要的理由。近年来，以布坎南为代表的新一代制度经济学家甚至认为那些能够保证社会经济正常而有效运行的法律、公共安全以及自然秩序都是公共产品。这些公共产品能够使市场有效运转，但却不能由市场本身提供，因而也只有通过公共选择由政府来生产诸如此类的公共产品。

3. "外部性"问题

"外部性"问题最早是由英国著名的福利经济学家庇古发现并提出的。根据他的观察分析，引起"外部性"问题的原因在于边际社会成本或边际社会收益与边际私人成本或边际私人收益的背离。在个别领域，这种背离程度可以很大。此时，自由市场均衡将使产生外部成本的产品产量过高，而产生外部收益的产品的产量过低。这种背离之所以会发生，是因为社会中相互影响的经济活动得不到相应的补偿。所以，社会需要政府通过罚款、征税、补贴、数量管制等方法来矫正这种背离。

4. 收入分配不公问题

消费者的市场力量相当程度上取决于各自的收入，收入的不平等很难保证市场竞争的平等。即使在完全竞争的市场中，富人和穷人也不能进行同等的竞争。由于隶属于不同社会阶层的消费者不能在市场上进行同等竞争，因而市场根据消费者需求来进行资源配置就不可能达到帕累托最优。于是，人们普遍要求政府承担起促进收入平等化的职能。

第二节　垄断及政府管制

一、垄断与低效率

垄断定义有狭义和广义之分，狭义的垄断是一家厂商控制一个行业的全部供给，即只存在唯一卖者的市场结构；广义的垄断是一个或几个厂商控制一个行业的全部或大部分供给的情况。一些西方经济学家赞成垄断，认为大企业的联合比单个厂商更能展开有效竞争，更能从事大规模生产，更能进行研究和开发。但是，更多的学者在理论上反对垄断，认为垄断有许多坏处。这些坏处主要是：垄断厂商通过控制产量提高价格的办法获取高额利润，使资源配置和收入分配不合理；垄断造成经济和技术停滞；垄断产生的产业和政治的结合只有利于大企业而不利于社会。因此，他们认为必须反对垄断，推动竞争，让"看不见的手"发挥作用。

完全竞争条件下有效率的资源配置原则是每一种产品的价格等于其边际成本，即 $P = MC$。在市场经济中，如果价格等于边际成本，意味着消费者以最有效率的方式使用自己的货币，不但实现他自己的最大满足，而且也是自然而然地以最有效率的方式使用社会资源。只要 $P = MC$，市场机制就自动地满足了有效率地进行生产选择的原则，即实现了完全竞争的理想状态。但是，在现实经济中，大部分市场是不完全竞争的垄断或寡头垄断的市场。垄断和寡头厂商能够阻碍市场机制的作用，从而导致财富的集中、资源配置的失当和效率的损失，破坏完全竞争的理想状态。

垄断或寡头垄断会导致效率的损失，它表现在产品市场上，即一种产品的生产和销售，在垄断厂商的控制下，比完全竞争市场的产量要小，而单位产品的价格则较高。如图 9-1 所示，横轴表示产量，纵轴表示价格，曲线 D 和 MR 分别为厂商的需求曲线和边际收益曲线。此外，为简单起见，假定平均成本和边际成本相等且固定不变，它们由图中水平直线 $AC = MC$ 表示。从图中可以看出，竞争性厂商的均衡产量为 Q_0，均衡价格为 P_0，垄断厂商的利润最大化产量为 Q_m，垄断价格为 P_m。显然，这个价格高于边际成本，表明资源的配置并未给消费者提供最大效用。图中 ABC 表示垄断造成的消费者剩余的损失。

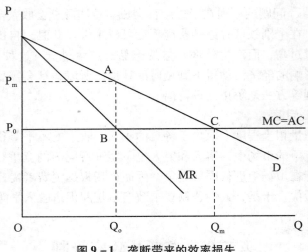

图 9-1　垄断带来的效率损失

上述关于垄断情况的分析，也适用于垄断竞争等其他非完全竞争的情况。实际上，只要市场是不完全竞争的，只要厂商面临的需求曲线不是一条水平线，而是向右下方倾斜，则厂商的利润最大化原则就是边际收益等于边际成本，而不是价格等于边际成本。当价格大于边际成本时，就出现了低效率的资源配置状态。

二、对垄断的公共管制

垄断常常导致资源配置缺乏效率。垄断利润通常也被看成是不公平的。这就使得有必要对不同类型的垄断采取相应的公共政策进行管理，针对垄断应采取什么公共政策，是一个重要并具有争议的问题。

我们对自然垄断得到了两点分析结论。第一，由于规模经济因素，在自然垄断条件下，垄断经营比几家厂商同时经营有可能节省生产成本。第二，自然垄断作为垄断的一种形式，会由于缺乏竞争造成高价格、高利润、低产出、低服务水平等经济效率损失。为了矫正垄断厂商行为，发达国家对于一般认为属于自然垄断的行业和部门，如供水、电力等公共事业以及通讯、航空运输等实行了一系列管制措施。

一种管制方式要求垄断厂商依据边际成本定价。由于垄断厂商利润最大化产出对应的市场价格高于边际成本，因而，依据边际成本等于价格的原则定价会使价格降低和产量增加。图 9-2 显示，没有管制措施时，垄断厂商依据边际成本等于边际收益原则，确定均衡产出量和价格为 Q_m 和 P_2。实施边际成本定价的管制措施，价格从 P_2 下降到 P_1，产出量从 Q_m 上升到 Q_1。然而，这一管制方法也有问题。自然垄断厂商是在平均成本下降的规模经济区段进行生产的，这时边际成本必然位于平均成本下方，所以依据边际成本水平决定的价格，一定会低于平均成本，而价格低于平均成本势必带来企业亏损。如果厂商面临必然亏损局面，它就会退出生产。于是，管制机构面临难题，或者放弃边际成本定价，或者政府需要对被管制厂商提供补贴。一旦采取补贴方式，关于厂商成本计算和补贴数量的确定，必然会因为信息不对称发生很多争论。

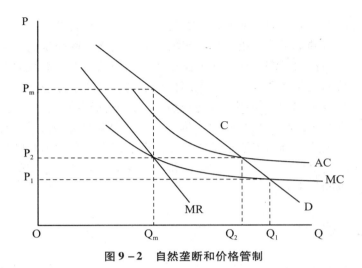

图 9-2 自然垄断和价格管制

从价格管制角度看，可以采取依据平均成本定价方式来解决厂商亏损问题。仍然从图9-2来看，价格为 P_2 时，厂商处于没有利润但也不亏损状态。采用这一管制方法的问题，是如何确定厂商的平均成本。一方面，同一信息不对称，确定平均成本会带来讨价还价和扯皮局面；另一方面，由于可以通过价格来回收平均成本，厂商在相当大程度上也就失去了通过改进经营来降低成本和提高效率的动力。因而，即使在市场经济发达的国家，长期处于价格管制状态下的厂商，通常也存在产品和服务质量低下的毛病。

对自然垄断厂商另一种管制办法，是为厂商规定一个接近于竞争性市场的资本回报率，它相当于等量资本在相似技术和风险条件下所能得到的平均市场回报，通过对资本回报率控制来限制垄断厂商的价格和利润。然而，实行这一管制方式也还存在和直接价格管制类似的麻烦。一方面是使厂商失去了通过改进经营管理来降低成本提高效率的激励机制；另一方面由于公正的回报率缺乏客观标准，因而管制机构和被管制厂商会在确定资本回报率问题上发生争论和纠缠。

行政性垄断特点是由于行政权力赋予特权而产生的垄断。从实际情况看，有的具有自然垄断属性行业，被政府采用特许或国有化方式授予特定企业垄断经营权，因而部分行政性垄断与自然垄断是重叠的。然而，不少行政性垄断与自然垄断条件并没有必然联系，尤其在实行传统计划经济制度的国家，集权式的政企不分的经济模式使得行政垄断成为具有普遍性的现象。后一种行政垄断特点，是企业或生产经营单位与政府管理职能相结合，构成没有潜在竞争压力的无条件垄断。这类行政性垄断不仅存在一般自然垄断的缺乏效率问题，而且还会产生与国有制产权安排相联系的企业内部治理结构不合理的问题。从我国改革实践经验看，这类行政垄断企业缺乏降低成本的压力，缺乏关注消费者利益的动力，甚至缺乏市场竞争环境下最基本的服务意识。因而，越来越多的人认识到，除去少数确实直接关系到国家安全的领域，对于绝大多数传统行政性垄断部门，应当通过深化市场化改革打破垄断体制。

最后，建立在技术创新基础上通过竞争形成的垄断，或是依托需求方面规模经济获得的垄断，既不同于行政权力特许的垄断，也不同于比较稳定的自然垄断情形，它们维持垄断局面本身受到技术变动与市场力量的制约。因而，一方面，这类垄断厂商行为显著不同于行政性垄断和自然垄断厂商，比较注重降低成本和提高产品及服务质量，注重研究和新技术开发，力求在与潜在竞争对手面向未来的角逐中占据有利地位。另一方面，它们也会在商业竞争中利用已有的垄断地位给它们带来的优势，实施一些被认为是不合理竞争的行为。围绕美国微软公司把网络浏览器与视窗操作系统捆绑销售诉讼案发表的不同观点，说明在针对这类厂商行为的公共政策方面，人们存在不同意见的激烈争论。有人（包括美国司法部门）认为，微软公司把网络浏览器与视窗操作系统捆绑销售，实际是利用自身占据的垄断地位与其商业对手进行不公平竞争，因而应当依据反垄断法对其进行限制和制裁。对立的观点则认为，上述捆绑销售属于正常的商业竞争行为，微软这样的厂商拥有较大的市场份额是通过市场竞争形成的，它已经受到新技术变革和市场力量有效约束，因而不应当通过行政力量给以额外限制。

三、反托拉斯法

　　政府对垄断的更加强烈的反应是制定反垄断法或反托拉斯法。西方很多国家都不同程度地制定了反托拉斯法，其中，最为突出的是美国。这里以美国为例做一概括介绍。

　　19 世纪末 20 世纪初，美国企业界出现了第一次大兼并，结果形成了一大批经济实力雄厚的大企业。这些大企业被叫做"垄断"厂商或托拉斯。这里的"垄断"不只局限于一个企业控制一个行业的全部供给的"纯粹"的情况，而且也包括几个大企业控制一个行业的大部分供给的情况。按照这一定义，美国的汽车工业、钢铁工业、化学工业等都属于垄断市场。垄断的形成和发展，深刻地影响到美国社会各个阶级和阶层的利益。

　　从 1890 年到 1950 年，美国国会通过一系列法案反对垄断。其中包括《谢尔曼法》（1890）、《克莱顿法》（1914）、《联邦贸易委员会法》（1914）、《罗宾逊－帕特曼法》（1936）、《惠特－李法》（1938）和《塞勒－凯弗维尔法》（1950），统称反托拉斯法。在其他西方国家中也先后出现了类似的法律规定。

　　美国的这些反托拉斯法规定，限制贸易的协议或共谋、垄断或企图垄断市场、兼并、排他性规定、价格歧视、不正当的竞争或欺诈行为等都是非法的。例如，《谢尔曼法》规定：任何以托拉斯或其他形式进行的兼并或共谋，任何限制州际或国际的贸易或商业活动的合同，均属非法；任何人垄断或企图垄断，或同其他个人或多人联合或共谋垄断州际或国际的一部分商业和贸易的，均应认为是犯罪。违法者要受到罚款和（或）判刑。《克莱顿法》修正和加强了《谢尔曼法》，禁止不公平竞争，宣布导致削弱竞争或造成垄断的不正当做法为非法。这些不正当的做法包括价格歧视、排他性或限制性契约、公司相互持有股票和董事会成员相互兼任。联邦贸易委员会法规定：建立联邦贸易委员会作为独立的管理机构，授权防止不公平竞争以及商业欺骗行为，包括禁止虚假广告和商标等。《罗宾逊－帕特曼法》宣布卖主为消除竞争而实行的各种形式的不公平的价格歧视为非法，以保护独立的零售商和批发商。《惠特－李法》修正和补充了联邦贸易委员会法，宣布损害消费者利益的不公平交易为非法，以保护消费者。《塞勒－凯弗维尔法》补充了《谢尔曼法》，宣布任何公司购买竞争者的股票或资产，从而实质上减少竞争或企图造成垄断的做法为非法。《塞勒－凯弗维尔法》禁止一切形式的兼并，包括横向兼并、纵向兼并和混合兼并。这类兼并指大公司之间的兼并和大公司对小公司的兼并，而不包括小公司之间的兼并。

　　美国反托拉斯法的执行机构是联邦贸易委员会和司法部反托拉斯局。前者主要反对不正当的贸易行为，后者主要反对垄断活动。对犯法者可以由法院提出警告、罚款、改组公司直到判刑。

分析案例 9 – 1

一次违法的通话

寡头市场上企业有勾结起来以便减少产量、提高价格和增加利润的强烈激励。18 世纪伟大的经济学家亚当·斯密已经深刻认识到这种潜在的市场失灵。在《国富论》中，他写道："同业者往往很少聚在一起，但这种集会的结果是对付公认的合谋，或者某种提高价格的计谋。"

为了说明斯密这种观察的现代例子，考虑下面一段 20 世纪 80 年代两家航空公司经理之间的电话谈话。1983 年 2 月 24 日的《纽约时报》报道了这段电话交谈。罗伯特·克兰达尔（Robert CrandaU）是美洲航空公司总裁，霍华德·帕特南（Howard Putnam）是布拉尼夫航空公司总裁。

克兰达尔：我觉得我们像基督说的罪过一样在这里拼个你死我活，但一分钱也没赚到是很愚蠢的。

帕特南：你有什么高见吗？

克兰达尔：有，我有个建议。提高你的机票价 20%，明天一早我也提高我的。

帕特南：罗伯特，我们……

克兰达尔：你能赚更多的钱，我也是。

帕特南：我们不能谈定价问题！

克兰达尔：啊，霍华德。我们想谈什么就能谈什么。

帕特南是对的：谢尔曼反托拉斯法禁止相互竞争的企业经理谈固定价格问题。当帕特南把这个谈话的录音带交给司法部时，司法部立即对克兰达尔先生提出起诉。

两年以后，克兰达尔和司法部达成一种解决方法，按这个方法，克兰达尔同意对他各种业务活动的限制，其中包括他与其他航空公司职员的接触。司法部说，解决的条款是"防止美洲航空公司和克兰达尔通过与竞争者讨论航空公司服务价格来垄断任何一条航线上乘客飞行服务的任何进一步的企图，以保护民航业的竞争。"

第三节　外部性问题

一、外部性及其分类

外部性问题是市场经济运行中的一个重要问题，因为它会影响资源的有效配置。外部性又可称为外部效应，是指生产者或消费者在自己的活动中产生了一种有利或不利影响，这种有利影响带来的利益（或者说收益）或有害影响带来的损失（或者说成本）都不是消费者和生产者本人所获得或承担的这样一种现象或情况。之所以称其为"外部"，是因为活动之外的人也受到了影响。外部性可以在生产者之间、生产者与消费者之间和消费者之间产生。

外部性可分为两种类型：正外部性和负外部性。生产者或消费者不能获得其决策和行为带来的额外收益是正外部性。例如，一个养蜂场使邻近的果园更丰收了，因为蜂媒会使果子结得更多更好，但丰收的果园主并不是养蜂人，丰收的果实不属养蜂场，这就是养蜂给果园带来的积极的外部效应。类似这样的例子很多，如种花人家的周围邻居享受到了芳香和美丽。人们接种疫苗，不仅自己避免了得传染病，也减少了他人得传染病的机会。人们接受高等教育，不仅给自己创造了更多的发展机遇，也使社会文明程度提高。所有这些，都是经济主体活动给他人带来的收益，这种收益不构成私人收益，而构成社会收益。

生产者或消费者不必承担其行为带来的成本是负外部性。例如，把污水排放到河流中的造纸厂，向天空排放有害气体的冶炼厂或化工厂，在公共场所随意吸烟的烟民，随地丢弃塑料袋或其他垃圾的人，在人行道乱停车或在生活小区里随意按喇叭的司机等等。他们的行为在给自己带来某种利益或满足时，都对他人或社会利益带来不同程度的负面影响。但却不必完全承担这种负面影响的成本，因而构成负外部性。

理解外部性概念需要注意的一个问题，是其中提到的危害或影响都是指直接的利害关系，而不是指通过市场价格变化或竞争关系发生的影响。例如，一个企业降低产品销售价格会引起销售量增加，因而使其竞争对手利润下降，该企业不仅不必承担其对手企业的损失，而且会从中获得利益。这类通过市场机制作用引发的利害关系及分配方式，不属于经济学意义上的外部性范畴。

分析案例 9-2

飞机噪声中养鸡农民的不幸遭遇

1997年7月27日，辽宁省某地农用飞机超低空飞行为稻田喷洒农药。给当地一户养鸡农民带来一场灾难。据养鸡户农民声称，飞机巨大轰鸣声使1000多只肉鸡受惊吓而死，6000多只肉鸡平均体重下降，损失达10余万元，年饲养10余万只肉鸡的鸡场破产，全家人被迫举债度日。养鸡农民无奈之下将农用航空服务站以及与那次飞行作业有关单位告上法院，成为全国首例飞机噪声侵权案。几经周折，1999年8月25日，当地法院根据《民事诉讼法》和《民用航空法》有关规定做出判决：被告苏家屯区农用航空服务站赔偿原告张廷岩的67只死鸡的经济损失1033.94元，案件受理费和其他费用5265元，由被告方农用航空服务站承担201.35元，原告方养鸡农户承担5063.69元。原告不服，于1999年9月13日向沈阳市中级人民法院提起上诉。

法院审判结果一定有很多专业性的复杂法律依据，并且上诉过程还可能改变上述审判结果。然而，初步审判结果已经提出了值得思考的问题。在这一民事案件中，诉讼案的原告养鸡农户是被污染和受损害方，他的不幸遭遇无疑令人同情。如果把公正原则仅仅理解为维护被损害者利益，那么法律显然应当判定养鸡农民胜诉。初步审判结果与这一推论并不一致，可能与我们分析的产权界定原则存在联系。依据我国有关法规要求，航空公司作业时应采取有效措施防止对环境、居民、作物等发生损害。还规定农用飞机喷洒农药时需要在离地面3~7米高度飞行。据报道，当时农用飞机没有违反飞行高度的规定。然而，上述案件说明，即使按照规定的飞行高度作业，仍有可能对人们带来外部性和利益损失。

要求航空公司方面采取措施（如提高飞行高度）来避免这类偶发事件，带来的社会成本较大，所以法律规定和解释所体现的法律解决方案，可能倾向于把产权赋予航空公司一方，这可能是对原告不利裁决的关键原因之一。当然，这不等于说被损害方的利益不能或不应得到保护。例如，不排除有可能通过调解方式，让航空公司对被损害方提供一定赔偿。另外，如果农用飞机超低空飞行导致鸡禽大量死亡或其他损害事例频繁发生，即现有操作规程下飞机作业的社会成本增加，效率原则则可能要求提高农用飞机法定飞行高度，从而减少外部性伤害的发生频率和严重程度。

（资料来源：《小鸡"告"飞机引发全国首例飞机噪声侵权案》，载于《中国环境报》2000 年 6 月 17 日）

二、外部性与资源配置低效率

由于经济活动的某种影响没有通过市场机制作用而内生外，当事人不必承担负外部性造成的损失，也无法从正外部性中获得足够的回报，结果导致市场对资源的配置缺乏效率。以造纸厂排放污水为例，它生产纸张必须直接投入的费用是私人成本，包括原材料、设备、能源的消耗及劳动、管理等费用，但是对于整个社会来说，纸张生产成本除了这些私人成本以外，还包括生产过程中排放的污水、废气等对社会环境造成的危害和损失。这种损害应算作成本的一部分，它加上私人成本，构成社会成本。市场经济条件下，企业依据对私人成本和私人利益比较进行经济活动决策。当私人成本与社会成本不相一致，或私人利益与社会利益不相一致时，对于企业或个人来说最优的决策，不一定是社会的最优决策。因而，存在外部效应时，完全竞争不能达到有效率的配置资源。从造纸厂例子来看，如果它不考虑环境污染成本，私人成本便低于社会成本，基于私人成本决定的生产数量会高于从社会角度确定的最优产量。

图 9 – 3 表述了这一关系。图中 D 表示对纸张的需求曲线，MC_p 表示企业边际私人成本曲线，MC_s 表示边际社会成本曲线。假设市场是完全竞争的，则边际成本曲线就是企业

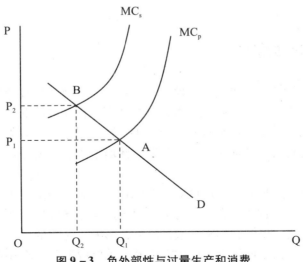

图 9 – 3　负外部性与过量生产和消费

供给曲线。在市场机制作用下依据私人成本 MC_p 确定的最优产量是 Q_1，价格是 P_1；然而，依据社会成本 MC_s 决定的最优产量应当是 Q_2，价格是 P_2。由于私人成本曲线在社会成本曲线以下，所以市场最优产量 Q_1，高于社会最优产量 Q_2。这就是说，如果企业要承担污染处理费用，则成本将从边际私人成本上升为边际社会成本，产量由 Q_1 减少到 Q_2，价格由 P_1 上升到 P_2。如果企业不承担污染处理费用的话，他们会按私人成本将生产扩大到 Q_1。因此，存在负外部性时，市场竞争机制会使生产扩大到社会认为不应有的规模，导致生产和消费过多，发生市场缺乏效率即市场失灵。

相反，存在正外部性时，市场竞争机制会使生产达不到社会认为应当有的规模，导致生产和消费不足，同样发生市场失灵问题。这可用图 9 - 4 表示。

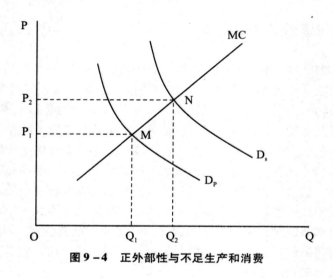

图 9 - 4   正外部性与不足生产和消费

图 9 - 4 中，D_p 表示只从私人角度考虑的需求，D_s 表示包括私人和社会在内的全部需求。显然，只从私人角度考虑，生产会达不到社会认为应有的规模。这同样说明资源没有达到最佳配置。

三、解决外部性的措施

既然外部性存在不能使资源达到有效配置，那么，如何减少或消除外部性带来的效率损失，就成为人们关心的问题。有人认为，既然外部性存在的情况下市场不再是配置资源的有效机制，即市场失灵了，那么政府应当出来干预，用适当的政策加以调节。也有人认为，市场本身有能力解决外部性所产生的问题，政府不用的必要条件。下面考察政府干预的措施。

税收和补贴是政府用来抵消外部性对资源配置不良影响的重要干预措施。对产生负外部性的厂商应该征税或罚款，使它向政府支付由于污染等导致社会所增加的成本，把厂商造成的外部成本内部化，促使它们减少或消除外部影响。必要的时候，政府还可以采用行政或法律手段，命令厂商限期整治。这类政府对改善资源配置是有积极作用的，其难点在于难以确定边际污染成本，从而难以恰当确定污染税率。这是因为，人类只要有生产和消费，总会对周围环境有或多或少的污染，问题是如何使污染控制到一定程度。

相反，对于产生正外部性的机构或单位，政府应给予适当补贴。例如，教育卫生事业不但有助于提高公民素质，为他们提供参与平等竞争的机会，而且会产生巨大的积极的外部效应。如果要求这些单位都成为盈利机构，它们提供的有利服务将会减少到资源配置无效率的地步。

将外部效应内部化是解决消极外部效应问题的另一个思路。存在外部效应时，市场之所以失灵，是因为经济活动主体作决策时没有把外部效应考虑进来。上游化工厂污染下游鱼场，工厂作产量决策时不考虑社会成本，导致成本低估，产量过高。如果能通过某种方式使独立分散的经济决策者本身能承担或享受外部效应带来的成本或利益，他们就会自动提高资源配置效率。将有关单位或机构合并成一家或同属一个利益集团，这就是能使外部效应内部化的一种有效方式。例如，让化工厂和养鱼场合并成一个集团或一个公司，则工厂生产给养鱼带来的损失就成为公司的内部成本，公司做生产决策时就会自动协调化工产品生产和养鱼两项业务的决策，并做全面的利弊权衡。

规定财产权也是解决外部性问题的一个办法。如果财产权是完全确定的并得到充分保障，则有些外部影响就不可能发生。例如，某条河流的上游污染者使下游用水者受到损害，如果给予下游用水者以使用一定质量水源的财产权，则上游的污染者将因把下游水质降到特定质量之下而受罚。在这种情况下，上游污染者便会同下游用水者协商，将这种权力从他们那里买过来，然后再让河流受到一定程度的污染。同时，受到损害的下游用水者也会使用他出售污染权而得到的收入来治理河水。总之，由于污染者为其不好的外部影响支付了代价，故其私人成本与社会成本之间不存在差别。

四、科斯定理

相信市场本身有能力解决外部效应对资源配置影响的理论是科斯定理。规定财产权的措施可以看成是一般化的科斯定理的特例。

科斯是美国著名经济学家，他的学术研究对创立通过界定产权解决外部性问题这一现代经济思想做出了开拓性贡献，其理论核心命题被概括为科斯定理。科斯定理的基本含义是：如果产权得到明确界定，界定产权而发生的协商或谈判等活动交易成本为零或者很小，那么在具有外部性效应的市场上，无论所涉及资源产权属于哪一方，交易双方总能通过协商谈判达到资源配置的有效率状态。

根据这种理论，当某个厂商的生产活动危害其他经济主体利益时，在谈判成本较小和每个经济主体具有明确产权的情况下，有关各主体可以通过谈判协商解决外部性问题，我们可以通过一个简单事例来说明这一点。

假设有一家工厂，生产时其烟囱排放的烟尘污染了周围5户居民，假定每户由此损失75元，5户共损失375元。再假定治理办法有二：一是给烟囱安装一个除尘器，费用是150元；二是给每户居民买一台烘干机，每台50元，5台共250元。显然，两种办法中第一种办法成本低。按科斯定理，只要交易成本为零或很小，不论把产权给工厂还是给5户居民，即不论是工厂拥有排烟的权利，还是居民有不受污染的权利，他们都可以通过协商自动采取150元解决问题的办法。原因在于：如果把产权给了工厂，则5户居民就想，既然工厂有权冒烟，若取第二种方法，我们要花250元，还不如花150元给工厂安装一个除尘器。如果把产权给了5户居民，则工厂就想，既然我无权污染人家，污染了就得赔钱，与其赔人家375元，还不如自动安装一个除尘器。这样，只要产权明晰，无论初始产权属于谁，只要交易成本为零或很小，外部性带来的问题总能自动妥善解决。这里，交易成本为零很重要，上例中的交易成本是5户居民集中开会协商所花费用，如饮茶、通话联系、时间的损失等等。如果交易成本大于零，问题就不这样容易解决。假定交易成本是125元，则采取第一种解决办法就要花275元（除尘器150元＋交易成本125元），在这样的情况下，5户居民就可能采取第二种解决办法。可见，交易成本为零或很小，是非常重要的。

在科斯开创产权理论得到广泛认同之前，经济学家一般认为，市场机制只有在没有外部性影响条件下才会发生作用，并实现资源有效配置目标；如果存在显著外部性，市场机制则无法实现资源有效配置。科斯定理阐明了外部性与市场失灵现象联系的前提条件：直接条件是产权没有得到充分界定，间接条件则是协商谈判交易成本非常大。因而，即便存在外部性，如果市场力量很大和交易成本很低，仍然有可能通过产权交易或者社会成本内部化的方式，来克服外部性影响，实现资源优化配置。可见，外部性并非必然导致市场失灵。这一理论扩展了人们对市场机制作用范围的理解，强调了降低交易成本和界定产权的重要性，具有重要的政策实践意义。

依据科斯定理，可以通过明确界定产权来消除外部性带来的市场缺乏效率问题，前提是当事人之间协商谈判的成本为零。然而，在现实社会中，协商谈判不会没有成本。谈判本身要花费时间，确保谈判达成的协议得到实施往往也需要耗费人力物力等。因而产权界定本身产生了一个效率问题。依据经济效率原则，解决外部性矛盾的合理产权界定安排，是应当把产权界定给花费较小成本消除外部性的一方。只要这一原则得到满足，在有关方面不能就集体行动达成协议而不得不维持现状时，社会整体遭受的损失最小。

分析案例9-3

北京夜晚扭秧歌引发的争论

改革开放以来人们生活质量提高，夜晚上街扭秧歌成为很多居民特别是老年居民爱好的娱乐方式。街道旁、小区内、公园里、立交桥下、一群群身着艳服的老年人，在高亢嘹亮的唢呐声中欢快起舞，引来很多过路人欣赏目光，成为首都夜晚的一道独特景观。老年人喜爱这一健康向上并且充满民族气息的娱乐方式，从很多角度看都是一件令人高兴的好现象。

然而，好事也可能产生外部性，当扭秧歌队在离居民小区较近的地点联欢时，唢呐声会给很多喜好或者需要宁静夜晚的居民带来烦恼甚至痛苦。受到干扰的居民包括准备复习高考的中学生，习惯于夜间工作的知识分子，必须在12点钟以后上大夜班的工人，还可能有身患疾病所以对噪声特别敏感的其他老年人。这部分人认为扭秧歌不同程度损害了他们的合理权利和利益。因而希望政府有关部门禁止夜间在居民区附近的扭秧歌活动。围绕是否应当限制或禁止扭秧歌发生了争论，甚至一度成为京城媒体关注的问题。依据经济学原理，可以考虑采取时间分段的管理方式加以解决。例如，可以夜晚10点或11点为界进行管制：10 点或 11 点以前允许扭秧歌活动，此后必须停止。建议采取 10 点或 11 点为管理的时间临界点，是考虑到我国由于传统习惯和其他社会原因，居民对夜生活一般合理时间长度的理解。

北京对扭秧歌等夜间户外活动进行限制的最近一次插曲，发生在 2000 年高考的前后几天。当时有关行政部门依据部分高考生家长呼吁，暂时禁止了一切夜晚扭秧歌活动。同时被禁止的还有建筑工地夜间施工等可能造成噪声的活动。采取这一临时管制办法，显然是要保证夜晚安静，便于学生们临阵磨枪进行复习，并且获得良好休息和睡眠，以充沛精力考出好成绩。这一临时管制措施无疑有道理，并且也得到了市民配合和支持。然而，可以讨论的问题在于，高考以外的其他时期，很多人不也是需要夜晚宁静环境吗？为什么不干脆在其他时间也采取类似管制办法呢？然而，从我们讨论的产权界定与外部性关系角度理解，如果把 2000 年高考期间的噪声管制措施普遍化，虽然会使一部分偏好安静居民的需要和利益得到最大实惠，但却完全否定了另一部分喜欢扭秧歌居民或者需要进行晚间作业的工人和企业的权利和利益。健康的娱乐，勤奋的工作，安静的休息，都属于公民的正当权利，因而不同主体行使权利过程发生的矛盾，应依据产权安排使外部性给社会带来的负面影响最小化原则加以折中解决。高考应试这样的特殊时期，安静环境对于考生家庭来说至关重要，公众对与高考应试相联系的特殊权利也通常存在广泛认同，牺牲这一权利社会成本较高。因而，短期内禁止扭秧歌活动成为一个比较有效率的选择。依据类似道理，在非高考期间也完全禁止可能带来噪音的娱乐和生活活动，就成为相对成本过高因而不可取的选择。

第四节　公共产品

一、公共产品的基本特征

公共产品并不一定是由政府或公共部门提供的产品。与私人产品相比，公共产品有两个基本特征，即非排他性和非竞争性。非排他性是指人们不能被排除在消费某一种商品之外。非排他性表明限制任何一个消费者对公共产品的消费是困难的，甚至是不可能的。任何一个消费者都可以消费公共产品，最典型的非排他性的例子是国防。一旦一个国家提供了国防，就不能排除该国任何一个公民从国防产品中受益，即所有公民都能享受国防的好处。公共产品的这一特征与私人产品形成了鲜明的对照。私人产品的排他性是很强的，一个消费者消费某一商品，另一个消费者就不能同时消费这一产品。比方说，一个人买了一瓶可口可乐，就排除了其他人消费这瓶可口可乐的可能性。由于存在排他性，私人产品可以采取收费的方式调节消费者的消费行为。在市场交易中，任何一个人若不交费，就可以排斥他对私人产品的消费（当然假定外部经济不存在）。

公共产品的非竞争性是指在任意给定的公共产品产出水平下，向一个额外的消费者提供该商品不会引起产品成本的任何增加，即消费者人数的增加所引起的产品边际成本等于零。公共产品的这一特征也是不同于私人产品的，对于私人产品来说，增加一个消费者的消费就要增加产品的数量，而生产更多私人商品的边际成本是正的，因此向一个额外的消费者提供商品要增加产品生产的成本。公共产品一旦用既定的成本生产出来以后，增加消费者数量也就不需要额外增加成本了，典型的例子是海上的航标灯。航标灯一旦建起使用后，能为所有过往的船只指示航向，增加过往船只的数量并不需要额外增加航标灯的运作成本。无线电视台传送节目能同时供一个地区所有观众看，多一位消费者打开电视机不会给电视台带来任何增加成本。

我们将同时具有非排他性和非竞争性的产品称为纯粹公共产品，纯粹公共产品的非排他性主要由以下两个方面的原因决定：第一，纯粹公共产品大多是那种在技术上不易排斥众多受益者的产品；第二，某些公共产品虽然在技术上可以排他，但是排他的成本十分昂贵，以至于在经济上不可行。

纯粹公共产品在消费上的非竞争性是由于：第一，公共产品一般都具有不可分割的性质；第二，由于公共产品的不可分割性，因而在其产生拥挤之前，可增加一个消费者的边际成本等于零。也就是说，当一种公共产品还未达到充分消费之前，每增加一个消费者不必相应增加生产的可变成本；第三，当一种公共产品产生消费竞争时，就必须采取某种限制消费人数的措施（如收费等），那么这种商品就不是纯粹的公共产品了。例如，当草原上有过多的人放牧时，就会在消费上发生竞争关系，从而该草原就不再是一种纯粹的公共产品，而是变成一种需要限制使用的公共资源了。

二、"搭便车"问题

由于公共产品具有非排他性，因而难免会产生搭便车问题。所谓"搭便车"，就是指某些个人虽然参与了公共产品的消费，但却不愿意支付公共产品的生产成本，完全依赖于他人对公共产品生产成本的支付。因此，公共产品的存在给市场机制带来了严重的问题：即使某种公共产品带给人们的利益要大于生产的成本，私人市场也不会提供这种产品。我们来看这样一个例子：

假如在一个地区建造一个堤坝需要总成本为10万元，该地区住有100户居民。假设每一个家庭的总财产为2万元，如果遭受洪水，则一切财产化为乌有，因此堤坝的潜在收益为2万元。遭受洪水的概率为十分之一，所以，堤坝带来的现实收益为2000元，即建造一个堤坝给每户居民带来的利益为2000元，给这一地区带来的总收益为20万元，是总成本的2倍。如果100户居民每家出资1000元来建造这样的一个堤坝，大家的境况都会改善。但是，如果没有强有力的组织者和协调者，这样的好事却不会在自由市场中发生。因为，每户居民都在想：如果有人出资造起了这个堤坝，即使我不出任何钱，也照样享受堤坝的好处。也就是说，每个人都想不支付任何成本或支付很低的成本来享受公共产品，这在经济学上就被称为搭便车行为。如果有很多免费搭车者，那么堤坝就无法建造起来。

一般来说，公共产品覆盖的消费者人数越多，搭便车问题就越严重，公共产品由私人市场提供的可能性就越小。在上例中，如果这一地区中只有10户居民，那么有可能通过协商分摊建造堤坝的资金，最后大家都受益。然而，如果居民数是1000户而非10户，那么要大家同力共建堤坝是不太可能的事。

这一问题可由下面这个典型事例来证实。1970年美国通用汽车公司向市场推出一种汽

车污染物排放控制装置，将这个市价 20 美元的小玩意装在车尾可使汽车排放的污染下降
30% ~ 50% 。然而，污染的降低可以说是一种公共产品，每个人呼吸的空气质量是否改善
并不取决于自己的车上是否装了这项新发明，而是取决于该地区大多数车主人的选择，于
是大多数人都不想多花 20 美元而试图搭便车。结果可想而知，这种装置的市场销售十分
糟糕。

　　由于搭便车问题的存在，产生了一个典型的市场失灵的情形，即市场无能力使公共产
品的供给和分配达到最优。经济学家们认为，公共产品的生产必须依靠一种集中计划的过
程，以达到资源的有效配置。因为在公共产品的消费过程中不存在一种类似于竞争市场的
协调刺激机制，从而难以避免搭便车问题的产生，由政府集中计划生产并根据社会福利原
则来分配公共产品就成为解决搭便车问题的唯一选择了。

三、公共产品的生产

　　一般来说，公共产品由政府公共开支安排生产，私人部门很少或几乎不生产公共产
品。除了搭便车问题使私人部门不愿提供公共产品之外，还有一个原因是私人提供公共产
品的低效率。这是为什么呢？我们用一座大桥作为例子，来分析私人部门生产公共产品的
低效率。

　　如图 9 - 5 所示，横坐标为大桥的通过人数，纵坐标为大桥的收费水平，连接横坐标
和纵坐标的 DD 线为需求曲线，Q_L 为大桥的临界通过能力，即过了这一点就会产生拥挤。
当过桥人数小于 Q_L 时，大桥的消费便具有公共产品的两个基本特征：非排他性和非竞
争性。

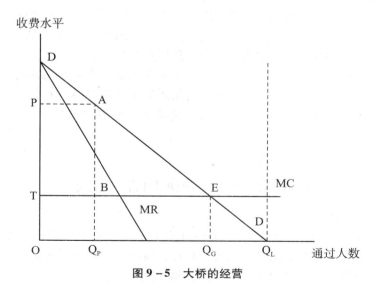

图 9 - 5　大桥的经营

　　在由政府生产这座大桥的情况下，政府可以有两种选择：当过桥的人数少于 Q_L 时，
由于增加一个消费者的边际成本为 0 ，从而价格也为 0 ，因此可以选择免费过桥的做法以
增加社会福利；然而，当过桥的人数大于 Q_L 时，政府则应选择过桥收费的办法以防止出

现过桥拥挤的现象，这是因为在过桥人数超过 Q_L，而又采取免费过桥办法的情况下，需求线就会与横坐标重合，需求会趋于无穷大。当政府采取第二种做法时，其收费应等于生产这座桥的边际成本，这样可以使社会福利最大。

如果这座桥不是由政府来生产，而是由私人部门来生产，那么很可能产生低效率，因为私人部门的利润动机将导致大桥收费水平的提高与消费者剩余的减少。如图 9-5 所示，一家生产大桥的私人厂商一定是垄断厂商，在按照边际成本等于边际收益定价的情况下，对消费者的收费为 P，过桥人数为 Q_p。而政府为了防止过桥出现拥挤的现象按照边际成本收费，收费标准为 T，过桥人数为 Q_G。在由私人生产大桥并收费的情况下，过桥人数减少了（相对于政府生产并收费），消费者剩余也将减少 AETP 的面积。虽然这家垄断厂商得到了面积为 ABTP 的垄断利润，但是会因此造成面积为 ABE 的社会福利净损失。私人部门生产大桥所造成的这种社会福利净损失，清楚地表明了私人部门生产公共产品的低效率。

四、政府提供公共产品的决策和选择

前面的分析说明，政府提供公共产品是因为私人市场本身不能生产有效率的数量。政府如何做出提供公共产品的决策？这里有两个问题值得研究。

第一，要不要提供某项公共产品，政府如何决策？假定政府正在考虑一个公共项目，例如修一条新的高速公路。为了判定要不要修这条高速公路，政府必须比较所有使用这条高速公路的人的总收益和建设与维修的成本。为了做出这个决策，政府会组织有关专家和人员来进行研究，这种研究称为成本——收益分析，它的目标是估算该项目作为一个整体而言的社会总成本和总收益。如果估算的结果是该公共产品的收益大于或至少等于其成本，则它就值得提供，否则便不值得。

在独裁的政府中，这个问题由独裁者决定，在民主制度下，通常采取投票方式决定公共产品的支出。一般难以由全民投票，而是由公民选出的代表投票，或由政府有关机构的官员投票表决，表决的规则有简单多数，或一致同意的规则。

第二，政府怎样决策？政府提供公共产品，名义上要由公民的偏好决定，实际上是与官员的偏好有很大关系。有些时候，一些利益集团为了让政府做出有利自己的决策，会千方百计去游说，甚至贿赂有关政府官员，这种现象就是所谓"寻租"。这种寻租活动有时会影响政府的政策。

第五节　收入分配均等化政策

收入均等化所奉行的伦理原则就是要使社会上的大多数人广泛地分享经济进步的成果。它直接针对的目标就是消除贫困状况的存在，缓解或抑制市场机制所造成的贫富过分悬殊的矛盾。在政策上主要有税收政策和社会福利政策。

一、税收政策

这里所说的税收政策不同于宏观财政政策中的税收政策。在微观经济政策中，税收政

策的目的在于通过税收手段来缩小收入差距，政策手段主要是个人所得税。

个人所得税是对个人劳动和非劳动所得应税部分征收的税，一般按累进税率征收，即根据收入的高低确定不同的税率，对高收入者按高税率征税，对低收入者按低税率征税，因而是控制贫富差别，实现收入均等化的重要手段。缺点是对个人工作努力程度具有直接负面影响。在个人所得税方面，对劳动收入按低税率征收，而对非劳动收入（股息、利息等收入）按高税率征收。除了个人所得税之外，政府还征收遗产和赠予税，即对财产的转移征税；财产税，即对不动产（如土地、房产等）征税；消费税，即对某些商品和劳务的消费征税。

分析案例 9-4

我国个人所得税：历史、现状、前瞻

我国除了在 20 世纪 50 年代对利息征收所得税外，1978 年经济改革以前没有单独开征个人所得税。1980 年开征了主要以外籍人员为对象的个人所得税。1986 年和 1987 年又先后对个人的非农业生产经营所得和中国籍居民的个人所得，分别开征了城乡个体工商业户所得税和个人收入调节税。1994 年税制改革将三种税合并为统一的个人所得税。

过去较长时期内，个人所得税在我国税收总额中的地位有限。例如，1987 年上述三个税种收入仅为 7 亿多元，占同年度税收总额的 0.34%；1990 年增为 21 亿多元，占同年度税收总额的 0.75%；1994 年三税合一后，总额为 72 亿多元，占 1994 年税收总额的 1.5%。然而，近年随着经济发展和人均收入上升，个人所得税增长较快。1999 年，全国个人所得税总额 412.8 亿元，占全国税收总额 3.6%，占地方税收比例为 7.3%。该年北京和上海的个人所得税占地方税收总额比例已分别达到 16.3% 和 11.7%，成为仅次于营业税和企业所得税的第三大税种。

依据我国现行税法，个人所得税征税对象包括工资薪金所得、年终奖所得、个体生产经营所得、稿酬、劳务报酬所得等项。不同所得税率不同，2015 年我国个人所得税率如下表所示。

一、工资、薪金所得

工资、薪金所得，适用七级超额累进税率，税率为 3%～45%。

个人所得税税率表（一）				
级数	应纳税所得额（含税）	应纳税所得额（不含税）	税率（%）	速算扣除数
1	不超过 1500 元的	不超过 1455 元的	3	0
2	超过 1500 元至 4500 元的部分	超过 1455 元至 4155 元的部分	10	105
3	超过 4500 元至 9000 元的部分	超过 4155 元至 7755 元的部分	20	555
4	超过 9000 元至 35000 元的部分	超过 7755 元至 27255 元的部分	25	1005
5	超过 35000 元至 55000 元的部分	超过 27255 元至 41255 元的部分	30	2755
6	超过 55000 元至 80000 元的部分	超过 41255 元至 57505 元的部分	35	5505
7	超过 80000 元的部分	超过 57505 的部分	45	13505

注：（1）本表含税级距中应纳税所得额，是指每月收入金额－各项社会保险金（五险一金）－起征点 3500 元（外籍 4800 元）的余额。（2）含税级距适用于由纳税人负担税款的工资、薪金所得，不含税级距适用于由他人（单位）代付税款的工资、薪金所得。

二、年终奖所得

年终奖所得，将年终奖金额除以 12 个月，以每月平均收入金额来确定税率和速度扣除数，年终奖所得税率表与工资、薪金所得的税率表相同，只是他们的计算方式不同。

级数	平均每月收入	税率（%）	速算扣除数
	个人所得税税率表（二）		
1	不超过 1500 元的	3	0
2	超过 1500 元至 4500 元的部分	10	105
3	超过 4500 元至 9000 元的部分	20	555
4	超过 9000 元至 35000 元的部分	25	1005
5	超过 35000 元至 55000 元的部分	30	2755
6	超过 55000 元至 80000 元的部分	35	5505
7	超过 80000 元的部分	45	13505

注：（1）本表平均每月收入为年终奖所得金额除以 12 个月后的平均值。（2）税率表与工资、薪金所得税率表相同。

三、个体工商户的生产、经营所得和对企事业单位的承包经营、承租经营所得

级数	含税级距	不含税级距	税率（%）	速算扣除数
	个人所得税税率表（三）			
1	不超过 15000 元的	不超过 14250 元的	5	0
2	超过 15000 元至 30000 元的部分	超过 14250 元至 27750 元的部分	10	750
3	超过 30000 元至 60000 元的部分	超过 27750 元至 51750 元的部分	20	3750
4	超过 60000 元至 100000 元的部分	超过 51750 元至 79750 元的部分	30	9750
5	超过 100000 元的部分	超过 79750 元的部分	35	14750

注：（1）本表含税级距指每一纳税年度的收入总额，减除成本、费用以及损失的余额。（2）含税级距适用于个体工商户的生产、经营所得和对企事业单位的承包经营承租经营所得。不含税级距适用于由他人（单位）代付税款的承包经营、承租经营所得。

四、稿酬所得

稿酬所得，适用比例税率，税率为 20%，并按应纳税额减征 30%，实际税率为 14%。

五、劳务报酬所得

级数	含税级距	不含税级距	税率（%）	速算扣除数
		个人所得税税率表（四）		
1	不超过 20000 元的	不超过 16000 元的	20	0
2	超过 20000 元至 50000 元的部分	超过 16000 元至 37000 元的部分	30	2000
3	超过 50000 元的部分	超过 37000 元的部分	40	7000

注：（1）表中的含税级距、不含税级距，均为按照税法规定减除有关费用后的所得额。（2）含税级距适用于由纳税人负担税款的劳务报酬所得，不含税级距适用于由他人（单位）代付税款的劳务报酬所得。

六、特许权使用费所得、财产租赁所得

每次收入不超过 4000 元的，减除费用 800 元；4000 元以上的，减除 20% 的费用，然后就其余额按比例税率 20% 征收。

七、财产转让所得

适用减除财产原值和合理费用后的余额，按比例税率 20% 征收。

八、利息、股息、红利所得

偶然所得和其他所得适用 20% 的比例税率。

二、社会福利政策

社会福利政策是通过给穷人补助来实现收入分配均等化。从当前各国的情况看，社会福利政策主要有以下几项内容：

第一，各种形式的社会保障与社会保险。包括失业救济金制度，即对失业人员按一定标准发放能使其维持生活的补助金；老年人年金制度，即对退休人员按一定标准发放年金；残疾人保险制度，即对失去工作能力的人按一定标准发放补助金；对有未成年子女家庭的补助；对收入低于一定标准（即贫困线）的家庭与个人的补助。这些补助金主要是货币形式，也有发放食品券等实物的，其资金来源，或者是个人或企业交纳的保险金，或者是政府的税收。

第二，向贫困者提供就业机会与培训。收入不平等的根源在于贡献的大小，而贡献的大小与个人的机遇和能力相关。这样，政府就可以通过改善穷人就业的能力与条件，来实现收入分配均等化。在这方面，主要是实现机会均等，尤其是保证所有人的平等就业机会，并按同工同酬的原则支付报酬。其次是使穷人具有就业的能力，包括进行职业培训，实行文化教育计划等。这些都有助于提高穷人的文化技术水平，使他们能从事收入高的工作。

第三，医疗保险与医疗援助。医疗保险包括住院费用保险、医疗费用保险以及出院后部分护理费用的保险。这种保险主要由保险金支付。医疗援助则是政府出钱资助医疗卫生事业，使每个人都能得到良好的医疗服务。

第四，对教育事业的资助。包括兴办公立学校，设立奖学金和大学生贷款，帮助学校改善教学条件，资助学校的科研等等。从社会福利的角度看，对教育事业的资助有助于提高公众的文化水平与素质。

第五，各种保护劳动者的立法。包括最低工资法和最高工时法，以及环境保护、食品和医疗卫生法等。这些都有利于增进劳动者的收入，改善他们的工作与生活条件，从而也减少了收入分配不平等的程度。

第六，改善住房条件。包括以低房租向穷人出租国家兴建的住宅；资助无房者建房，如提供低利息率的长期贷款，或低价出售国家建造的住宅；实行住房房租补贴，等等。这些政策改善了穷人的住房条件，也有利于实现收入分配均等化。

上述政策的实施，对于缩小贫富差距，改善穷人的地位和生活条件，提高他们的收入，保证社会安定和促进经济发展确实起到了重要作用。但是这些政策也有其负面影响，一是降低了社会生产效率，二是增加了政府的财政负担。

本 章 小 结

当市场经济有效运行的某些条件无法在现实中得到满足时，便会出现市场失灵现象。市场失灵需要政府对之进行调节和干预，发挥"看得见的手"的功能。

与完全竞争相比，垄断厂商提供更少的产品，并索取更高的价格，使资源配置缺乏效率，因此，政府常常对垄断者进行价格管制。价格管制主要有两种方式：边际成本定价与平均成本定价。

当经济主体的活动产生外部性时，经济运行的结果将不可能实现资源有效配置。解决外部性问题的办法可以分为两类：政府干预和市场解决。

公共产品是指那些在消费上具有非排他性与非竞争性的产品。由于不能对使用公共产品的人收费，所以在私人提供这种产品时，就存在搭便车的激励。因此，政府提供公共产品，以成本——收益分析为基础做出供给量的决策。

收入均等是一个重要的社会目标。政府在一定程度上实现收入均等化的政府主要有税收政策和社会福利政策。

实 践 与 应 用

一、复习与思考

1. 许多消费者把著名品牌的名称看作是优等质量的信号，并愿为名牌产品多付钱。品牌能否提供有用的质量信号？

2. 一所重点大学禁止给学生 D 或 F 的成绩。其对自己的行为辩解说：学生在没有因不及格而退学的压力时，他们的表现会超过平均水平。该大学说，它希望所有的学生都得到 A 或 B。如果目标是把总体成绩提高到 B 或以上水平，这是不是一项好的政策？结合道德风险问题进行讨论。

二、综合案例

案例内容1：

在居民住宅占去了一个城镇的东部后，有几家厂商定位在西部。每家厂商生产相同的产品，并在生产中排放有害气体，对社区居民产生不利的影响。

问题讨论：

（1）为什么存在厂商产生的外在性？

（2）你认为私下讨价还价能够解决这一外在性问题吗？

（3）社区可能会怎样决定空气质量的有效水平？

理论提示：

外部性、产权、科斯定理。

案例内容2：

一个电脑编程人员游说反对对软件进行版权保护。他认为：每个人都应当从为个人电脑编写的创新程序中获益，与各种各样电脑程序的接触甚至会鼓舞年轻的编程人员编出更多的创新程序。

问题讨论：

考虑到由于他的建议而可能得到的边际社会收益，你同意他的主张吗？

理论提示：

道德风险、知识产权保护。

附录：历届诺贝尔经济学奖得主及成就（1969～2015年）

1969 年　拉格纳·弗里希（Ragnar Frisch）和简·丁伯根（Jan Tinbergen），他们发展了动态模型来分析经济进程。前者是经济计量学的奠基人，后者是经济计量学模式建造者之父。

1970 年　保罗·安·萨默尔森（Paul A. Samuelson）发展了数理和动态经济理论，将经济科学提高到新的水平，他的研究涉及经济学的全部领域。

1971 年　西蒙·库兹列茨（Simon Kuznets）在研究人口发展趋势及人口结构对经济增长和收入分配关系方面做出了巨大贡献。

1972 年　约翰·希克斯（John R. Hicks）和肯尼斯·约瑟夫·阿罗（Kenneth J. Arrow），在一般均衡理论和福利经济学方面做了"开创性的工作"。

1973 年　华西里·列昂惕夫（Wassily Leontief）发展了投入产出方法，该方法在许多重要的经济问题中得到运用。

1974 年　弗·冯·哈耶克（Friedrich August Von Hayek）和冈纳·缪尔达尔（Gunnar Myrdal），他们深入研究了货币理论和经济波动，并深入分析了经济、社会和制度现象的互相依赖。

1975 年　列奥尼德·康托罗维奇（Leonid Vitaliyevich Kantorovich）和佳林·库普曼斯（Tjakking C. Koopmans），前者在 1939 年创立了享誉全球的线性规划要点，后者将数理统计学成功运用于经济计量学。他们对资源最优分配理论做出了贡献。

1976 年　米尔顿·弗里德曼（Milton Friedman）创立了货币主义理论，提出了永久性收入假说，在消费理论、货币历史和理论以及对经济稳定政策的研究方面做出了突出的贡献。

1977 年　戈特哈德·贝蒂·俄林（Bertil Ohlin）和詹姆斯·爱德华·米德（James E Meade）对国际贸易理论和国际资本流动作了开创性研究。

1978 年　赫伯特·亚·西蒙（Herbert A. Simon）对于经济组织内的决策程序进行了研究，这一有关决策程序的基本理论被公认为关于公司企业实际决策的独创见解。

1979 年　威廉·阿瑟·刘易斯（Arthur Lewis）和西奥多·舒尔茨（Theodre W. Schultz）在经济发展方面做出了开创性研究，深入研究了发展中国家在发展经济中应特别考虑的问题。

1980 年　劳伦斯·罗·克莱因（Lawrence R. Klein）以经济学说为基础，根据现实经济中实有数据所作的经验性估计，建立起经济体制的数学模型。

1981 年　詹姆士·托宾（James Tobin）阐述和发展了凯恩斯的系列理论及财政与货

币政策的宏观模型。在金融市场及相关的支出决定、就业、产品和价格等方面的分析做出了重要贡献。

1982 年　乔治·斯蒂格勒（George J. Stigler）在市场运行的方式、产业结构和组织、经济立法和管制的作用与影响方面，做出了创造性重大贡献。

1983 年　罗拉尔·德布鲁（Gerard Debreu）"1950 年代末发表的《价值理论》，由于其普遍的适用性和优美的分析方法，已经成为经典。"他概括了帕累托最优理论，创立了相关商品的经济与社会均衡的存在定理。

1984 年　理查德·约翰·斯通（Richard Stone）国民经济统计之父，在国民账户体系的发展中做出了奠基性贡献，极大地改进了经济实践分析的基础。他所提出的国民收入核算体系（SNA）已经成为举世公认的国民核算标准化体系，为联合国和世界绝大多数国家所采用。

1985 年　弗兰科·莫迪利安尼（Franco Modiglani）第一个提出储蓄的生命周期假设。这一假设在研究家庭和企业储蓄中得到了广泛应用。

1986 年　詹姆斯·布坎南（James M. Buchanan，JR）创立了"公共选择理论"，将微观经济学分析市场运行的基本工具运用于政治决策的分析，使经济分析扩大和应用到社会—政治法规的选择。

1987 年　罗伯特·索洛（Robert M. Solow）对经济学的最大贡献在经济增长理论方面，他提出长期的经济增长主要依靠技术进步，而不是依靠资本和劳动力的投入，他创立的新古典增长理论，不仅对增长理论而且对整个经济学的发展产生了重要影响。

1988 年　莫里斯·阿莱斯（Maurice Allais）在市场理论及资源有效利用方面做出了开创性贡献。对一般均衡理论重新做了系统阐述。

1989 年　特里夫·哈维默（Trygve Haavelmo）建立了现代经济计量学的基础性指导原则。

1990 年　默顿·米勒（Merton M. Miller）、哈里·马科维茨（Harry M. Markowitz）和威廉·夏普（William F. Shaepe），他们在金融经济学方面做出了开创性工作。

1991 年　罗纳德·科斯（Ronald H. Coase）获奖的理由在于他的两篇论文，一篇是 20 世纪 30 年代发表的《企业的性质》，另一篇是在相隔 20 多年之后的 60 年代发表的《社会成本问题》。在这两篇论文里，他"发现并澄清了交易成本和产权对制度结构和机制的重要性，"从而"对理解社会经济的运行做出了突破性的贡献。"

1992 年　加里·贝克尔（Gary S. Becker）的贡献是"将微观经济分析扩大到对非市场领域人类行为的分析"，特别是"扩大到其他社会科学如社会学、人类学和犯罪研究的人类行为方面。"

1993 年　道格拉斯·诺斯（Douglass C. North）和罗伯特·福格尔（Robert W. Fogel），前者建立了包括产权理论、国家理论和意识形态理论在内的"制度变迁理论"。后者用经济史的新理论及数理工具重新诠释了过去的经济发展过程。

1994 年　约翰·纳什（John F. Nash）、约翰·海萨尼（John C. Harsanyi）和莱因哈德·泽尔腾（Reinhard Selten），这三位数学家在非合作博弈的均衡分析理论方面做出了开创性的贡献，对博弈论和经济学产生了重大影响。

1995 年　罗伯特·卢卡斯（Robert Lucas）充分发展和应用了理性预期假说，并由此改变了宏观经济分析，深化了人们对经济政策的理解，并对经济周期理论提出了独到的见解。

1996 年 詹姆斯·莫里斯（James A. Mirrlees）和威廉·维克瑞（William Vickrey），前者在信息经济学理论领域做出了重大贡献，尤其是不对称信息条件下的经济激励理论。后者在信息经济学、激励理论、博弈论等方面都做出了重大贡献。

1997 年 罗伯特·默顿（Robert C. Merton）和迈伦·斯科尔斯（Myron S. Scholes），前者对布莱克—斯科尔斯公式所依赖的假设条件做了进一步减弱，在许多方面对其做了推广；后者给出了著名的布莱克—斯科尔斯期权定价公式，该法则已成为金融机构涉及金融新产品的思想方法。

1998 年 阿马蒂亚·森（Amartya Sen）对福利经济学几个重大问题做出了贡献，包括社会选择理论、对福利和贫穷标准的定义、对匮乏的研究等。

1999 年 罗伯特·蒙代尔（Robert A. Mundell）对不同汇率体制下的货币与财政政策的分析以及对最佳货币区域的分析使他获得这一殊荣。

2000 年 詹姆斯·赫克曼（James J. Heckman）和丹尼尔·麦克法登（Daniel L. Mcfadden）在微观计量经济学领域的贡献。詹姆斯－赫克曼对分析选择性抽样的原理和方法所做出的发展和贡献，丹尼尔·麦克法登对分析离散选择的原理和方法所做出的发展和贡献。

2001 年 乔治·阿克洛夫（G. Akerlof）、迈克尔·斯彭思（M. Spence）和约瑟夫·斯蒂格利茨（J. Stigliz）奖励他们在"对充满不对称信息市场进行分析"领域做出了重要贡献。

2002 年 丹尼尔·卡尼曼（Daniel Kahneman）和弗农·史密斯（Vernon L. Smith），前者因为他"将源于心理学的综合洞察力应用于经济学的研究，尤其是在不确定情况下的人为判断和决策方面作出了突出贡献"；后者因为他"为实验经济学奠定了基础，他发展了一整套实验研究方法，并设定了经济学研究实验的可靠标准"。

2003 年 罗伯特·恩格尔（Robert F. Engle）和克莱夫·格兰杰（Briton Clive WJ Granger）发明了处理许多经济时间序列两个关键特性的统计方法：时间变化的变更率和非平稳性。

2004 年 挪威经济学家芬恩·基德兰德（Finn E. Kydland）和美国经济学家爱德华·普雷斯科特（Edward C. Prescott），获奖理由：在动态宏观经济学方面做出了巨大贡献。他们的研究工作解释了经济政策和技术的变化是如何驱动商业循环的。

2005 年 以色列经济学家罗伯特·奥曼（Robert J. Aumann）和美国经济学家托马斯·谢林（Thomas C. Schelling），因"通过博弈论分析加强了我们对冲突和合作的理解"所作出的贡献而获奖。

2006 年 美国经济学家埃德蒙·费尔普斯（Edmund S. Phelps）对宏观经济政策中跨期权衡分析所作的研究，加深人们对于通货膨胀和失业预期关系的理解方面做出了贡献。

2007 年 美国经济学家莱昂尼德·赫维奇（Leonid Hurwicz）、埃里克·马斯金（Eric S. Maskin）和罗杰·迈尔森（Roger B. Myerson）。他们在创立和发展"机制设计理论"方面做出了贡献。"机制设计理论"最早由赫维奇提出，马斯金和迈尔森则进一步发展了这一理论。这一理论有助于经济学家、各国政府和企业识别在哪些情况下市场机制有效，哪些情况下市场机制无效。

2008年　美国经济学家保罗·克鲁格曼（Paul R. Krugman）。克鲁格曼整合了此前经济学界在国际贸易和地理经济学方面的研究，在自由贸易、全球化以及推动世界范围内城市化进程的动因方面形成了一套理论。他的新理论能够帮助解释自由贸易和全球化对世界经济产生什么样的影响以及世界范围内城市化进程的驱动力等一系列重要问题。

2009年　美国经济学家埃莉诺·奥斯特罗姆（Elinor Ostrom）和奥利弗·威廉森（Oliver Williamson），奥斯特罗姆因为"在经济管理方面的分析、特别是对公共资源管理的分析"获奖，威廉森则因为"在经济管理方面的分析、特别是对公司边界问题的分析"获奖。

2010年　美国经济学家彼得·戴蒙德（Peter A. Diamond）、戴尔·莫特森（Dale T. Mortensen），英裔、塞浦路斯籍经济学家克里斯托弗·皮萨里德斯（Christopher A. Pissarides），这三名经济学家凭借对经济政策如何影响失业率理论的进一步分析，摘得2010年诺贝尔经济学奖桂冠。三人的理论可以解释许多经济现象，包括：为何在存在很多职位空缺的时候，仍有众多人失业。三人建立的经济模型还有助于人们理解规章制度和经济政策如何影响失业率、职位空缺和工资。

2011年　美国经济学家托马斯·萨金特（Thomas J. Sargent）与克里斯托弗·西姆斯（Christopher A. Sims）在"宏观经济因果关系的实证研究"方面作出了突出的贡献。自20世纪70年代初以来，萨金特一直是理性预期学派的领袖人物，为新古典宏观经济学体系的建立和发展作出了杰出贡献，对宏观经济模型中预期的作用、动态经济理论与时间序列分析的关系等方面作出了开创性的工作。克里斯托弗·西姆斯创立了名为向量自回归的方法来分析经济如何受到经济政策的临时性改变和其他因素的影响。西姆斯及其他研究者使用这一方法来研究诸如央行加息对经济的影响等诸多重要问题。

2012年　瑞典皇家科学院已决定将该年度瑞典央行纪念诺贝尔奖授予哈佛大学教授埃尔文·罗斯（Alvin E. Roth）及加州大学罗伊德·沙普利（Lloyd S. Shapley）。他们得奖的理由是"以鼓励他们在稳定配置理论及市场设计实践上所作出的贡献"。2012年的诺贝尔经济学奖关注了一个经济学的中心问题：如何尽可能恰当地匹配不同的市场主体。尽管两位研究者的研究是各自独立完成的，但沙普利的基础理论与罗斯的经验性调查一经结合，各类实验和实际设计已经产生出了一个繁荣的研究领域，改善了许多市场的表现。

2013年　美国经济学家尤金·法马、拉尔斯·皮特·汉森和罗伯特·J·席勒获诺贝尔经济学奖，以表彰他们对"资产价格的经验主义分析"作出的贡献。这三名经济学家将分享800万瑞典克朗（120万美元）的奖金。诺贝尔经济学奖评选委员会表示，"可预期性"是今年获奖成就的核心。法马、汉森和席勒的研究成果奠定了人们目前对资产价格理解的基础，资产价格一方面依赖波动风险和风险态度，另一方面也与行为偏差和市场摩擦相关。

2014年　法国经济学家让·梯若尔（Jean Tirole）教授获奖。让·梯若尔是世界著名的经济学大师，现担任法国图卢兹大学产业经济研究所科研所所长。他的主要研究和教学领域：公司财务、国际金融、企业理论、规制与激励、博弈论、宏观经济学。他的成就在于阐明了如何理解和监管由数家公司巨头主导的行业。

2015 年　安格斯·迪顿（Angus Deaton）教授获奖。他持英美双国籍，曾在剑桥大学赢得学士、硕士和博士学位。目前他是伍德罗·威尔逊学院德怀特·D·艾森豪威尔国际事务教授和普林斯顿大学经济系经济学和国际事务教授。安格斯·迪顿最主要的学术贡献在于提供了定量测量家庭福利水平的工具，以此来更准确地定义和测量贫困，对更加有效地制定反贫困政策有着重要意义。

参 考 文 献

[1] 韩颖:《微观经济学》,经济科学出版社 2012 年版。

[2] 高鸿业:《西方经济学(微观部分)》(第 5 版),中国人民大学出版社 2011 年版。

[3] 刘平:《微观经济学》,清华大学出版社 2012 年版。

[4] 曼昆:《经济学原理:微观经济学分册》(第 6 版),北京大学出版社 2012 年版。

[5] 高鸿业:《微观经济学原理》,中国人民大学出版社 2012 年版。

[6] 张顺:《微观经济学习题集》,中国人民大学出版社 2015 年版。

[7] 黄亚钧:《微观经济学》(第 4 版),高等教育出版社 2015 年版。

[8] 刘辉煌:《微观经济学》,中国人民大学出版社 2015 年版。

[9] 佘时飞:《微观经济学中的创新思维》,清华大学出版社 2015 年版。

[10] 吴云勇:《微观经济学学习指南与练习册》,清华大学出版社 2013 年版。

[11] 王文玉:《微观经济学》,清华大学出版社 2013 年版。

[12] 朱善利:《微观经济学》,北京大学出版社 2007 年版。

[13] 肖殿荒:《微观经济学》,清华大学出版社 2013 年版。

[14] 韩颖:《微观经济学》,经济科学出版社 2012 年版。

[15] 张顺:《微观经济学习题集》,中国人民大学出版社 2015 年版。

[16] 刘东:《微观经济学学习指导》,南京大学出版社 2009 年版。

[17] 刘东:《微观经济学教程》,科学出版社 2010 年版。

[18] 刘秀光:《微观经济学》,厦门大学出版社 2012 年版。

[19] 刘辉煌:《微观经济学》,中国人民大学出版社 2015 年版。

[20] 仇恒喜:《微观经济学》,经济科学出版社 2009 年版。